黄克诚与夫人唐棣华（1982年摄于玉泉山）

黄克诚自述

人民出版社

再版说明

　　《黄克诚自述》自 1994 年 10 月出版，重印三次，在社会各界产生较大影响。书中部分内容被收入中央军委审定的《黄克诚军事文选》。

　　本次再版，我们在原"自述"的基础上，增补了三篇谈话和一些历史图片。三篇谈话均出自黄克诚口述。一篇是他 1959 年在庐山会议的发言，另外两篇是他 20 世纪 80 年代关于毛泽东和林彪评价问题的两次谈话。三篇谈话均选自《黄克诚军事文选》，我们对文字进行了校订。历史图片均由黄克诚子女提供。

　　再版后的《黄克诚自述》，可以帮助读者更全面了解这位无产阶级革命家、军事家的不平凡经历和为党做出的伟大贡献，更深刻体味他那博大胸怀和一贯坚持的求真务实精神。

2004 年 8 月

目　录

补 篇

自　述

1

我的家庭情况

我的家在湖南省永兴县油麻圩下青村。我小时家中有父、母、姐、兄、弟和我一共六口人；当我离开学校，参加革命时有十口人，因我兄弟均已结婚，老兄已有两个孩子。家中有水田三亩多点，旱土二三亩（湖南旱土不收田赋，从来不大准确）。有住房六小间，与另一户农民合养一头耕牛。还租种公会水田五亩多点，议定每年交田租谷子十五石多点（每石老秤约九十斤左右）。大旱年请田主来吃饭，看禾议租。借高利贷有二十多元，年利加三，即每一元每年交利息三角；不还利息，则利上加利。在收成好、人不害病、牲畜不死亡的情况下，一年劳动所得，勉强可以糊口；半年吃粗米，半年吃红薯、杂粮。如果遇到灾年，或者人、畜出问题，就要借债。

我于1902年（清光绪二十八年）出生，生日折合阳历，恰好是10月1日。父亲名叫黄清主，母亲姓邓。

我家住的那个村子坐落在两条自西向东流的溪水之间，村北的一条叫做杨家江，村南的一条叫做沙子江，都是由西边山上流下来的溪水。村庄坐西面东，背靠青山，村前面是一片起伏的水田。沿两条水溪筑有一道道堤堰，可以引水自流灌溉。两溪之间还有几道泉水流向田间。溪水冬夏长流，夏季水少时，宽不过二三十米，人可以徒涉而过。村后面的山上长满树木，以松柏居多，间有少许油桐，其余都是杂树。双手合抱不交的树木遍山可见，也有两三个人合抱不交的大树。这些树木在1958年大炼钢铁时，都被砍光了，实在可惜。按说，这里的自然条件并非很差，然而，在我的记忆之中，我的家乡始终是一副贫穷落后、杂乱不堪的面貌。

我从五岁起开始参加劳动。每天除拾粪外，还得陪伴比我大十岁的姐姐到田里做农活。姐姐自小害羊角风病，家里无钱替她医治，时常发病，一发作起来就倒在地上，口吐白沫，人事不知，所以家里就让我伴随她在田里劳动，以便在她发病时能及时喊救。在姐姐很小的时候，家里就给她订了婚。但她自己心里明白，害着这种病，连亲生父母尚且讨厌，将来到了婆家以后，还会有什么好结果？所以，她非常悲观，整天只是闷着头干活，极少言笑。在我六岁那年，有一次她偷偷上吊自杀，脚下踩的凳子还没有踢倒，恰巧被父亲进屋看见了。但父亲并没有去解救她，而是上前将她脚下的凳子推倒，好让她快死。父亲刚走，就又有人进屋来，才把她救活。打这以后，姐姐也就更加明白自己是家里的一个累赘，尤其为父亲所不容。后来，她又找了一个空儿，终于上吊死了。姐姐死后，父亲感到松了一口气。母亲有些难过，但也感到姐姐还是死了好，也松了口气。母亲嘱咐我说：到外边不要说姐姐是上吊死的，就说是跌死的。这是我第一次接触到的实际社会问题，亲眼看见环境是怎样把人逼上绝路，人与人之间的关系是何等淡薄，甚至父母子女之间竟会变得如此冷酷无情。但这种事情在那时的农村又是十分平常！

我还记得有一个堂婶母，仅仅因为连生好几胎都养不活，虽然她丈夫并没有抱怨，她就自怨自艾，自叹命苦而上吊自杀了。农村妇女的性命，不但被别人看得贱，连她们自己也看得贱，上吊、投水而死，不算一回事。

农村男人的情况虽比女人稍好，但同样苦得很。一般贫苦农民一年到头，辛勤劳动，还有时连糠菜半年粮的日子都过不下去。所以许多地方，农民都自称为"受苦人"。这就是 20 世纪初，中国农村相当普遍的状况。我离家时，家中还欠着三十多块银元的债务。

我的母亲是个体弱多病的农村妇女，加之缠了足，不能到田里做农活，只能在家里做针线，操持家务。母亲的娘家比我家富裕些，在她的长辈中曾出了几个秀才。母亲受封建礼教影响很深，相信命运。她自小在娘家学到一些封建礼教、迷信鬼神之类的故事和格言，常常讲给我们听，总是教我们安分守己，循规蹈矩，勤奋诚实，不许冒犯神灵。

全家人都不大喜欢我父亲，但实际上他心地并不坏。他辛辛苦苦，勤勤恳恳，成年累月地在生活中艰难地挣扎着。农作之余，他还常常跑几百里路到广东乐昌县坪石镇挑盐回来卖。往返一趟行程大约十天时间，除掉开销外，仅能赚得块把钱。全家就靠养一口猪和挑盐赚到的一点钱供穿衣和买灯油等零用。父亲从来安守本分，胆小怕事，在村子里常常受人欺负而忍气吞声，从不敢与人抗争。由于家里人口逐渐增多，生活越发困难，只得借高利贷，年复一年，利上加利，总也还不清。父亲一横心，忍痛卖掉仅有的三亩水田抵债。他对我们说，欠别人的债如果今生今世还不清，来世就得变牛变马去抵偿。

父亲在外边挨了打也不敢还手，但在我们家里他却说一不二。生活的艰难和世道的凶残，使父亲变得冷酷而严厉，时常对家里人发脾气，对孩子们动辄非打即骂，其中我挨得打最多。我刚满五岁，天不亮就得爬起来去拾粪，起晚了一点儿就要挨打。拾粪回来，父亲还要检查数量，拾少了也要挨打。平时吃饭掉了米粒要挨打，吃红薯时挖掉一块烂皮也要挨打。到我六岁时，每天除了拾粪以外，还要割草、砍柴、看牛。有时在外头和别的孩子偷空玩一会儿，割的草、砍的柴自然会少一些，回到家里又要挨打。我年纪幼小，睡眠不足，干起活来总想打瞌睡。没奈何，我就想了个法子，在放牛的时候，用一根长绳子把牛拴在我腰上，牛可以走得远点儿去吃草，我就可以借机会偷着打个盹儿。但不久就被父亲发现了，更是吃了一顿好打。

这使我想起苏联十月革命前夕，工人中流传的一首歌，歌词中有几句说：

> 生活像流着的泥河，
> 无处泄恨无奈何，
> 常见父亲打他儿子，
> 丈夫敲他们老婆。

我的家庭生活就也是这种样子。

这歌最后号召工人联合起来，破坏这个旧世界。就是说：只有革命，才有出路。

当然，我那时并不懂得什么叫革命，这个歌也是后来参加革命才听到的。但这歌却唱出了穷苦劳动人民当时的状况。

我从五岁到九岁，天天劳动又几乎天天挨打。到九岁开始上私塾读书，又挨先生的打。刚一开始读书，很不习惯，有时一天甚至挨先生三次打：背书背不出来打头，写错了字打手心，认错了字打屁股。后来我的学习成绩渐渐好了，才不大挨打了。

　　我自出生一直到十九岁，没有尝过冬季穿棉衣是什么滋味。那时全家只有父亲和母亲各有一件棉背心，其他的人谁也没有棉衣穿。冬季天冷时，冻得浑身发抖，就只好拼命干活，让身上出点热气。直到我二十岁那年，考取了设在衡阳的湖南省立第三师范，要出远门去读书了，家里才设法凑了点钱给我做了一件棉衣，这是我有生以来穿上的第一件棉衣。

　　这就是我的童年、少年的生活，对我后来性格的养成影响很大，它使我经受了磨练，不怕吃苦，也受得住委屈。在我六十余年的革命生涯中，历尽艰辛，屡经坎坷，甚至蒙受极大的委屈，我都挺受住了。这虽然不能完全归因于自小经受了痛苦的磨练，但至少可以说与此不无关系。

2

上　学

　　我们这个村子里当时有一百多户人家，全都姓黄。族大人多，而我父亲这一支是弱房，经常受人欺凌。父亲和叔父等人商量打算培养一个孩子读书，学点文化，不求飞黄腾达，只图将来写个状子、祭文之类的东西不用求人。于是，议定从祭田里每房抽一担谷作为学费（当时称作"束修"），供一个孩子上私塾。不知怎么把我选中，作为培养对象。于是，从九岁起我就入私塾读书，间或参加一些农田劳动。

　　入私塾的第一年，先生教我读《三字经》、《论语》、《大学》、《中庸》、《孟子》等。我似乎还不笨，记性也好，又肯用功，第一年就读到了《孟子》的"离娄章"，受到先生的夸奖，这就使父亲、伯、叔们决心让我继续读下去。一读就是五年。除"四书"读完之外，还读了《幼学》、《鉴略》、《诗经》、《书经》、《左传》等。但这位先生只管教认字，而不能讲解字义。所学的这些书，尽管可以背诵如流，却不能理解其中含意，纯粹是死记硬背。对这种读书方法，我越来越不满意，就向家里提出换先生的要求。但先生是几房公请的，强房的人不答应换，我们这弱房的人就没有办法。那位先生也很恃强，不准我到别处就读。扬言如果我到别处就读，仍要照旧给他交一份"束修"。一见这种状况，父亲就害怕了，认为哪一方也得罪不起，只得让我停了学在家参加农田劳动。我停学约有一年光景，成天在田间劳动，顶得半个劳力。除掌犁、撒种还不行外，其他的农活全能干了。割草一天能割二三百斤，还能从十五公里外挑五六十斤煤炭回来。

我十五岁时，那些长辈们觉得我的学业半途而废太可惜，又让我到一个邓先生处读书。这个先生学识挺高，但非常懒，毫无责任心，只是敷衍了事。我在这里马马虎虎凑合了两年，通过堂伯父家的关系又换到一个史先生处读书。我哥哥送我去时，嘱咐史先生对我要严格，要多教给功课。史先生是前清的秀才，写得一手好字，对学生要求严格，责任心很强。他给我讲解古文，教读《了凡纲鉴》之类的经史书，教我写大字、作文章。我在史先生处认认真真地读了两年书，很有些收获。我的史学知识主要靠这两年打了一点基础。

这个时期，我的思想是大大落后于时代的。我的家乡地处湘南偏僻的丘陵地区，风气闭塞，很不开通。那时已经是民国十年，而我家乡的人们对于君主、民主、总统、皇帝还分不清楚。我小时候，受母亲的影响，还肯安于现状。但这时我已经对家乡人们的生活状况发生疑问了。我常常问自己：人到底是为什么活着？似这样一年到头受苦受累，勉强维持个半饥不饱的生活，岂不是活着就是受罪，受罪是为了求活？那么，生活的意义究竟何在呢？我读了一些书之后，开始相信孔孟之道。古人中对我影响较大的是陶渊明和文天祥。我爱读《归去来辞》和《正气歌》，总想学习他们，对个人名利看得很淡泊，觉得为人必须做个忠诚正直之士。

到我十八岁的时候，已经整整读了八年书了。虽然学会了咬文嚼字地写文章，但以后怎么办？我却茫然无所知。在我们这个百多户人家的村子里，当时只有两名中学毕业生。一名叫黄锡珍，中学毕业后在县里劝学所当所员（相当于后来的县教育局的职员）；一名叫黄廷珍，中学毕业后在县立高等小学当算术教员。这一年的春节，黄锡珍从县城回家过年，他动员我去县城读书。进县城上学，这在我们那家族里看来，可是件了不起的大事。于是，家庭讨论，族房会商，众说纷纭，莫衷一是。我母亲不赞成，一是怕我远离家门放心不下，二是考虑到家庭无力负担我读书的学费。我父亲对我进城上学的事模棱两可、犹豫不定。只有我哥哥坚决赞成我去，堂伯、叔父等也多数赞成。他们认为已经花了许多谷子供我读了这么多年书，如果就此作罢，我仍旧务农，岂不是亏了么？于是大家议妥：每年由嫡堂公房继续凑六七担谷子，供我进县城读书。当时家里备不起衣服行李，族里各家纷纷来帮忙。黄廷珍把他一个旧书箱子借给我，并送给我一套他穿旧了的学生制服和一件布夹袄、一件长衫，其他人又凑了几担谷子和其他用品。1920年春节过后，我哥哥挑着书箱和行李，一直把我送到永兴县城。

由于我的学业基础只有古文的经史知识，所以只能考县立高等小学。十八岁还读小学，这在现在看来未免有些稀奇，但在那个时代并不奇怪。在当时的同班同学当中，有不少人比我的年龄还大得多。县立高小规定三年毕业，我只读了一年半。从学业上来讲，除了新学得一些简单的数学基础知识外，其他收获可说是寥寥无几。我入学的头一年，每学期都是考第一名，可以获得几块钱的奖学金。又由黄锡珍在劝学所里帮我找点课余抄写的差事，一年能收入几块钱。就这样凑凑合合读了三个学期的高小。

课余做些抄写的事情，不仅给我补贴了一部分费用，同时也给了我接触社会、了解社会的机会，使我增加了不少在课堂上学不到的社会知识。如帮助华洋筹赈会编造灾民册，为赵恒惕的省宪选举编造选民册等，使我懂得这统统是些骗人的把戏。名册上的名字多是伪造的，达官要人们以此来骗钱、骗地位，还要冠冕堂皇地标榜是兴办慈善事业、实行民主政治等等。这些都增加了我的愤懑和不平。

我在县立高小读到第三学期时，黄锡珍告诉我说衡阳省立第三师范要在暑期招生，动员我去报考。因为读师范可以免费，我决心报考。为此，这年的暑假我没有回家，就住在县城劝学所黄锡珍处，一边替劝学所抄写文件赚钱糊口，一边补习未学完的高小课程，准备报考师范。由于我高小尚未读完，没有领到毕业文凭，只得借了别人（也姓黄）的一张文凭报考。初试、复试都很顺利，遂于1922年夏，考取了衡阳省立第三师范。那年我整二十岁。

衡阳省立第三师范，是当时湘南地区很有影响的一所中等专业学校。始建于1904年（光绪三十年），原名省立南路师范学堂。辛亥革命后，改名为湖南省立第三师范学校。校址设在衡阳江东岸晏家坪，位于湘、耒、蒸三水汇合之处，是个风景幽雅的所在。清朝末年，曾在此地办过几所学堂。在学区与外界相连的石桥前面，立有一块牌坊，上书"南学津梁"四个大字，把此地称为南方人士寻求新学的必经之途。在我入学的那几年，第三师范每年招考两班学生，共一百二三十名。其中湘南每县各择优录取四名，免试选送部分师范附小的优等生，此外便是不分县别地择优录取若干名。学生考取入校以后，免收学费、膳食费、讲义费，只稍许收一点课本费。这是我当时唯一能读得起的学校。我考取后，被编入第二十三班。

入学之初，我情绪很高。对我来说，真是好不容易才争取到这个免费读书的机会，高兴的心情，溢于言表。学校食堂的伙食虽一向为学生们所大为不满，但对我说来已经很满足了，因为比起我在家时要好得多。衡阳比永兴县城远为繁华、开通，在这里可以看到许多报纸杂志，环境使我耳目一新，眼界大大开阔。我如饥似渴地读书学习，脑子里除了想学习之外，似乎再没有其他的想头了，心情很平静。但这种平静没有维持多久，思想上就发生了变化。环境的改变，接触面的逐渐扩大，特别是读了一些报纸杂志以后，脑子里开始考虑许多问题：社会的弊端，国家的前途，个人的出路等等，使我无法安静下来。因为，这许多问题都使我感到忧虑。加之由于我家境贫寒，在同学中间显得格外土气；我患了一场重感冒后，因无钱医治，也吃不起滋补食品，身体失于调养，便形成慢性气管炎，时常咳嗽，被看做是痨病鬼，在学校里大受歧视。我在读私塾和高小时成绩突出的优越性没有了。这里看重英文和数理化，而我在英文和数理化方面的基础很差，我所熟悉的古文在这里却不大受重视。于是，我逐渐产生了自卑感，形成孤僻、不爱活动的习惯，常常一个人坐在那里考虑问题。展望将来，不知向何处去。读了师范又如何？对国家、社会、家庭能起到什么作用？当时社会上就业很困难，我这个贫苦农民的子弟有什么办法去谋个职业？家族花那么大力气培养我，岂不使他们大失所望。要能考上大学也许会好一点，但路费、学费又从何而来？不能上大学，又不能就业，那么眼下学这些功课又有什么用？想到这些，脑子里像一团乱麻，总也理不出个头绪。因此，我的情绪日渐低沉，学习的积极性没有了。

到了第二学期，学生们因为伙食问题而大闹学潮，我也跟着卷了进去。按规定，学生每人每天伙食费是两毛钱，但实际上只有八分钱用在伙食上，余者均被校长刘志远及经办人员等克扣、中饱，因而激起公愤。刘志远平时顽固守旧，惯用封建专制手段压制学生，在大多数学生中不得人心。学生们本来就恨他，这次着实抓住了他的把柄，于是，就对刘志远群起而攻之。学潮开始时，学生们的行动完全一致。当时学生们举行罢课，纷纷走上街头，游行示威，发表宣言，向外界通告第三师范学潮的真相，揭露刘志远等人的种种劣迹。学校当局不但不理睬学生们的合理要求，反而牌示开除袁痴、罗严、唐朝英等三名为首的学生，这就激起了同学们的更大义愤。同学们遂选派代表到省城长沙向教育司请愿，呼吁社会各界同情声援。前去请愿的学生代表露宿省城教育坪，闹得满城风雨，全省哗然。省长赵恒惕看到事态越闹越大，不好收拾，便出面进行镇压，将请愿的学生代表强行押解回校。学校当局遂开除了五十名学生。但学潮非但没有被平息，反而更加剧烈地展开，尤其是一些为首的学生，态度相当坚决，毫不妥协。当学潮逐步发展到驱逐校长刘志远时，情况就发生了变化，学生中分成了两派，一派赶校长，一派保校长。两派的矛盾相当尖锐。我那时还有点"君子群而不党"的思想，又不理解这场斗争的意义，遂采取了旁观的态度，两派我都不介入。

后来我才知道三师学潮的真实背景，这里有共产党和社会主义青年团的领导和影响，赶校长的一派多是具有革命思想的进步学生，而为首者多是党、团员。第三师范是一所具有革命传统的学校，我党早期曾在这里播下过革命火种。早在1920年8月，毛泽东在长沙创办文化书社时，就在第三师范设立了衡阳分社，并开办书报贩卖部，出售宣传马克思主义的书籍和《向导》、《先驱》、《新潮》、《新青年》、《少年中国》、《劳动界》等革命报章杂志。1921年10月，毛泽东在上海参加党的"一大"回长沙不久，就乘轮船溯湘江而上，到衡阳考察。翌年4月，毛泽东再次来到衡阳，在湘南学生联合会厅堂和第三师范风雨操场，发表关于马克思的革命斗争史、社会问题、中国农民运动等著名讲演，并在这里发展了一批共产党员，蒋先云、黄静源、雷晋乾、唐朝英等即是其中的优秀分子。当时在衡阳省立第三甲种工业学校读书的著名共产党员夏明翰，曾是毛泽东为培养党团骨干所创办的湖南自修大学的第一批学员。1922年暑假期间，我党早期著名的活动家张秋人，经陈独秀推荐，从上海来到湖南，先在长沙会见了毛泽东，随即被聘为衡阳省立第三师范英语教员。毛泽东、何叔衡还介绍第一师范学生、共产党员戴述人到第三师范担任国文教员。这批优秀的共产党员，分别以读书和当教员作掩护，秘密领导着衡阳地区的党团活动，第三师范成了湘南地区党团组织和革命学生运动的中心。自五四运动以来，以第三师范为基地，联合设在衡阳的省立三女师、省立第三甲种工业学校、省立第三中学等学校的进步师生，开展了许多次颇具影响的爱国学生运动。

三师学潮从1923年的3月一直闹到6月，学生坚持斗争，拒不复课。学校当局没有办法，就宣布放假，食堂不开饭，学生只好散掉了。张秋人、蒋啸青、屈子健、贺恕等党员教师被强行辞退。张秋人后来在黄埔军校任教官，1927年9月在任中共浙江省委书记时，不幸被捕，翌年2月遭反动派杀害。他是我在第三师范时最尊敬的一位教师，至今仍深深地怀念他。

三师学潮是我接触的第一次群众性的斗争，它给我的教育很深，感触甚多。虽然当时我还不能理解这场斗争的意义，但那些为首的学生们不畏强暴、奋不顾身的斗争精神，使我由衷地钦佩。事后我曾问自己：是什么力量驱使袁痴他们那样勇敢忘我地去进行斗争？为什么我就没有这种力量？答案当然是后来才找到的。

由于三师学潮在湖南全省引起很大震动，省长赵恒惕不得不对三师校长职务作了调整。到了1923年下半年，第三学期开学以后，第三师范的校长换成夏寿康。夏校长是一位庸碌无能的老学究，又未聘到得力的教员和助手，因而把学校搞得死气沉沉。学生中因袁痴、罗严、唐朝英等一批革命分子被开除，也不活跃了。整个学校处于一片沉寂之中。这时我对学业已毫无兴趣，全神贯注地阅读我所能接触到的各种书刊报章，深入地探索国家、民族、社会、阶级等政治问题。一时间，国内的各种政治思潮一齐进入我的视野，我从中发现了许多过去不知道的问题。例如国家、民族正受到外国列强的宰割；军阀战争连年不断，土匪蜂起，灾民遍地等等。我看到，不光是我一个人苦于无出路，整个中华民族都处在水深火热之中。既然国家、民族、社会都面临着生死存亡的问题，个人出路还从何谈起？这样，我思想上发生了很大的变化，开始跳出了个人的小圈子，不再考虑个人的出路问题了，由过去为个人寻找出路变为立志要为国家、民族、社会寻找出路。

当时，国内的救国论调多得很，教育救国，科学救国，实业救国，佛教救国，基督教救国……形形色色，五花八门。究竟什么才是拯救国家、民族和社会的正确道路，自己该何去何从，我一时又找不出满意的答案。我开始广泛地接触和了解社会，积极参加一些政治活动，像抵制日货运动、援助工人罢工运动、反基督教运动等等，我都是自觉主动地参加进去的。

到了1924年春，第四学期开学以后，我认真地阅读了《向导》、《新青年》等革命刊物以及国民党第一次全国代表大会宣言和孙中山的一些著作，开始明白了一条道理：只有打倒帝国主义和军阀，中国才会有出路；要救中国，必须进行革命；而要革命，就须有革命党，即由立志革命者加入革命政党，领导全国人民进行革命斗争。当时，孙中山实行联俄、联共、扶助农工三大政策，并在中国共产党的帮助下，着手改组国民党，实行国共合作，国民党在

15

全国各地大发展。我认为国民党"一大"的宣言不错，就决定去找国民党。那时国民党还不完全公开，直到1924年冬或者是1925年春节前，我才在衡阳加入了国民党组织。当时主持国民党衡阳党部的是共产党员贺恕等人。

加入国民党之后，参加了一些有组织的革命活动，思想上似乎有了寄托，一扫过去那种苦闷消沉的精神状态，情绪为之一振，显得积极活跃起来。自1924年下半年起，我就自动发起成立进步学生团体，在校内组织了一个讲演会，又联合其他学校的永兴籍进步学生，组织了永兴县旅衡学友互助社，其宗旨是联络互助，读书讨论，共同学习新思潮。大家凑钱买了一批书籍。我自己担任图书管理员，负责购书和保管。后来参加湘南暴动的共产党员黄平、刘申、刘木、李卜成、黄庭芳等，都是当年学友互助社的成员。当时我们除购买国内的书籍外，还购买了一批外文译著阅读，如达尔文的进化论、克鲁泡特金的无政府主义、考茨基的阶级斗争、马克思和恩格斯的科学社会主义以及布哈林等人的著述。读了这些译著，使我有机会接触到国际上的各种思潮，眼界更加开阔了。在许多译著中，引起我最大兴趣的是马克思和恩格斯合著的《共产党宣言》，因此，我读得最认真，并从而对马克思主义学说发生了兴趣。为了进一步学习和理解马克思主义学说，我又找了《新青年》丛书中的《阶级斗争》、《社会主义从空想到科学的发展》等书来阅读。还读了一些宣传马克思主义的小册子，如《通俗资本论》、《剩余价值论》、《价值、价格和利润》、《工银、劳动与资本》、《唯物史观浅释》以及介绍苏俄情况的书籍等。通过认真阅读这些书籍，在我的思想上又引起了新的变化，开始接受阶级斗争和社会主义的思想，并认识到孙中山的国民革命思想是不彻底的，不能从根本上解决中国社会诸问题。从而，使我进一步认识到，人类社会问题的根本解决，是走社会主义道路，即实行彻底的无产阶级革命。于是，我最后选定了马克思主义阶级斗争的道路，并决心去寻找中国共产党。

从 1922 年到 1925 年在衡阳省立第三师范这段时期，可以说是我一生中的一个转折点。在此之前，我受古书的影响，眼界不宽，思想狭窄，只想独善其身，做一个淡泊正直的人，随遇而安，知足常乐。来到第三师范之后，我才开始接触到时代的脉搏，开阔了视野，就如同从一个狭小的圈子里突然进到广阔的天地，别开生面。经过三年的摸索、探求，先是在国内的各种救国方案之中，我选择了孙中山的国民革命的道路，进而又在国际的各种思潮之中，选定了马克思主义无产阶级革命的道路。我的这个决心不是轻易下定的，而是认真、郑重的，经过长期考虑的，因而是不可动摇的。

3

加入中国共产党

　　我决心已定，便想方设法去寻找中国共产党的组织，争取早日加入中国共产党。当时中国共产党处于秘密阶段，党的活动不公开，像我这样一个平素不善交际、接触面有限的人，要找到共产党的组织，不是一件容易的事情。我考虑党组织不会了解我的情况，更不可能知道我要求入党的迫切心情和坚定志向。怎样才能找到共产党的组织，并向党表明自己的心迹呢？我想来想去，想到了一位好朋友黄庭芳。黄庭芳是衡阳大同中学的学生，是我们永兴旅衡学友互助社的成员，与我关系很好，彼此志同道合，能相互谈心里话。黄庭芳是大同中学学生运动的领导人之一，接触面广，认识的人也多，我相信他会有办法找到共产党的关系。黄庭芳也很想参加共产党，与我的想法不谋而合。我就动员他设法去找共产党的关系，找到后代我一起向共产党的组织提出入党申请，争取一同加入共产党。我还要求黄庭芳把我介绍给第三师范学生运动的领导人刘寅生、蒋元斋，表示如果刘、蒋二人是共产党员，我就请他们作我的入党介绍人。

　　到1925年秋，黄庭芳告诉我，说他已经找到了共产党的关系，把我俩的情况向党组织作了介绍，并代我提出了入党的申请。这年 10 月的一天，黄庭芳通知我，说中共衡阳区委的一位同志约我们去谈话。我和黄庭芳二人，按照约定的时间、地点，与中共衡阳区委的同志见了面。事后我才知道与我们见面谈话的这位同志名叫龚际飞。龚际飞与我们谈话的内容略谓：党组织已接到我们二人的入党申请，经过考察，已正式批准接受我们为中国共产党党员。龚际飞还告诉我说，我的入党介绍人，就是刘寅生和蒋元斋。龚际飞还嘱咐我们说，今后我们与党组织的关系，就由黄庭芳与龚直接联系。

我终于找到了中国共产党，并加入了党的组织，兴奋的心情使我好像换了一个人。此时，我精神上有了真正的寄托，思想上更加充实，胸怀豁然开朗，参加群众运动的积极性更高了。我再不是盲目地参加各种活动，而是在党组织的直接领导下，为着一个伟大的理想去斗争，这是多么有意义的人生！从此，我在任何时候、任何情况下，再也没有消极过。实现共产主义，成了我终生不渝的追求目标，不论遇到什么样的艰难困苦，此志不移。

我加入中国共产党之后了解到，衡阳地区早在 1921 年冬就由蒋先云、贺恕、夏明翰等人建立了共产党的组织，第三师范有共产党的支部。我入党之后不久离开衡阳去了广州。在衡阳这段时间，就是通过黄庭芳与中共湘南区委的龚际飞发生关系，没有参加第三师范的党组织活动。我的入党介绍人之一的刘寅生同志后来牺牲了，我的另一名入党介绍人蒋元斋在大革命失败后消极脱党，以后又重新入党。

第一次国共合作时期，在广州的湘籍高级军政领导人，成立了以研究有关湖南革命运动为宗旨的"湖南政治研究会"。1925 年12 月，国民党中央执行委员会第一百二十七次会议决定开办国民党中央政治讲习班，并指定由"湖南政治研究会"具体领导讲习班的工作。实际上主持讲习班的是林伯渠、毛泽东、李富春等共产党人。为了培养我党的政治工作干部，并为进军湖南作准备，党中央指示湖南党的组织选送一批学生去投考国民党中央政治讲习班。我和黄庭芳都被选送上，经过报名考试，均被录取。我接到录取通知书，已是1925年底。

国民党中央政治讲习班附设在广州东山国民党中央党部内，课堂就设在临时搭起来的棚子里。当时讲习班招收的学员共三百八十多人，绝大部分是湖南籍。讲习班的领导机构是理事会，理事会的成员有谭延闿、程潜、林祖涵（即林伯渠）、鲁涤平、陈嘉佑、毛泽东、李富春等七人。李富春兼任班主任，朱剑凡担任教育干事，彭国钧担任管理干事。学员编为一个大队，四个中队。我被编在第三中队。现在只记得大队长是刘楚雄，湖南长沙人，黄埔军校第一期毕业生。

讲习班把学习革命理论作为主要内容。同时也有一部分军事课程。讲课的有汪精卫、陈公博、高语罕、张太雷、毛泽东、邓中夏、萧楚女、恽代英、蒋先云、朱剑凡等人。宋庆龄、蒋介石、吴稚晖、彭湃等都来讲演过。党员学员还经常到广东省农民协会去上党课，讲党课的主要是广东省委书记陈延年，周恩来也来讲过党课。军事课除学习军事学等军事理论外，还进行军事训练，从单个教练到连教练，从制式教练到战斗教练，每天不间断。

那时候我还不懂得变更环境地点须自带组织关系，当初离开衡阳来广州时，匆匆忙忙卷起行李就走了。到了广州以后，在政治讲习班开学的前夕，遇到原在衡阳省立第三师范的同学雷克长。雷克长在三师学潮时被开除后，即在衡阳以教书作掩护，从事革命活动。他来广州比我们晚到几天。当时雷克长把我和黄庭芳拉到讲习班附近的空坪上，很严肃地说道："你们连组织关系都不带，就跑到广州来，这是违反组织纪律的行为。现在我把你们的组织关系带来了，已经交给这里的党组织，以后你们可不许再这样随便了。"在雷克长同我们谈话之后不久，与我同住一室的傅光夏（湖南华容人）通知我说，我的组织关系已由衡阳转来，就编在他那个党小组，以后有关党内的事情就直接找他联系。从此以后，我就在傅光夏那个党小组过组织生活。

我在政治讲习班学习期间，社会上发生了几起重大事件，在我的思想上引起了很大震动。

一件事是 1926 年 3 月 18 日，北京各界十万多人在天安门举行反对"八国通牒"的示威大会，并组织二千多人的请愿团到执政府请愿，在执政府门前（北京铁狮子胡同内），遭到段祺瑞政府预伏军警的屠杀，当场死四十多人，伤二百多人，造成"三·一八"惨案。鲁迅称 3 月 18 日是"民国以来最黑暗的一天"。

另一件事是 1926 年 3 月 20 日，蒋介石一手策划了"中山舰事件"。中山舰曾是孙中山避过难的一艘军舰，当时由共产党人负责指挥。蒋介石诬称共产党阴谋暴动，中山舰要炮轰黄埔云云。旋即下令逮捕共产党员李之龙等五十余人，并劫夺中山舰，包围省港罢工委员会，收缴工人纠察队的武器，包围苏联顾问的住宅，宣布广州全市戒严。同时，又密令第一师师长何应钦将潮汕第一军中的共产党员逮捕，取消第一军党代表制度。接着又取消了黄埔军校青年军人联合会，逼走在黄埔军校和第一军中已经公开的共产党员二百五十多人。第一军的军权遂落入蒋介石手中。"中山舰事件"是蒋介石篡夺革命领导权的一个信号。蒋介石借此打击了中国共产党，控制了广州局面，并取代汪精卫当了国民政府军事委员会主席。

继"中山舰事件"之后不久，蒋介石又在 5 月 15 日国民党二届二中全会上抛出了"整理党务案"。规定国民党高级党部，包括中央党部、省党部、特别市党部的执行委员，共产党员的总数不得超过三分之一，共产党员不能担任国民党中央党部部长；加入国民党的共产党员名单必须全部交出，由国民党执行委员会主席保管等等。"整理党务案"通过之后，国民党右派分子纷纷进入国民党中央领导机关，代替了共产党员和国民党左派在国民党领导机关的领导职务。我们党的领导陈独秀对蒋介石采取了妥协、退让和委曲求全的政策，遂使蒋介石的阴谋步步得逞。不过，当时工农运动的领导权仍然掌握在我党的手里，我党在国民党、国民革命军和黄埔军校中还保存有相当的力量，并且直接领导着一千多人的工人武装纠察队和十多万有组织的工人。蒋介石心中是有数的，他自知他的羽翼尚未丰满，还不敢和共产党就此彻底决裂。因此，他在打击共产党的同时，又施展反革命两面派手法，继续伪装革命，高喊革命口号，从而篡夺了更大的权力，当上了国民革命军总司令，国民党中央组织部长、军事部长、中央常务委员会主席，形成了蒋介石在国民党内的专制局面。

我当时虽然对所发生的一系列事件感到震惊，但却不理解其中的奥秘，很长时间找不出正确的答案。不过，我开始懂得了一点革命的复杂性，不像过去设想得那么简单。特别是当我看到在共产党内部也存在不同的意见和主张时，头脑里的疑问就越来越多了。我带着这些疑问与周围的同志进行探讨和争论时，大家也是众说纷纭，莫衷一是，最终仍然是不知所以然。可以想见，当时我无论是对革命理论还是对革命实践，都缺乏应有的了解，就像一个年幼的孩童，对许多事情尚处于似懂非懂之中。

4

北伐前后

　　1925 年，广州国民革命政府完成了对广东全省的统一，为国民革命军出师北伐奠定了基础。当时广州国民政府将所辖的军队统一改编为六个军，北伐的时机日益成熟。我党两广区委军事部通过各种渠道向国民革命军和黄埔军校派遣干部，开展党的工作，积极推动北伐。1926 年 5 月底，以黄埔军校部分学生为骨干、由共产党员担任各级领导干部的叶挺独立团出兵湖南，揭开了北伐战争的序幕，为北伐开辟了胜利的道路。7 月 6 日，广州国民政府发表国民革命军出师宣言，9 日国民革命军八个军共十万人正式出师北伐。大批共产党员和青年团员参加了北伐军，不少共产党员参加了北伐军的各级领导工作。

　　由于北伐的需要，国民党中央政治讲习班提前结业，要求学员自己填报志愿。我表示愿意到军队去做政治工作，并向党组织递了申请书。经党组织同意，我于 1926 年 6 月下旬转到北伐军总政治部办的训练班，接受军队政治工作训练。我的党组织关系也随之转来总政治部。我在训练班里，结识了段德昌同志，彼此谈得很投机。北伐开始，他先后任唐生智部第八军第一师政治部秘书长和

1926 年，北伐战争时期的黄克诚

第三十五军第一师政治部主任。国共分裂后，他到了南（县）、华（容）、安（乡）地区从事党的地下活动，在那里他发展了彭德怀入党。段德昌后来成为红军的一名优秀指挥员，1933 年 5 月，在湘鄂西肃反扩大化中，不幸遭到错误杀害。

北伐战争的直接目的，是打倒北洋军阀吴佩孚、孙传芳、张作霖三个军阀集团。

我在北伐军总政治部训练班经过约两个星期的训练之后，被编入北伐军前敌政治部宣传队。我的党组织关系也随之转来。这个宣传队总共有一百多人，负责宣传队领导工作的是前敌政治部主任刘文岛和秘书长张其雄。刘文岛是国民党员。张其雄是共产党员。7月初，宣传队随前敌政治部自广州直抵衡阳。在此之前，吴佩孚曾派叶开鑫率部反攻长沙，唐生智被迫退守衡阳。待叶挺独立团出兵湖南之后，首战告捷，稳定了湖南战局。当我们到达衡阳时，唐生智的第八军正与叶开鑫部在衡山以北对峙。唐生智的前敌指挥部及其第八军正缺少政治工作干部，于是，就将我们这个宣传队全部编入唐生智所部。我被分配到第八军第四师第十三团，担任团指导员办公室政治助理员。

我们到衡阳后约十天时间，叶开鑫所部被击溃，北伐军乘胜占领长沙。我们自韶关到长沙这一路上，沿途开展了群众工作，召开群众大会，进行革命宣传，张贴标语，散发传单。所到之处，群众敲锣打鼓，鸣放鞭炮，欢迎北伐军。抵达岳阳东南之箆口附近，与吴佩孚的军阀部队萧耀南部交起火来。战斗打响后，我初次听到枪炮声，还以为是群众放鞭炮欢迎我们。后来听得枪炮声越来越密集，才知道是打起仗来。在此之前，我从未经历过战斗。此时听到枪炮声大作，子弹不断地从头顶上飞过或落在身旁，发出嗖嗖和噗噗的声响，我的心里不禁有些紧张。当时我紧紧地跟着徐恂一起行动，他比我沉着，一边往前走，一边嘱咐我要沉住气，别慌张。敌人的炮弹打来，他就拉住我卧倒在地上。不久，北洋军队被击退，北伐军占领岳阳后，继续向北挺进，进至武昌以南之纸坊镇。当时国民革命军第四军张发奎、陈铭枢两个师行进在我们的前面。叶挺独立团则在最前面打先锋。他们在汀泗桥、贺胜桥一线与吴佩孚所部发生过激战，将吴军打得大败。当我们经过这里时，看到沿途遗尸遍地，被打死的北洋军尸体横躺竖卧，由于天气炎热，所有的尸体都已肿胀腐变，真是目不忍睹。这是我第一次见到这么多死人的场面，给我这个初上战场的人留下了非常深刻的印象，使我切身体会到战争的残酷性，亲眼看到革命所付出的血的代价。此后，战争就成了我的日常生活，见到流血牺牲也习以为常了。

由于李济深的第四军尚未攻下武昌，唐生智的第八军即由武汉的长江上游渡过长江，攻击汉阳、汉口，与吴佩孚所部打了一仗，随即占领了汉阳。继之，架设浮桥渡过汉水，进入汉口。当地群众纷纷出来欢迎北伐军，情绪颇为热烈。部队继续北进，由第四师担任前卫，在汉口以北之横店又与吴佩孚所部打了一仗，吴军被击溃后，我们即进入黄陂。我所在的第四师第十三团，沿铁路东侧继续尾敌追击。沿途与北洋军队只有小的接触，未发生大的战斗。等进至鸡公山、武胜关一线，吴佩孚所部即据险固守，我们遂发起攻击。第十三团担任对鸡公山的主攻。经两天激战，攻占鸡公山。武胜关正面之敌遂放弃阵地，退守信阳。我们乘胜进至河南新店、柳林之线。

是年 10 月，北伐军攻克武昌，全歼守敌。至此，北伐军先后歼灭吴佩孚部队十余万人，吴佩孚率残部逃往河南郑州，湖北战事即告一段落。唐生智遂将其所辖的第八军扩编为三个军。我所在的原第十三团改编为第二师第四团，由原第三营营长凌兆尧升任第四团团长。凌升任团长后，为了培养下级军官，办了一个教导队，让我到教导队担任政治教官。这个教导队办了三四个月的时间，因继续北伐而停办，先后轮训了一百多名军士。部队继续北伐前，我被派到第三营任政治指导员。第三营营长彭光闿，是保定军校第八期的毕业生。

北伐进展顺利，蒋介石却叛变了。蒋介石发动“四·一二”反革命政变之后，东南各省陷入白色恐怖之中，奉系军阀张作霖亦在北方屠杀共产党人。李大钊、陈延年、汪寿华、肖楚女等著名共产党员先后被杀。在此情况之下，我们党内部分同志曾提出东征讨蒋的建议，部分国民党左派人士亦纷纷发表讨蒋通电。但中共中央的决策者却不赞成东征讨蒋。武汉国民政府则主张继续北伐，希望同冯玉祥的国民军相配合，消灭奉系军阀，打通同苏联的交通线，然后再回头讨伐蒋介石。于是，任命唐生智为北伐军总司令，于1927年4月19日再次誓师北伐，出兵河南。我们即由新店、柳林驻地出动，未经战斗，即占领信阳、驻马店等地。待进至郾城、漯河之线，始与奉军隔河对峙，每日互相炮击，并不断派出小股部队乘夜渡河袭扰。我所在的第三营驻守在漯河街一段。有一次，奉军派出约一营兵力，于拂晓突破我军前沿防御阵地，进到漯河街上。我同营长彭光间立即离开指挥所，到街上带领部队进行反击，经激烈战斗，将奉军这股部队击溃。像这类规模的战斗，当时时常发生。

正当北伐军与奉军在豫南展开激战的时候，冯玉祥的国民军东出潼关，策应北伐军会攻河南。至5月，奉军大败，向北溃退。北伐军沿铁路尾敌追击，于6月进至郑州，与冯玉祥的国民军会师。我在郑州被晋级为上尉。这一段时间，我经常上前线，同战士们一起作战、谈话，因而与基层官兵建立了密切的联系。战士们对我很有好感，说这个指导员不错。他们有什么心里话也愿意对我说。我由此体会到，政治工作人员只有深入第一线，起带头作用，与战士们同甘共苦，才能得到战士们的信任。

在北伐军对奉军作战取得胜利的同时，武汉政府内部的危机日益增长。一方面，蒋介石煽动和勾结其他军阀对武汉实行包围、封锁；帝国主义者又调集大批军舰停泊武汉，以武力相威胁。另一方面，以汪精卫为首的武汉政府和国民党领导集团的反动面目逐渐暴露出来。他们以"纠正农民运动过火"为借口，采取了一系列压制工农的政策。与此同时，武汉政府管辖地区的国民党反动军官的叛变接踵而来。5月17日，驻在宜昌的独立十四师师长夏斗寅发动叛变，攻打武汉，幸被叶挺领导的警卫部队、中央军事政治学校和中央农民讲习所的学生军以及武汉地区工农武装所击退。21日，湖南军阀何键部许克祥团在长沙叛变,封闭革命团体,解散工农武装,屠杀革命者,制造了"马日事变"。6月10日,汪精卫、孙科、唐生智等人与冯玉祥举行郑州会议,策划"分共",并决定以"东征讨蒋"为口号,将北伐军唐生智部和张发奎部由河南前线南撤。这样,我随唐生智部从河南撤回湖北,第二师第四团驻防孝感。这时第四团的政治指导员调走,改派我担任该团的政治指导员。

唐生智率部回师武汉,其真实目的是准备反共,镇压两湖工农运动。我当时并不了解这个内幕。我到北伐军工作之后,党的组织关系改为单线联系。与我联系的人先后是孙志豪、夏秀峰(即夏明钢)、曹壮父。起初,部队中的共产党员经常开会、碰头。尽管当时上级不准许在部队中发展党员,但我还是发展了几名党员。后来形势日趋紧张,共产党员纷纷离去,党员会也不开了,也没有人给我通报情况,因此,我对形势的真实情况很不了解。当时我们党被陈独秀右倾机会主义所统治,先是对蒋介石的阴谋叛变一味妥协、退让,甚至在蒋介石杀机毕露,许多共产党人和革命者人头落地之时,陈独秀还与汪精卫发表"汪陈宣言",麻痹群众,解除共产党人应付突然事变的思想武装。结果在"四·一二"反革命政变中遭到了惨重损失。继之,又对汪精卫日益暴露出来的反革命面目不予揭露,不进行针锋相对的斗争,也不对党员进行教育,更不在党内作应变的准备,直至宁汉合流势成,汪精卫集团已举起屠刀,准备对共产党下手之时,党内的右倾投降主义者还大谈"国共合作",高喊"均应受国民党党部之领导与监督"的口号,并于6月28日决定解散武汉工人纠察队,6月30日在党中央举行的扩大会议上通过了《国共合作十一条决议》。这样,我们党在突然事变面前处于完全被动的局面,遭受到更大的损失。6月29日,驻武汉的国民党第三十五军军长何键发出反共训令,宣布与共产党分裂,并控制了汉口和汉阳。唐生智也以"处理湘事"为名，在长沙屠杀共产党员和革命群众。7月9日，武汉国民党举行中执委扩大会议，决议限制共产党在国民党内的活动，取缔共产党在国民革命军中宣传共产主义。15日，汪精卫举行"分共"会议，正式宣布和共产党决裂，公开背叛革命。随后，汪精卫集团在"宁可错杀一千，不可使一人漏网"的口号下，对共产党员和革命群众进行血腥屠杀。

　　我对当时所发生的一系列事件，在震惊之余，又极为愤慨。但由于得不到党组织的明确指示，我无法了解事变的真相。起初，我对武汉政府及汪精卫、唐生智等人存有幻想。记得尚在河南与奉军作战时，军队中就有许多关于"农民运动过火，军人家属被游街，财产被没收"之类的流言。不仅国民党人这样说，我们党内也有人跟在别人后面应和，对当时的农民运动横加指责。只有毛泽东对农民运动提出了正确的见解。但他所写的《湖南农民运动考察报告》，我们在下边根本看不到。因此，我还不能认识上述种种流言正是在煽惑军心，制造反革命舆论。后来听到长沙发生了"马日事变"，有上万名革命群众和共产党员被杀的消息，心中不禁对武汉政府产生了怀疑。但当时汪精卫还没有公开反共，唐生智也在口头上声称要查办许克祥。所以，我仍然没有对当时的严重形势看清楚，还幻想汪、唐等人会对"马日事变"有妥善处理办法。当北伐军回师，我随部队驻守孝感以后，看到和我一起在军队中工作的共产党员纷纷离去，我又陷入迷茫之中。自己该何去何从？留下来会不会出问题？离开又该到哪里去？左思右想，总也拿不定主意。我急切地盼望这时能得到党组织的指示，但总不见来人与我联系。我决定自己去找上级党请示。于是，我找了一个借口，请了几天假，到武汉去设法找党。

　　那时武汉形势正处于剧变之中，我虽不了解内幕，但已感觉到空气异常紧张，变化莫测。在武汉我找到第二师政治部主任曹壮父，问他我现在该怎么办？曹问了我和团长凌兆尧相处的情况后，认为我一时还不会有危险，就嘱咐我仍回凌团，他答应随后派人和我联系，最迟不会超过三个月。这样，我从武汉又回到孝感团部。这时我接到一封家信，得知永兴县农民协会委员长黄庭芳已被反动派杀害。我和黄庭芳在学生时代就非常要好，又一起找党，一起入党。得知他的死讯，使我非常难过。而各处不断传来共产党员被杀害的消息，更使我痛心不已，此时，我才真正认识到革命并非一帆风顺，将来曲折可能会更多。从前头脑中认为革命军打到哪里，革命就会在哪里取得胜利的幼稚想法，一扫而空。此时，我对唐生智部带兵军官及其旧军队完全失望，认为靠他们取得革命胜利是根本不可能的。因此，我不安心在旧军队中工作了。我自7月在武汉与曹壮父见过一面之后，一直盼望上级党派人来取联系。但三个月过去了，我望眼欲穿，始终杳无音讯。我担心日子久了，会失掉党组织关系，也感到在唐生智部不可久留。于是，我决定离开此地，再去武汉找党。我把要走的决定告诉了团长凌兆尧时，凌对我加以挽留，说我继续留在他那里工作，安全会有保障。但我决心已定，坚辞不干，遂向军政治部请长假。当时军政治部主任已换成国民党派来的皮作琼，皮立即准了我的假。我即离开，直奔武汉。

10月的武汉，完全笼罩在一片白色恐怖之中，报纸上天天登载杀人的消息和共产党员脱党的启事。找党的关系已非常困难。当时第三十六军第二师第四团在汉口大智门车站附近设有留守处。我在留守处住下之后，就天天到街上去转悠，希望能够碰到熟识的党员同志，打听党组织的下落。因我身着唐生智部队的军装，还不致引起敌人的注意。有一天，我转到江汉关附近的马路上，突然碰见一个熟人。此人名叫何家兴，四川人，是留法勤工俭学时加入共产党的，后来他又到莫斯科学习过。我一见到何家兴，不禁心中大喜，一把将他拉住，悄悄告诉他说，我是专为找党组织而来武汉的，问他是否知道党组织现在何处。何家兴见到我后，先是一言不发，待到我说明来意后，他往周围看了看，见无人注意我们，便从身上掏出一个小本子，撕下一页纸，匆忙写了一个地址，递到我手里之后，他就扭头走开了。我一看他写的地址是武昌某地，我便按照这个地址赶到武昌。何家兴后来到了上海，成了叛徒，被我党中央特科派陈赓将其处死。但他当时写给我的地址是真实的。我在武昌长江边附近的一条小街上，找到了接头地点，接头的人正好是与我相识的曾在广州国民党中央政治讲习班学习过的刘镇一、朱国中夫妇。我当即与他们接上了组织关系。刘镇一问明了我的住处后，即告我先回住地等候，过几天组织上会派人找我联系。我回到汉口没有几天，党组织就派人来联系，并交给我一封组织介绍信，介绍我到长沙去找中共湖南省委取得联系，参加湖南地方党的工作。于是，我即离开汉口，奔赴长沙。后来听别人告诉我说，我离开武汉没多久，刘镇一、朱国中夫妇就被国民党反动派杀害了。

我到了长沙后，先在永兴旅省同乡会的公寓里住下，然后就到湖南省委接头处接组织关系。当时党组织活动已转入地下，我来到接头地点，与省委接上组织关系后，我又回到原住处等候分配工作。过了几天，省委派了一位同志给我送来一封组织介绍信，介绍我到衡阳找湘南特委。于是，我又赶往衡阳。湘南特委的接头处设在一爿小商店里，我按照预先约定的接头办法前去接头，不料他们见我穿一身国民党军装，便产生了怀疑，不肯与我接头。我先后去过几次，与他们搭话，他们都不理睬我。没有办法，我只好先回家乡去，永兴的熟人多，或许能够找到当地的党组织，然后再设法与上级党取得联系。这样，我就回到了永兴，开始了大革命失败后的地下革命活动。

回顾大革命失败前后这段历史，深感自己的政治水平太低，思想幼稚，在许多问题上都带有盲目性，更不懂得阶级斗争的复杂性和革命运动的曲折性。因而，我对大革命失败，对蒋介石、汪精卫、唐生智等相继叛变革命，毫无思想准备。当时，我曾对陈独秀颇为迷信，以为此人很有本事，在党内很有威望。但后来的事实告诉我，陈独秀所推行的右倾投降路线，正是大革命失败得如此惨痛的原因之一。当然，我并不认为陈独秀是存心出卖党，但他那右倾的理论和错误的指导思想，确使我们党深受其害。他又固执己见，坚持错误立场，听不得逆耳的正确意见，这就必然使他的错误犯得愈加严重，对全党的危害就愈大。而我自己当时好像蒙在鼓里一样，在武汉国民党公开叛变，到处捕杀共产党人的时候，还不知道轰轰烈烈的大革命已经失败了。

1927 年 8 月 1 日，根据中共中央的决定，周恩来和贺龙、叶挺、朱德、刘伯承等领导北伐部队三万余人，在南昌举行起义，打响了武装反抗国民党反动派的第一枪。从此，开始了中国共产党独立领导革命武装斗争的新时期。8 月 7 日，中共中央在汉口召开紧急会议，总结了大革命失败的经验教训，改组了中央领导机构，撤销了陈独秀的领导职务，确定了土地革命和武装反抗国民党反动派的总方针，并把发动农民举行秋收起义，作为当前党的最主要的任务。但"八七"会议在共产国际新任代表罗明纳兹的错误观点影响之下，否认革命处在低潮，错误地认为，革命的重新高涨，不但在最近时期内是可能的，而且是不可免的。这就使党内的"左"倾情绪迅速滋长，为瞿秋白的"左"倾盲动主义奠定了基础。根据"八七"会议的决定，是年 9 月，毛泽东在湖南领导了湘赣边界秋收起义。继八一南昌起义和湘赣边界秋收起义之后，还有广东琼崖武装起义，海陆丰农民自卫军武装起义，湖北黄（安）、麻（城）武装起义和广州武装起义等等。不过，那时候我们党还缺乏经验，起义部队纷纷遭到挫折和失败。南昌起义部队撤离南昌之后，南下广东，原打算占领海口，取得国际援助，恢复广东革命根据地，再行北伐。但却不懂得改变战略战术，仍采用北伐时打北洋军阀时的方式，一路攻坚，打硬仗，加之孤军无援，使部队遭到很大伤亡。不久蔡廷锴率所部第十师脱离起义军，部队中病、逃、减员剧增。在攻占广东三河坝地区和潮汕一带后，起义军在敌人优势兵力的围攻之下，遭到失败，队伍被打散。后来，朱德、陈毅收拢了余部几百人，转入湘南，后来上了井冈山，保留下来一部分骨干。湘赣边界秋收起义部队的主力，是卢德铭指挥的原武昌国民政府警卫团，加上安源煤矿工人，浏阳、平江等地农民自卫军以及收编的原夏斗寅部一个团。这支部队由于执行"会攻长沙"的计划，受到了严重损失，大部被打散。毛泽东力主改变进攻长沙的计划，收拢起不足千人的队伍，在江西永新县三湾村进行改编，建立了党的各级组织和党代表制度，把支部建在连上，并设立士兵委员会，实行官兵一致的原则，建立了军队内部的民主制度。之后又争取了井冈山地区袁文才、王佐的地方武装，将起义部队全部拉上了井冈山，建立了井冈山革命根据地，开创了井冈山地区"工农割据"的局面。

井冈山革命根据地的创立，这在中国革命斗争史上的意义是无法估量的。如果没有井冈山这块革命根据地的接应，则朱德率领的南昌起义余部以及后来彭德怀领导的平江起义部队，都很难立足。而井冈山上有了朱德、彭德怀这两位行伍出身、久经战阵的优秀军事指挥员指挥作战，就犹如猛虎添翼，大大增强了红军的战斗力。井冈山上的红旗不倒，极大地鼓舞了共产党人进行武装斗争的斗志，坚定了革命必胜的信念。在井冈山红旗的指引下，各地被打散了的革命力量又纷纷聚集起来，星星之火，终成燎原之势。

失败的教训往往比成功的经验给人以更深刻的教育。因为这些教训的取得，是用大量的流血牺牲换来的。从大革命失败以后，我学到了不少东西，不再像从前那样盲目了，自然而然地、更多地动脑筋思考各种问题。我认识到，作为一个革命者，自己应该有独立的思考和见解，不能够一味地盲从，人云亦云。这样才是真正对革命事业负责。

5

湘南暴动

我回到永兴家乡后，一边了解当地的情况，一边设法寻找大革命时期的共产党员、青年团员和革命积极分子，然后再设法与上级党取得联系，开展革命活动。

"马日事变"后，湘南各县的革命力量受到严重摧残，大批党、团员和革命群众遭到杀害，幸免于难的也都隐蔽起来，不敢露面了。在外地读书的一批青年学生，于大革命失败后陆续返回家乡。他们当中有的是共产党员，有的是青年团员，有的是革命积极分子。由于永兴县党的创始人、县农民协会委员长黄庭芳在"马日事变"中被国民党反动派捕杀，县农民自卫军负责人尹子韶被反动派称作"暴徒头子"，正遭通缉而潜伏了起来，从外地回来的青年学生无法与党组织取得联系，只好暂时在家里躲藏，不能开展活动。我回来后，首先与这批青年学生建立了联系，商量找党和开展革命活动的办法。我当时主要联系了八个人，他们是：

刘申，原衡阳成章中学的学生，1925年在北京中国大学读书时加入了中国共产党。

邝振兴，衡阳省立第三师范的学生，在衡阳加入中国共产党。

黄平（原名黄景藩），衡阳第三中学的学生，在衡阳加入中国社会主义青年团，是当时学生运动的积极分子。

李卜成，衡阳省立第三师范的学生，学生运动的积极分子。

刘木、何宝成、刘明初，三人都是衡阳大同中学的学生，学生运动的积极分子。

上述七人都是以前我在衡阳组织的"永兴旅衡学友互助社"的成员。此外，还有一个尹子韶，是我读高小时的老师，被反动派称作"暴徒头子"而遭通缉。我回到永兴后，很快也同他联系上了。我们这些人彼此早就互相了解。我们商量决定首先设法找到上级党组织，然后再按照党的指示开展革命活动。过了些日子，黄平打听到湘南特委已派人到了永兴县城。我便和刘申、邝振兴、黄平、李卜成五人，于1927年12月初进城，找到了湘南特委派来永兴担任特支书记的向大复。我用湖南省委的介绍信同特支接上了组织关系，并介绍李卜成、尹子韶、刘木、何宝成、刘明初等人加入中国共产党。原来已是党、团员的，则承认其组织关系。

向大复是湖南衡山人，原来也是在衡阳读书的学生。他刚被湘南特委派来永兴工作时间不久，以开照相馆作掩护进行革命活动。在我们去找他联系之前，他联系到的人还不多。他看到我们这些人主动来找，非常高兴。不久，就在永兴县城北一座塔上，由向大复主持，召开了中共永兴特别支部扩大会议，有十多人与会。会议的主要议题是传达由瞿秋白主持召开的临时中央政治局扩大会议的决议。该决议提出反对军阀战争，反对帝国主义，组织工农武装暴动，一切权力归工农兵代表会议，建立工农革命军，实行土地革命等主张。这个决议在当时具有非常大的指明道路、鼓舞人心的作用。但同时，决议又提出了一些不适当的口号和"左"倾盲动政策，如要求在工农武装暴动中，不仅要对豪绅、工贼、反革命采取无顾惜的奸灭政策，而且对上层小资产阶级——店东、商人等，也要毫不犹豫地实行革命独裁，对群众过激的革命行动不许加以阻止等。听了传达之后，与会同志群情激愤，一致赞成组织农民暴动。但在讨论行动方案时，发生了意见分歧。邝振兴主张立即暴动，得到多数人的赞成。我主张先做群众工作，积聚革命力量，为举行暴动准备条件，待机而动。邝振兴立即指责我胆小怕死，是右倾机会主义。我反复说明目前立即举行暴动的时机还不成熟，缺乏群众工作基础，我们人数太少，连"暴徒"都没有联系上几个，单凭我们少数几个人干，是不可能把暴动搞起来的。但由于当时与会者多数赞成邝振兴的意见，我被当做右倾机会主义者而受到批评。后来的永兴县委也一直认为我右倾，以致暴动胜利后，有一段时间不让我参加县委。这是我参加革命后被批判为右倾的开始。

尽管多数同志主张立即举行暴动，但毕竟没有多少力量，立即暴动只能是一个口号而已。在研究具体部署时，向大复同意按我的意见进行，先做准备工作，党员分头下去联络"暴徒"，发动群众，发展党员，壮大组织，积极准备武装暴动。会议决定永兴全县以便江（即耒河）为界，江东的工作由向大复负责，江西的工作由我负责。

准备工作进行了一个多月的时间，有一天，几个到广东乐昌县坪石镇挑盐的农民告诉我说，坪石来了红军，为首的姓朱，打垮了白军，实行土地革命，平时一担盐卖九到十块钱，现在红军按一块钱一担的价钱卖给农民，群众非常拥护。我听到这个消息，心里非常高兴！我意识到我们举行暴动的时机到来了，立即找刘申、黄平、尹子韶等人商议，决定发动农民暴动响应红军。考虑到尹子韶曾担任过县农民自卫军的负责人，在广大"暴徒"和农民群众中有号召力，遂决定仍由尹子韶公开出面领导武装暴动。

　　1928 年年关时节，朱德、陈毅率南昌起义余部，自广东转战到湘粤边界一带，发动湘南起义，首先占领宜章和坪石，成立中国工农革命军第一师。不久即挥师向郴县、耒阳推进。当地的反动地主武装民团（亦称"挨户团"）大部被消灭，少数逃到外县躲避。宜章县有一股民团逃到永兴县的板梁。板梁是个大村子，在便江西岸，这里是我们群众工作最好的地方。当时我们已在便江以西地区组织起一百余人的革命力量，宜章民团逃到这里，恰是送上门来的好机会。我们当即决定由尹子韶率领已组织起来的一百余人，乘夜赶到板梁，将这股民团包围起来，全部予以缴械，一下子缴获到二三十支步枪，将自己武装起来。随后，将队伍拉到油麻圩一带，打起红旗，发动群众起来暴动。群众纷纷响应，几天之间，队伍发展到千余人。与此同时，刘木在油榨圩一带发动农民暴动，也拉起了近千人的队伍。

　　朱、陈的红一师占领郴县后，在郴县建立了苏维埃政权。曾任郴县农民协会委员长的李才佳担任了县苏维埃委员长，夏明翰的弟弟夏明震任县委书记。郴县暴动拉起了两千余人的武装，组成工农革命军第七师，由参加过辛亥革命的老同盟会员邓允庭担任师长。朱德、陈毅率红一师自郴县乘胜向耒阳挺进，路过永兴的油榨圩时，留下一个主力排，由张山川带领，协助刘木的农民暴动武装去攻打永兴县城。永兴县城里只有一些民团驻守，一击即溃。刘木率队占领了县城，随后，尹子韶也率队进城。我在家里接到通知，要我立即赶到县城开会。我同刘申、黄平、李卜成赶到县城后，才知道特支书记向大复调往郴县任县委宣传部长，湘南特委派了李一鼎来永兴主持党的工作，并改特支为县委，由李一鼎任县委书记，刘申任组织部长，李卜成任宣传部长，黄平任青年团县委书记。原由刘木、尹子韶率领的两支暴动农民武装和县城里的革命武装合编为永兴红军警卫团（亦称永兴红色警卫团），由尹子韶任团长，我任党代表兼参谋长。同时宣布成立永兴县苏维埃政府。随即，县委又派邝振兴、何宝成、刘明初、龙先图等人分赴各区去发动群众，进行土地革命，建立区乡苏维埃政权，组建群众武装。不久，全县各区乡的苏维埃政权纷纷建立起来，并成立了农民赤卫队。许多农民臂缠红箍，打着红旗，开展了轰轰烈烈的打土豪、分田地的革命斗争，全县上下一片欢腾。

在暴动之前曾是激进分子的邝振兴，这时却因工作中受到一些挫折躺倒不干了，躲在家里不肯出来。我到他家里去看望他，动员他出来继续为革命工作，但他仍犹豫不决。我就将了他一军，我说："过去你骂我是右倾机会主义，现在革命轰轰烈烈地搞起来了，你却躲起来了，你这是什么主义？"他无言以对，便跟我出来干工作了。这位同志后来一直表现不错，为革命事业献出了自己的生命。

继永兴暴动之后，资兴也举行了暴动。资兴县委书记黄义藻是原衡阳第三中学的学生，公开出面领导资兴农民暴动的曹亮华是原衡阳第三师范的学生。由于当时资兴的群众工作基础还比较薄弱，农民武装比较弱小，缺少枪支，曹亮华只身跑到永兴县城来搬援兵。永兴县红军警卫团当时已拥有二千余人，百多条枪。县委当即决定，由团长尹子韶率警卫团主力去支援资兴县农民暴动。很快即将资兴县城攻占，宣布成立资兴县苏维埃政权。尹子韶率部队返回永兴后，永兴县委又派他率部队去支援安仁县农民暴动，打开了安仁县城，建立了安仁县及各区乡苏维埃政权，由唐天际出任县苏维埃委员长。唐天际是安仁人，原来也是在衡阳读书的学生，参加南昌起义后，到了广东部队被打散，他便回到家乡从事革命活动。

朱德、陈毅率红一师在永兴没有停留，即向耒阳前进，攻占了耒阳县城。耒阳是湘南各县当中党群工作基础最好的地方，那里的干部也很强。耒阳前任县委书记就是介绍我和黄庭芳入党的刘寅生，后来他调到酃县工作，不久就牺牲在酃县。接替刘寅生任耒阳县委书记职务的是邓宗海。邓是耒阳人，也是在衡阳读书的中学生。公开出面领导耒阳农民暴动的则是刘泰，原衡阳成章中学的学生。刘泰在当地群众中有很高的威望，暴动胜利后，他出任耒阳县苏维埃委员长。当时耒阳暴动组建的武装有两千余人，枪支也多，是一支很强的武装力量，团长邝鄘是黄埔军校第三期学生。

湘南暴动后，湘南特委自衡阳迁到耒阳。特委书记陈佑魁"左"得很，执行"左"倾盲动路线非常坚决。他下令各县大烧大杀，不仅烧衙门机关、土豪劣绅的房子，还要把县城的整条街道和所有商店都烧掉，而且还要将沿衡阳至坪石公路两侧十五华里的所有村庄统统烧掉，使敌人来进攻时无房可住，想用这个办法阻止敌人的进攻。当时已是3月份，各乡农民已分配了土地，正忙于春耕。农民对这种乱烧的做法非常反感。我哥哥是个同情革命的老实农民，他曾悄悄对我说过：你们为什么要烧房子呢？把这么多、这么好的房子烧掉多么可惜！即使是土豪劣绅的房子也不应该烧掉，可以分配给穷人住嘛。烧房子的做法很不得人心，使老百姓不得安生。我哥哥的这席话，是人民群众的心里话，使我很受启示。我本就对这种做法有怀疑，很抵触。听了我哥哥的话后，更加坚定了自己的看法。当永兴县委开会讨论贯彻湘南特委的指示时，我坚决反对烧房子。县委书记李一鼎严厉地指责我右倾，并责成我负责烧县城。我拒绝执行。李一鼎以组织名义命令我必须执行，否则将受到严厉处分。我被迫服从了，但采取了折衷的办法，只在县城烧了衙门、祠堂、庙宇和个别商店，没有整条街地烧，最后永兴县城的大部分房屋商店还是保留下来了。当时郴县、耒阳都按照特委的指示，把县城烧得一空。

郴县位于南北交通线上，县委在城郊召开群众大会，动员烧掉城郊的房子。地主豪绅反动派趁机进行煽惑，策动农民"反水"，将县委书记夏明震等一批干部打死。直到陈毅率领红一师的部队前来，才将骚乱平息下去。陈毅即留驻郴县主持县委的工作。

这时，湘南特委委员周鲁奉命到井冈山传达省委的指示，回来路过永兴，谈他在遂川的见闻，大讲毛泽东右倾，不实行烧杀政策云云。我一听说毛泽东也反对乱烧滥杀政策，心里很高兴，进一步坚定了我自己的看法。

不久，永兴县马田圩高亭司一带的农民，受到邻县农民"反水"的影响，在地主豪绅的策动下，也打出白旗，反对苏维埃政府。县委当即派尹子韶率领警卫团主力和张山川排前往弹压。尹子韶带队伍出发之后，我在县城里总是放心不下，担心他们会对"反水"农民采取乱烧滥杀的报复行动。于是，我乘夜离开县城，去追赶尹子韶的队伍。待我于拂晓前赶到马田圩时，尹子韶正指挥部队放火焚烧马田刘家。马田刘家是打白旗的村子，全村有三百来户人家，此时已笼罩在一片火海之中。我赶忙找到尹子韶问明情况，原来他们还准备去焚烧另外几个打白旗的大村子。我坚决予以制止，说明这种蛮干的做法太脱离群众，只会造成与农民的尖锐对立情绪，并有可能被反动派所利用。我先说服了尹子韶，然后召集干部开会，宣布今后不许烧农民的房子，并作为部队的一条纪律，严格遵守。

队伍返回永兴县城。正赶上桂阳派人来报告说，桂阳北乡发生了农民"反水"骚乱，要求永兴县派部队前去帮助平息。永兴县委决定仍由尹子韶带领警卫团主力和张山川排去桂阳，平息"反水"骚乱后，再协助桂阳暴动武装夺取桂阳县城。这时，永兴城里只留下不足三分之一的部队和妇幼老小，枪支只有二十余条，由我负责留守县城。

1928 年 4 月间，敌人集结兵力向我大举进攻。敌军自衡阳出发，向耒阳、永兴、郴县、宜章一路杀来。这时陈佑魁已被调回省委，由杨福焘接任湘南特委书记。耒阳县城烧毁后，朱德率红一师移驻耒阳乡间，湘南特委机关亦经永兴迁到郴县。敌军大举进攻时，朱德率部撤向井冈山，陈毅率特委机关和郴县农民暴动武装先撤往资兴，再从资兴撤往井冈山。当从资兴向井冈山撤退时，特委书记杨福焘说什么也不肯上山，他说特委守土有责，不能离开湘南。杨福焘是湖南省委委员，原是长沙泥木工人罢工的领导人。他带领特委机关几十名同志自资兴与陈毅分手，单独向衡阳进发。这些同志对革命真是忠勇无比，但确实缺乏对敌斗争的经验。离开资兴后没走多远，就被民团包围，全部遇害牺牲。

敌军占领耒阳后，即向永兴进攻。我当时带领少数部队和一批家属留守在永兴县城，由于不懂得要做必要的情报工作，外边的情况一点儿也不了解。县委书记李一鼎与朱德、陈毅所部及特委保持一定联系，对敌人大举进攻的情况他应有所闻，至少敌人进攻耒阳他不会不知道。但不知出于什么原因，他对我始终守口如瓶。直至敌军快打来了，我还蒙在鼓里，一无所知。后来我回顾这一段的历史，估计当时李一鼎已对我不大信任了，觉得我太右倾，处处与县委、特委唱反调。李一鼎对我存有戒心，像敌人大举进攻，耒阳失守这样的大事，他也不通知我。直至敌人快抵近永兴了，我才从别处得知消息。情况已非常紧迫，我急忙找到李一鼎，建议速将尹子韶带领的部队和分散在各区的干部和武装收拢起来，到县城里集中，以应付敌人的进攻，一旦情况严重时，也便于组织撤退，免遭损失。李一鼎听了我的建议后，大骂了我一通右倾，又说我是怕死鬼，敌人还没有到就考虑撤退等等。当敌军离永兴县城已很近的时候，我又建议县委乘夜撤离县城，李一鼎执意不肯撤。直至敌人兵临城下，敌我力量过于悬殊，我们根本无法招架，李一鼎才慌了手脚，命令我指挥县城里仅有的少数部队，掩护县委机关干部和部分家属向资兴方向撤退。幸好敌军不明了城里的情况，攻势不算太猛，我们在县城里的这部分队伍、干部和家属总算安全撤出去了，但分散在各区乡的党员、干部由于事先毫无准备，全部被敌人打散，大部牺牲了。刘木、李腾芳、邝振兴、黄楚魁、龙先图、唐乐尧、罗树梅、刘芳全、何宝成、刘明初等一批干部，都是在这次敌人进攻时遇害的。还有一大批参加暴动的农民群众，也惨遭敌人的报复屠杀。更令我痛心的是，尹子韶所带领的警卫团主力和张山川排千余人武装尚在桂阳，由于事先没有得到县委的通知，毫无准备，全部被敌人消灭了，连一人一枪也没有回来。对于这一惨痛损失，我虽然不能原谅李一鼎那种刚愎自用、固执己见的不负责任作风，但作为县委主管军事工作的负责人，我还是深深地责备自己被胜利冲昏了头脑，过于麻痹大意，缺乏应有的警惕性，未能做到及时掌握敌情，以致在敌人迫近的情况下，来不及采取应变措施，而使我们的同志付出了重大牺牲。

这时，湘粤军阀开始联合对湘南进行"会剿"。敌人大军压境，敌我众寡悬殊，朱德、陈毅率部撤离湘南，向井冈山转移。各县农军亦随之上山。我率领永兴县城里的部队和干部、家属共八百余人，出县城南门，撤到资兴县三都集结。再撤至彭公庙，到达酃县县城。在酃县住了三四天，县委决定将全部人员编为永兴独立团，由我任团长，李一鼎任党代表。县委委员刘申、李卜成、黄平等人都在军中分别担任组织、宣传和青年团的工作。邓孝榜、刘在南也随军行动，邓仍负责财政。由于人少枪更少，独立团之下只设两个营，分别由刘承高和一名姓黄的同志任营长。这时候我比较有决定权了。我下令严禁部队乱烧滥杀，部队纪律比以前好些了。

部队改编成独立团后，即向井冈山进发，于4月下旬经沔渡到达井冈山下的大陇。这里已属江西省宁冈县的地界。当时朱德、陈毅的部队已经和毛泽东的秋收起义部队在井冈山会师了。耒阳、资兴、郴县、宜章各县的暴动武装都相继到达井冈山。这几个县的武装因组织撤退及时，损失不大，每县都保留有二千余人的武装。耒阳县因首当敌冲，撤退时虽遭到一些损失，但干部保存得很完整。加上我们带来的永兴独立团，湘南五县撤到井冈山的农民暴动武装总共八千余人。

朱、毛会师后，将部队整编为中国工农革命军第四军，下辖第十、第十一、第十二共三个师。朱德任军长，毛泽东任党代表。

第十师师长由朱德兼，辖第二十八、第二十九两个团。第十一师师长由毛泽东兼，辖第三十一、第三十二、第三十三共三个团。第十二师由陈毅任师长，辖第三十四、第三十五、第三十六共三个团。第三十五团是永兴独立团，团长是我，党代表李一鼎。

部队整编完毕，陈毅师长从砻市来大陇视察。我由于身体弱，视力差，向陈毅提出希望上级派一个团长来，我自己仍以做政治工作较为适宜。

我们在大陇住了十天左右时间，即经茅坪上井冈山。部队在黄坳与朱培德部的一个营打了一仗，该敌被我击溃，逃向五斗江。黄坳战斗中，第三十五团姓黄的营长因畏缩不前，于战斗结束后被枪毙，改由曹福昌继任营长。曹是黄埔军校第四期的学生，后来在南京被敌人杀害。当晚在黄坳召开了一次干部会议，由朱德军长作形势报告。次日我军进至五斗江，将溃退之敌大部歼灭。五斗江战斗结束的第二天，正好是5月5日马克思诞辰，部队召开了纪念马克思诞辰大会。5月6日，陈毅率第十二师进至永新县的拿山，做发动群众的工作。第十、第十一师则发动对永新县城的攻击，即日攻占永新县城。

部队在拿山活动的时候，上级派戴诚本来任第三十五团团长。戴是浙江人，黄埔军校第三期学生。几天之后，部队又进行整编，第三十四、第三十五、第三十六三个团合编为第三十团，由原第十二师参谋长刘之致任团长。原来的各团依次改编为第一、第二、第三营。我先是被派到第三营（资兴暴动武装）任党代表，没过几天，又调回第二营（永兴暴动武装）任党代表。不久，部队即由拿山撤回井冈山。

回到井冈山后的一天晚上，部队正在大井宿营，李一鼎突然告诉我说，上级已决定把耒阳、永兴、郴县、资兴四个县的农民武装编成四路游击队，返回湘南各县去打游击。我觉得我们对撤离后的湘南各县情况还不明了，部队匆忙分散回去活动把握不大，因而对上级所作出的这个决定心里在犯嘀咕。由于考虑到自己一再被批判为右倾，所以这次没有贸然提什么意见。很快上级就正式宣布了这个决定，任命我为第二路游击司令，李一鼎任党代表并担任永兴县委书记。原来的两个营长刘承高、曹福昌任副司令。我当然只能服从命令，并于第二天率部队返回湘南。永兴和耒阳的部队走的是同一条路线，经酃县中村和安仁船形，到达永兴县界。当部队正在向永兴龙形前进的途中，李一鼎告诉我说，他要到衡阳去找特委，让我代理县委书记的工作，并负责将部队带回永兴打游击。说完他就带着妻子走了。从此，我再也没有见到他的踪影，也不知道他的下落。

我们和耒阳的部队走到离永兴县城三十里的树头下宿营。在这里，两县的部队将要分路。这时，我们已得知永兴县城里驻有国民党正规军一个团。我们这支游击队虽然有几百号人，但枪支极少，战斗力很弱，而且还带着一些老幼妇女，机动性差。李一鼎一走，我是主要负责人，必须对这几百号人负责，下一步如何行动，需要迅速作出决定。我于当晚宿营时召集县委和游击队的干部开会，讨论研究部队的行动部署。我分析了当时的形势，认为敌我力量相差悬殊，不仅没有力量攻打县城，而且部队也不能过到江西岸；即使侥幸过到江西岸，敌人发觉后，我们也不可能站住脚。因此，我提议先动员妇女老幼分散回家，留下精干力量在江东岸，活动于永兴、资兴、安仁三县边界一带，机动作战。一旦形势不利，也便于向井冈山靠拢。对于我的这个意见，县委的几位干部都赞成，部队中的干部却极力反对。尤其是以副司令刘承高为首的一些人，坚持要去攻打永兴县城，否则也一定要回到江西岸。他向我发牢骚说："你既然把我们从家乡带出来，就得把我们带回家乡去。"当时部队都是刚刚组织起来的农民，组织纪律观念很差，而家乡观念极重，思家心切。我们暴动后即忙于开辟工作，接着就是仓促撤退、改编、上山、下山、作战等等，没有来得及进行必要的整顿和训练教育。老实讲，我当时还没有真正认识到这个问题的重要性，因而也没有抓紧时间做这方面的工作。

经刘承高带头一煽动，大家异口同声要求过江回家，尤其是部队背枪的多系便江西岸人，都听从刘承高的话，谁也不想到三县交界处去打游击。我再三陈说利害关系，终不能扭转大家的情绪。这时夜已经深了，有些人已很不耐烦了，说是太累了，要休息。我看意见一下子很难统一，只好宣布散会，先宿营休息，明天再议。

当时我疲劳已极，躺下不大工夫，就睡着了。一觉醒来，天已放亮。我翻身起来一看，除了刘申、黄平、李卜成三人之外，其他的人都不知去向。原来在拂晓前，刘承高就悄悄拉着队伍跑掉了，连邓孝榜、刘在南也随他们去了。我急忙叫醒剩下的几个人，他们醒来一看就明白出了问题。大家又惊又气，你看我，我看你，一筹莫展。没有别的办法，只能去追赶部队，设法把部队拉过来。

我们四人离开宿营地没走多远，就听见前边传来枪声。我们加快了脚步往前赶，又走了一阵，就见有两个背枪的战士上气不接下气地跑了回来。一问，才知道刘承高带着部队还没有接近县城，一听到枪响，就乱了营，各人奔自己的家乡跑散了。一支几百人的队伍，就这样一哄而散地垮掉了。这些人跑回家乡以后，陆续被民团抓住杀掉，刘承高亦未能幸免。我这个人一向被领导视为右倾，考虑问题总是要充分想到不利因素。但眼前所发生的这种突然变故，却是我做梦都没有想到的。一支几百人的部队，说垮一下子就全部垮掉了，什么组织纪律性，全然不顾了。思想的涣散竟然会起到如此大的破坏作用，这对我的教训实在是太深刻了！

我和刘申、黄平、李卜成以及刚跑回来的两名战士共六人，重新回到原来的宿营地，经过商量，决定去追赶耒阳的部队。耒阳部队骨干较强，枪也多，刘泰、邝鄘、邓宗海都在部队里，我们彼此很熟悉，希望借助他们的力量在附近先立住脚，再图发展。耒阳部队刚出发不久，我们很快就追上了他们。

我们六个人随耒阳部队渡过耒阳河，到了耒阳南乡后，即与耒阳部队分了手，来到永、耒交界一带。离开部队，我们单独行动，只好昼伏夜行，白天在山林之中隐蔽，夜间下山到村子里找点吃的。这样经过两天之后，就潜回到我们的家乡附近。先在黄平家附近的山上隐蔽起来，到了夜间，找到黄平的父亲黄开桂。我知道我父亲反对我参加革命，不敢告诉父母我回来的消息，便设法与我哥、嫂取上了联系。通过黄开桂和我哥、嫂，了解到这一阵子敌人搜查很紧，白色恐怖很厉害。为了便于存身，我们经过商量，决定六个人分开活动。刘申、黄平带枪到桂阳、常宁两县交界的太平山区活动。太平山一带人烟稀少，是土匪出没地。打算在那一带串联群众，并相机做山上土匪的工作，搞点武装，以求建立一个活动基地。我与李卜成以及两名战士暂回我村中潜伏，进一步了解情况，并设法与上级党取得联系，开展工作。我们这样商量决定之后，约定了互通情况的联络办法，就分头行动了。

我和李卜成等四人潜回我村后，我哥、嫂对我们十分同情和关心，帮助我们在附近一座山上找了个地方潜伏，每天由我嫂子偷偷给我们送饭。我哥哥还帮我找到了远房堂叔黄品清，帮助我们打探消息。黄品清是个有胆识、讲义气的人，同情共产党，好打抱不平。他与三教九流都有交往，关系颇多。因此，他能方便地打探到各种消息，对我们帮助很大。

和我们在一起活动的两名战士，其中一名叫廖子厚，是永兴城里人，他要求设法送他回家。我们就给了他二十块钱，通过黄品清找了一个可靠的人，把廖子厚送到永兴县城。廖子厚后来参加了十九路军，在江西与红军作战时，他又跑回到红军中来，我与他又见过一面，不久他就牺牲了。另一名战士的姓名已记不起来了，只记得他是衡阳人，原来在永兴城里当铁匠，永兴暴动胜利时，他参加了警卫团。他见廖子厚回家了，就也提出要求回衡阳老家。我和李卜成把身上仅余的二三十块银元又都给了这个战士，让他回家。听说他在回衡阳的路上，曾被民团抓住盘问，他什么也不讲，敌人只好把他放了。后来我再也没有见到他。

就剩下我和李卜成两个人，在我村附近的山上继续潜伏。白天我们躲进树林深处，以防被人发现。晚上到了夜深人静之时，便悄悄摸回村里，趴在我家房后的猪栏上边睡上一小会儿觉。不等天亮，就由我嫂子来把我们喊醒，赶快回到山上躲藏。我们的行动，必须非常小心缜密，不但不能让村里人知道，而且还得瞒着我父母。我父母始终不知道我已回到家乡来了。

我们请黄品清到外边打探各地的情况，寻找保存下来的革命力量，以便进行联络，开展工作。从黄品清打探到的消息中，我们才知道，自我们撤离永兴城后，国民党反动派进行了疯狂的报复屠杀。永兴全县被杀三千多人。原来旅衡学友互助社的成员，凡留在永兴未走的，几乎全部被杀掉了。邓孝榜、刘在南回去后也牺牲了。听说尹子韶正被通缉，不知下落。曹福昌夫妇二人回到家乡后就分了手，曹妻跑到南京，背叛了革命。曹福昌在家乡存身不住，也跑到南京，被其妻出卖而牺牲。和永兴相邻的几个县的情况，与

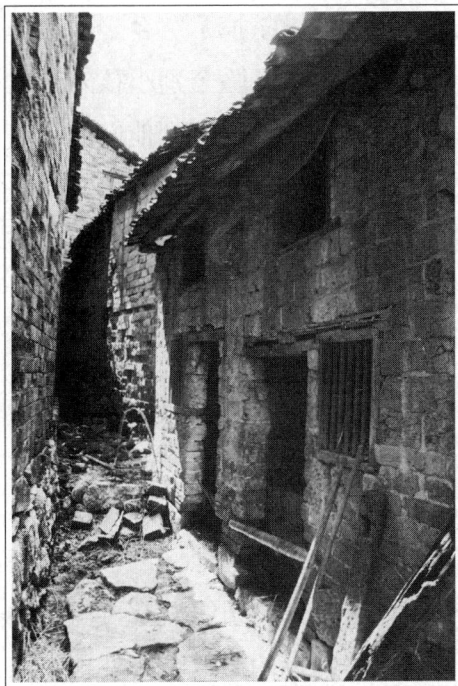

1928 年湘南暴动失败后，黄克诚遭追捕时在家乡的藏身处

永兴差不多，被杀掉的人成千上万。仅耒阳一个县，被杀的有上万人。我们还了解到，耒阳游击队在同我们分手以后不久，也被打散垮掉了。刘泰、邝鄘等领导人遇害牺牲。郴县游击队回去以后，也垮掉了，只有少数人半路折返井冈山才保留下来。邓华、向大复、邝朱权、邓允庭等人，就是半路折返井冈山才幸免于难的。资兴县离井冈山较近，境内多是大山。资兴游击队回去以后，保存了一个时期，并在龙溪洞一带建立了一小块根据地。但坚持了一年左右时间后，也垮掉了，县委书记黄义藻牺牲。

上述这些情况，有的是我后来才了解到的。

我和李卜成经过两个来月时间的活动，千方百计寻找上下级关系，最终一无所获。原来县委派到各区乡的特派员和区苏维埃干部，凡未逃到外地的，全都被杀掉了。乡干部和暴动积极分子也大部被杀。从井冈山上回来的人，除个别小孩外，大都被杀害。少数埋伏下来的，也不敢出来活动，找不到他们的下落。我们多方打听湘南特委的消息，也杳无音讯。当时传说耒阳捕杀了几个大共产党，不知是不是特委的干部。我们在村子附近隐蔽活动的时间久了，挨户团已察觉到了一点风声，不断搜山围捕。我们经过慎重考虑，目前干部死的死，逃的逃，群众情绪低落，与上级党又联系不上，开展工作很困难；敌人搜捕越来越紧，继续在这里潜伏已是害多利少；况且，生活上全靠哥、嫂暗中接济，终非长久之计。鉴于这种情况，我们决定离开家乡，到外边去寻找党组织。我和李卜成找到刘申、黄平，把我们的想法同他们谈了，他们都赞成，并商定我和李卜成两人先走，等找到党组织后，再与他们联系。

我和李卜成回到我村附近的山上，作外出的准备。因为整天在山林里生活，不见阳光，两人的脸色十分苍白。如果就这样出去，容易引人注目。我们便每天到山下去晒一阵太阳，以恢复正常。有一天，我们俩正在山下晒太阳，还没有上山，我弟弟就送饭来了。我对李卜成说："这几天风声很紧，我们还是把饭拿到山上去吃稳当些。"李卜成还想多晒一会儿太阳，他不以为然地说："你怕什么？难道吃顿饭的工夫，敌人就会来吗？"我没有跟他多说，端起饭就往山上走。他无法，只好跟着我上了山。就在我俩刚刚爬上高坡，尚未进入树林之中时，山下的村子已突然被民团包围起来。我们见势不妙，急忙钻进树林之中。李卜成这时真有点慌神了，摔了个大跤。我见他那着急的样子，与方才在山下不想上山吃饭时的神情判若两人，便半开玩笑地说："你慌什么？难道吃顿饭的工夫，敌人就会来吗？"他不好意思地说："幸好我们没有在山下吃饭，不然的话，这次可就逃不脱了。"

我俩在树林深处吃过饭后，一直不敢出来。到了深夜，我们估计敌人已经撤走了，才下山摸进村子里探听动静。经过了解才知道，白天我弟弟给我们送饭回去的路上，就被敌人抓住了。敌人问他我家住在什么地方，指名要抓捕我。来到我家附近，我弟弟把我家的房子指给他们，敌人就冲入我家搜查，我弟弟趁机溜走了。敌人在我家里翻腾了一阵子，没有找见我，就逼迫全村男女老少到一个打谷场上集合。敌人在人群中逐个辨认，并派兵在全村逐户逐屋搜查，折腾了大半天，还是没有抓到我。敌人就把我父亲抓起来拷问。我父亲确实不知道我回来的消息，拷问了一通，还是一无所获。敌人临撤走时，要把我父亲带走。有个豪绅说：这老家伙一点油水也没有，带走也没有用，还得白管饭吃。众乡亲又一再说好话求情，敌人才把我父亲放了。

敌人这次围捕，更提高了我们的警觉性，促使我们加快了外出的准备。我们让黄品清到李卜成家中，设法筹措到几十块钱作路费，我和李卜成二人就离家上路了。临走前，我回家去见了父母一面。父亲一见到我，气得暴跳如雷，指着我大骂一通。骂着骂着，气噎胸喉，骂不成声。我母亲在一旁讲风凉话，她说："这都是你们让他出去读书的报应！这下可好，读书读成气候了，读得好！读得好嘛！"我一见这种场面，不能再说什么，就扭头走出家门。从此，我再也没有见到父母的面。这次我离家出走的时间，大约是在1928年10月初。

轰轰烈烈的湘南暴动，就这样失败了。暴动后拉到井冈山上的湘南八千子弟兵，除保留下来少量干部和第二十九团少数部队外，其余都损失掉了，没有能形成一支武装力量。这主要是由于当时"左"倾盲动路线造成的结果，当然也和我们这一批县一级干部缺乏经验、缺少能力有关。但我始终认为，当暴动队伍拉上井冈山之后，上级作出让各县武装返回湘南打游击的决定，过于匆忙，欠缺周密的考虑。当时上级作出这样的决定，固然是因山上生活给养不济、环境困难所迫，但这个决定实非上策。先行下山的四县武装相继垮掉后，留在井冈山上的宜章暴动武装（第二十九团），又于同年8月和第二十八团一起，随朱德下山到了湘南。虽曾一度打下郴县县城，但不久，第二十九团就在敌人集结兵力反攻下瓦解。这支拥有两千余人的暴动武装，只保存下来一小部分，由胡少海、胡士俭、李子超、萧克等带领随着第二十八团返回井冈山。以后陈毅曾对我说过，毛泽东由于接受了我们那次失败的教训，对第二次回返湘南的行动坚决反对。但是，部队没有听从毛泽东同志的劝说，贸然下山，故而再次受到损失。

总的来说，湘南暴动每一步都有严酷的教训。这些教训，都是许许多多的同志用鲜血和生命换来的。每当我回顾这段历史，总是深切地怀念那些为革命而捐躯的先烈们。

6

千里奔波找党　辗转白区一年

1928年10月初的一天夜里，我和李卜成离开家乡，打算取道武汉、南京，到上海去找党。黄品清又找了两个可靠的农民一起护送我们到常宁县白沙镇。在白沙河下游，找到开往衡阳的民船后，两农民即转回家，由黄品清一人扮作小商贩，送我们去衡阳。船驶到衡阳，我和李卜成没有下船，黄品清一人上岸去为我们买了去长沙的船票，把我们送上开往长沙的轮船后，他才与我们告别回家。这一阵子黄品清对我们的帮助真是太大了，他那种助人为乐、认真负责的精神，令我至今感念不已。

我和李卜成乘船到了长沙，没有停留，直奔火车站，爬上一列开往武昌的煤车，向武昌而去。来到武昌，刚过双十节没有几天，街上庆祝双十节的标语、牌匾等举目皆是。我们用化名住进汉阳门附近的斗级营旅馆，我化名黄彬，李卜成化名李天赞。我们已半年多没有洗澡、理发了，头发长得盖住了耳朵。住下后，我俩就上街理了发，痛痛快快洗了个澡，买了点衣服、鞋袜等生活用品，我还配了一副眼镜（我是高度近视）。我们整理好外表仪容，感到与常人没什么两样了，就去逛大街，撞大运，希图能碰上个把熟人，设法寻找党的关系。但转悠了三四天，一个熟悉的同志也没碰到。我们不敢到处乱闯，手头的钱也不多，不便在此地久留，决定赶往南京。

我们买好去南京的船票，在去码头上船的路上，遇见了一个过去和我在唐生智部共过事的小军官，名字已忘记了。他告诉我说，唐部失败后，他转到桂系军队工作，现驻武汉，并邀我到他那里去玩。我怕引出麻烦，没有去找他，当即同李卜成一起乘船到南京。到南京一上岸，我们就在下关一个比较偏僻的巷子，找到一家旧式旅馆住下。巧得很，我们在这里与曾希圣不期而遇。曾希圣是我在衡阳读书时的同学，后来又同进广州政治讲习班。他比我们早来几天，也住在这家旅馆里。相见之下，我们都非常高兴，互相畅谈了别后的情形。从交谈中，我才知道曾希圣到南京来也是为了寻找党的关系，但至今没有找到。

我离开永兴时，因家里穷，又受到挨户团的搜抢，临走时没有弄到一点钱，从李卜成家里筹借的钱也花得差不多了。为了今后的生活，我们一边打听党组织的消息，一边了解是否有同乡好友在南京，以便求得经济上的帮助。过了几天，我们打听到有个名叫曹日晖的永兴同乡，是黄埔军校第一期的学生，现在是国民党军队中团一级的军官，在南京有公馆。我和李卜成在衡阳读书时曾与曹同学，彼此关系不错。李卜成主张去找曹日晖，一方面想向曹了解些情况，另一方面想向曹求帮点钱。我表示赞同。

一天晚上，我同李卜成到了南京城内曹日晖的公馆，李进到宅内，我留在外边观察动静，以便发生不测时好有个照应。李卜成进去没有几分钟，就出来了，匆忙拉着我离开曹宅，转回下关旅馆。进到房间以后，李卜成才告诉我去见曹日晖的情形。曹日晖一见到李卜成，十分惊愕，张口便说："你真好胆大！竟敢到南京来！这里同乡人很多，正在到处通缉你们。前不久曹福昌逃到南京，当即被人告发枪毙了。幸好今天我这里没有别的同乡在，算你幸运，否则，真是太危险了！你赶快离开，不要在南京呆了。"李卜成见曹日晖这种神情，也不便向他打问什么情况，就干脆要求他接济点路费，好离开南京。曹日晖不肯在自己身上拔毛，就介绍李卜成去找另一个同乡刘乙光。说刘乙光现在国民党中央军校工作，人靠得住，可以帮助我们。

我们按照曹日晖介绍的地址，找到了刘乙光。刘乙光是黄埔军校第四期的学生，原来是衡阳省立第三师范的学生，我们与他早就相识，彼此关系不错，是我鼓动他去投考黄埔军校的。从黄埔军校毕业后，他到北伐军中作政治工作。大革命失败时，他逃离原来的部队，来到武汉，我曾在汉口的马路上碰到过他。那时他说他是从江西逃来武汉，并说江西方面的形势很紧张，难以存身。我告诉他武汉的形势也不妙，革命左派人士已纷纷离武汉去江西，我劝他还是回江西去。刘说身上已无盘缠，无法上路了。我把自己身上所有的钱都给了他，他答应立即回江西。此后便再无联系，不知他怎么到的中央军校做事。这次我们同刘乙光一见面，刘也感到愕然。我开门见山地说明来意：一是了解各方面的情况，二是请他帮助解决去上海的路费。刘先对我们谈了他所了解的情况后，说我们不能在南京久留，如果碰到坏同乡，就会出危险。但刘也不愿意为我们出这笔路费，他说过几天他要到上海公干，可以把我们一起带到上海。我们考虑随刘乙光去上海，比较安全些，就答应了。

两天以后的夜里，我们同刘乙光乘火车去上海。一路上既不用买车票，也没有受到盘查，很顺利地到达上海。刘乙光把我们送出车站，就与我们告别而去。临别前刘对我们说，在上海找下固定住所后，就给他写信，他每月给我们寄几块钱的生活费。

上海是当时我们党中央所在地，我们相信在这里一定能够接上组织关系。但由于白色恐怖气氛很浓，党的活动是在极为秘密的状况下进行的，我们究竟何时才能找到党组织，心里没有把握。考虑到我们身边的钱很少，不敢住旅馆，就采取白天逛大街、晚上在小店里租一张床位过夜的办法，以节省开支。这样过了几天，没有遇见一个熟悉的同志，心里非常焦急。我们感到这样没有固定住所，到处游荡也不是个办法，就设法找了一间出租的房屋，价钱很便宜，房东是个家庭妇女，丈夫不在家，住在这里比较安全。但没住几天，房东的丈夫回家来，看到我们既无行李，又无家具，也不像考大学的学生，就起了疑心，不准我们在那里住了，我们只好另找地方栖身。这次我们在闸北一个茶馆的后楼上租下一间小房子，老板是个警察兼流氓，他不怕我们不交房租，我们就在这里住下了。因为没有行李，我们就在街上买了一块苇席，铺在地板上睡觉；又买了几件简单的炊具，自己烧饭吃。

这时已是1928年的10月下旬了。我们两人都是第一次来大上海，人生地疏，每天除了上街东碰西撞想遇见熟识的同志外，就是钻书店看书。起初我们进书店，店员以为我们是来买书的顾客，热情地招呼我们。后来见我们光翻书不买书，就怀疑我们是偷书的扒手，店员的两只眼睛紧紧盯着我们，进行严密地监视。以后我们去的次数多了，他明白了我们是来揩油白看书的，便不大管我们了，由我们自己随便翻阅。

就这样，我们在上海住了两个月时间，还没有找到组织关系，生活越来越拮据，心里更加焦急。开始，刘乙光还给我们寄来几块钱的生活费，后来他也失业了，又另外给我们介绍了一个在上海的永兴同乡厉良圭，是个黄埔军校学生，在复旦大学任军训教官。我们到复旦找厉良圭求助，他给了我们三块钱后，就再不理会我们了。别的关系又找不到，房东又天天催逼房租，真是到了山穷水尽的地步了。这期间，我们尝尽了厚着脸皮求人告助的难堪滋味，但依然是走投无路。

我们决定先去找个职业以谋生，再慢慢寻找组织关系。但几乎跑遍了所有的佣工行，所得到的答复都是：女工尚可考虑，男工一概不招。人到了走投无路的时候，真是连稻草也要抓。偶然听说湖南衡阳人聂云台，是上海一家纱厂的资本家，我们就以湖南大同乡的名义给聂云台写信，说我们是来上海考大学的学生，费用花尽，生活无着，请他收留我们在他的纱厂里做工。可是信发出去之后，如石沉大海，毫无音讯。

有一天，我在报纸上看到永兴著名的留学生黄璧的名字。黄璧是日本东京帝国大学的毕业生，现在上海兵工厂炮弹部任主任。我以黄楚珍的化名给他写了一封信，冒称我是程潜所部的下级军官，在江西被缴械后漂流上海，因找不到职业，想到南洋去谋生，请他给予帮助。几天之后，接到黄璧的回信，约我到厂里同他面谈。真是喜出望外，我立即赶到上海兵工厂，找到黄璧的办公室，同他见了面。刚坐下没谈上几句，就有人进来找黄璧。黄璧出去了一会儿回来对我说，他有要事，不能继续同我谈话，委托他的一个亲戚、同事同我谈。说完他就走了。不大功夫，黄璧委托同我谈话的那个人就来了。这个人一进屋，我一眼就认出了他。此人叫邓丰立，是湖南桂阳县北鸦山村有名的大恶霸。我有个姑夫是北鸦山村人，我这个姑夫去世时我曾去北鸦山吊丧，见到过邓丰立。我在史先生处读私塾时，邓丰立因与史先生有亲戚关系曾来过私塾，我也见到过他。湘南暴动失败后，这个邓丰立在北鸦山杀了很多参加暴动的农民和共产党员。幸而我这几年变化较大，邓丰立已认不出我了。他与我寒暄过后，首先问我过去的情况，如何当的兵。我竭力保持镇静，装作素不相识的样子与他胡扯了一气。他突然问我："下青村黄清正的侄子黄时瑄（我读私塾时用过的名字）你认识吗？"我沉住气淡淡地回答道："过去在家时认识的。"邓又问道："黄时瑄现在在什么地方你知道吗？"我说："我离家出来当兵很久了，从没有与他联系过，不知他后来怎么样了。"邓恶狠狠地说道："黄时瑄是个杀人放火的共产党。"我佯作惊讶道："啊？他那样的人还会当共产党，真出人意料。"邓接着说："他领头在我们那一带搞暴动，当局正在通缉他。我要是找见他，决不能轻饶了他！"我又感叹道："他那样的人也会搞暴动，可真看不出来。"接着我把话题一转，问了问邓一家人的情况。最后我问邓，黄璧先生什么时候能回来？邓说今天不一定能回来了。我就势说道："黄璧先生今天不回来，那么我改日再来拜访，今天我就告辞了。"说完我站起身就往外走，邓丰立一直把我送到工厂大门口才回去。我手心里一直捏了一把汗，离了兵工厂，才如释重负，长长地舒了一口气。此后我再也不敢去找黄璧了。

我有个朋友叫曹勤余，大革命时期的共产党员，曾和我同在北伐军一个团里当营指导员。听说他家住在上海法租界，我就设法找到他家。当时曹勤余已不在家，我见到曹的哥哥，要到曹勤余的通信处，并说好利用曹家作为我在上海的通信地址。我与曹勤余通过信之后，才了解到他于大革命失败后脱党，又参加了第三党，现在福建漳州的一个部队里工作。他知道我目前处境困难，就劝我到漳州他所在的部队做事，条件是我必须改变信仰。我回信告诉他，我的信仰决不会改变。打这以后他就不给我写信了。到了阴历年前，我去了他家一趟，想看看有无我的信件，恰巧他探亲回家，我同他见了面。我劝他继续干革命，回到共产党的队伍中来。他沉默了一阵子，才向我表示他不愿再干共产党了，但保证不会出卖我，他的家可继续做我的通信地址使用。但我已不再想与他联系了，从此就断绝了来往。

我久困上海，受着找不到组织和经济来源断绝的煎熬，整天神经极度紧张，饥寒交迫，人眼看着就变老了。真是天无绝人之路。正在我苦于无路可走之时，偶然在一张报纸上看到了凌兆尧的名字。凌兆尧是我在北伐军唐生智部当团指导员时的团长，彼此间的关系相当不错。现在凌兆尧在国民革命军第五十三师第一五八旅当旅长，驻防唐山。所部归桂系白崇禧指挥。见到这个消息使我兴奋起来，我意识到这个关系可能给我经济上的资助。于是，我立即给凌兆尧写了一封信，介绍了我在上海的困境。凌兆尧很快就给我回了信，并寄来二十块钱。这对我说来，不仅是雪中送炭，而且是绝处逢生，使我得以渡过最困难的关头。

天下事贵在坚持，最困难的时候也往往是出现转机的时候。1929年1月间，曾希圣由南京来到上海，找到我和李卜成，告诉我们说他已在上海接上组织关系了。我们一听，高兴得几乎要蹦起来。真是踏破铁鞋无觅处，得来全不费工夫。原来曾希圣的哥哥曾钟圣已由莫斯科回国，在上海党中央军委工作。曾希圣找见他哥哥后，就与党中央联系上了。曾希圣还告诉我们说，袁策夷（即袁仲贤）和徐德二人也在上海。我一听更加高兴！袁策夷是黄埔军校第一期的学生，北伐时曾任前敌政治部宣传队总队长，他当时就认识我，彼此都知道是共产党员。徐德与我更熟，都是广州政治讲习班的学员，后来同在唐生智部做政治工作，曾在一起参加过多次党的会议。

我和李卜成当即给党中央写了一个报告，请求接组织关系，并请袁策夷、徐德两人作我们的证明人。报告由曾希圣通过他哥哥转交党中央。党中央很快承认了我们的组织关系，并派人来看望我们，还给我们每个人三十块钱，接济生活。我们终于又找到了党，回到了组织里面，身心都有了归宿。时值隆冬天气，我和李卜成身上还只穿两件单衣。我们这才上街买了棉衣，并付清了房租。

过了阴历年，我们在法租界租了一间亭子间，集中精力阅读党中央派人送来的党的六大会议文件。当时徐德在中央军委工作，也住在法租界，我们常常在一起交谈互相所了解的各方面情况。我从党的六大文件中，才第一次见到"大革命失败"的提法。组织上还不断给我们送来大批学习资料，其中包括共产国际的有关文件、各种革命刊物等。有许多是我过去没有接触到的，如列宁的《两个策略》、《国家与革命》、《无产阶级革命与叛徒考茨基》、《左派幼稚病》以及斯大林的《列宁主义概论》等等。我如饥似渴地读着，从中懂得了许多新的道理。这时我才知道中国革命正处于低潮，懂得了什么是右倾机会主义，什么是"左"倾盲动主义。也了解到共产国际内部关于中国革命问题的争论，中国党内对过去问题的检讨和解决等等。这使我对中国革命问题的理论认识上提高了一大步。

这期间，我除了与徐德、曾希圣来往以外，还与熊受暄、柯乃康（柯庆施）等人有过来往。湖南省委遭彻底破坏后，逃到上海的同志又组织了新省委，正准备回湖南去，他们也曾来和我们联系过几次，向我们了解湖南的情况。

不久，中央军委派人同我谈话，告诉我的组织关系属军委系统，李卜成属地方系统。并告诉我们说，党的经济来源很困难，只能保障少数职业革命家最低限度的开支，不可能把所有党员的生活都包下来。因此，党中央号召广大党员自找社会职业，实行职业化，解决生活来源问题，更重要的是可以借职业作掩护，联系各方面的群众，开展革命活动。根据党的这个指示，我又写信给凌兆尧，说我在上海几个月没有找到职业，请他考虑能否在他那里帮助我谋个差事做。凌兆尧回信说，可以先来唐山，工作问题来后再想办法。我将这个情况报告了中央军委，请示是否可去唐山，当即得到中央军委的同意，要我做好去唐山的准备。

一天，曾希圣到我的住处来看我，我将凌兆尧要我去唐山和中央军委已同意我去唐山的情况告诉了他。曾希圣说中央军委已同意他去烟台工作，给他发了路费，他日内就出发，这次是来向我告辞的。我们互相勉励了一番，就此分手。

不久，中央军委派一位负责同志与我谈话，交代给我到凌部后怎样开展工作，怎样同中央军委保持联系。嘱咐我到唐山站住脚后，就给军委写信，军委将派人去找我联系，自己不要跟地方党发生关系等等。谈话后，军委派人给我送来路费，并交给我一份与中央军委通信联络的地址。地址是上海的一所学校，收信人的名字现在已经忘记了。

李卜成因属于地方组织系统，暂留在上海工作。我和李卜成自湖南永兴家乡出来找党，奔波数千里，历时近半年，朝夕相处，患难与共，这时不得不恋恋不舍地分别了。在我临离开上海的时候，徐德曾来与我话别。我们互相勉励一番，约定今后经常保持私人通信联系。

这次我与党组织接上了关系后，以后再无间断过。

1929 年春，我自上海乘海轮抵塘沽。由于我不谙旧社会那套走码头、闯江湖的规矩，一路上受了不少的窝囊气。本来在上海买的是卧铺船票，不料，上船后还得另外花钱打关节才能给铺位。我不肯花这个冤枉钱，只好自认倒霉，在船底仓坐了三天三夜。到塘沽上岸后，我仍不懂得给港口检查站送钱，惹恼了检查站的兵丁，除把我全身上下搜查个遍外，还用锋利的铁钎子把我仅有的一点东西戳个稀烂。

　　我在塘沽转乘火车到了唐山，就直奔凌兆尧的旅部。凌旅驻扎在唐山附近的乡村。凌兆尧见到我后，谈了一会儿话，就派一位副官把我领到军需处和军医处合住的一所大院内住下。北方农村睡的土炕，我是头一次见到，平生头一次知道天下还有土炕这种东西，觉得很新鲜。

　　我在凌部住下后，凌兆尧给我做了点衣服，发了些零用钱。凌兆尧有空就找我聊天谈话，从国民党谈到共产党，从唐生智谈到蒋桂冯阎各派，都是关于政治方面的问题。后来我才察觉，凌兆尧找我谈话是在摸我的底，想了解我目前的政治态度究竟如何。

　　这期间，我给上海中央军委写了信，报告我已安全到达凌兆尧的旅部，暂时尚未安排工作。同时我也给徐德写了封信，告诉了他我的情况。

　　在凌部通过过去的熟人还了解到吴永钦现在天津中山中学当教员。吴永钦是北伐时凌兆尧团的书记官，我到该团当指导员后介绍他加入了中国共产党。得知他的下落，我给他写了封信，告诉他我已来到凌兆尧处，彼此沟通了联系。

　　凌兆尧的部队里，有许多我过去认识的中下级军官，特别是当年我在教导队教过的学生，现在都是连排长。听说我回来了，他们纷纷来看我，显得很亲热。我还到当年我工作过的第四团，会见了现任团长张嗣基和该团的营连长，彼此谈了别后的情形。

　　平时我接触最多的是住在同院的军需处长和军医处长及这两处过去的熟人。军需处的军需官凌旭，是我在衡阳省立第三师范读书时的同学，大革命时他曾在湖南鄜县搞过农民运动。"马日事变"后他逃到堂兄凌兆尧处，当了军需官。大革命失败后，他受的刺激很深，情绪低落。我来后常跟他在一起交谈，想争取他继续为革命工作，但他始终未表明态度。

我除了接触凌部的中下级军官外，还抽空到开平、唐山一带的煤矿去过几次，接触一些煤矿工人，了解矿区的情况，为今后开展党的工作作些调查和准备。

随着蒋、桂矛盾的发展，唐生智旧部官兵开始秘密串联，酝酿驱白迎唐。凌兆尧还发动全旅官兵到处张贴"打倒桂系！""打倒白崇禧！""欢迎唐总司令东山再起！"的标语，并把反桂迎唐的标语贴到来往于北平、天津的火车车厢上。一时间，军中反桂迎唐的声势很大，迫使白崇禧在军中不能立足，只好在廖磊的保护下，化装由塘沽搭日轮逃走。蒋介石为了利用唐生智倒桂，任命唐生智为第五路军总指挥，刘兴亦回部就任第五十三师师长，廖磊被迫离职下野。唐、刘回到军中，受到全体官兵热烈欢迎。当即整饬所部，宣布讨伐桂系。

蒋桂之战，以桂系失败而告终。

不久，蒋介石又委任唐生智为讨逆军第五路总司令职，配合蒋介石嫡系部队沿陇海路西进，讨伐冯玉祥。我随凌兆尧旅自兖州徒步向河南开进。行军途中，凌兆尧要我起草一个进军河南的白话文布告。我按照凌的授意，很快将布告起草好，送凌审阅后，即用石印印出，沿途张贴。凌对我起草的布告很满意，高兴地对我说，部队到了河南后，就要成立政治部，暗示要委任我政治部主任职。

不久，冯玉祥通电下野，所部由河南撤至潼关。唐生智部官兵则在河南一线就地驻防，我随凌兆尧旅驻扎在商丘城附近的乡村。在商丘驻防期间，凌兆尧照旧经常与我谈话聊天，但对于安排我的工作问题却只字不提，好像根本就没有这回事一般。我暗暗责怪凌兆尧食言。过了一段时间，我看凌兆尧仍无安排我工作之意，就当面正式向他提出要求分配工作。凌兆尧则以工作不要急，慢慢想办法相推诿。我再三向他提出要求，凌却总是询问我到底是不是共产党员，回避谈工作问题。后来我才弄清楚，是我自己做了蠢事。原来我以为凌兆尧的堂弟凌旭靠得住，在与之交谈中，为了争取他继续为革命工作，我将自己参加湘南暴动，上井冈山等情况都告诉了他。同时，还根据我学习到的党的六大文件精神，对他分析了当前的革命形势，鼓励他坚定革命信心。不想，凌旭将我同他谈的话，和盘告诉了凌兆尧，引起了凌兆尧对我的戒心。凌兆尧一方面顾虑收留一个共产党员在部队中工作，被上面发现追查起来承担不了责任；另一方面，他知道我与他部下的军官士兵关系很好，害怕我在部队中开展工作会挖他的墙脚。于是，就再也不提给我安排工作的事情了。

事已至此，我自知在凌部工作已无可能，继续留下来毫无必要，便写信给天津的吴永钦，告诉他凌兆尧不想给我分配工作，我决意离开凌部。吴永钦回信要我到他那里去，设法当个教员作掩护，开展工作。接到吴永钦的信后，我就向凌兆尧提出要走。凌开始予以挽留，说我留在他这里生活上不成问题。我心里说，我又不是来混饭吃的，怎么能在他那里当食客？我表示决心要走，凌兆尧也就不再挽留，当下给我开了一张护照，送了我一些路费。过去曾在教导队学习过的一批学员，听说我要离开，都来为我送行，大家还为我凑了一笔钱，以备今后生活之用。我离开商丘的时候，正是1929年的盛夏，天气热得很。我先乘火车到徐州，转乘津浦路火车去天津。

我来到天津，直奔中山中学找到吴永钦。见面一谈，才知道中山中学因为闹学潮已停课，校长逃走了，学生散了，吴永钦也失业了。由于该校的学潮是吴永钦鼓动起来的，他在这里已安身不住，正在设法另谋出路。我来后，与吴永钦交流情况，并讨论今后的去向。

我和吴永钦在一起分析，估计唐生智的部队在河南不可能久留。唐部官兵都是湖南人，家乡观念十分强烈，而唐生智与蒋介石是貌合神离，附蒋是迫于一时的权宜之计，蒋唐迟早会火并。因此，唐生智所部肯定要向两湖发展。我们考虑在唐军中关系较多，将来开展工作比较便利。我们于是商定先去武汉，在那里等待唐军到后，再相机打入唐军工作。恰在这时，接到李卜成的来信，说他已回到武汉，接上了组织关系，要我和吴永钦都去武汉。这样，我们就决定立即动身南下武汉。动身前，我给上海中央军委写了信，报告了情况。

我与吴永钦二人离开天津后，先乘津浦路火车到浦口，过江后在南京下关找了一家小旅馆住下。夏天的南京，闷热得令人难受，旅馆里的臭虫之多，更是令人望而生畏。晚上一躺下，人从头到脚底整个被臭虫包围住；抬头一看，天花板上密密麻麻聚满了一层臭虫，似乎在向住宿的客人示威。我们是路过南京，很快即搭船奔赴武汉。

到了武汉，我们见到李卜成，彼此畅叙了别后情形。李卜成仍以李天赞的化名，在武汉考入清查丈量土地的清丈人员训练班，正在汉口的一所学校里受训。李卜成告诉我说，刘乙光也在武汉，现在陆军第二师第二旅某团任少校训练官。我当即写信与刘乙光联系，说明我在上海没有找到职业，又回到武汉，请他帮助设法谋个职业。刘乙光当时已随部队驻在孝感，他接到我的信后，即派人接我去孝感。吴永钦因为与唐生智部队的历史关系较久，熟人亦多，就给在河南的唐部熟人写信，希望重回部队工作。河南方面很快来了回信，要吴永钦马上去河南。这样，吴永钦即与我分手，单独去了河南。

我来到孝感，见到刘乙光，相互谈了别后的情形。这时我才知道，刘乙光所在的部队，是蒋介石的嫡系陆军第二师第二旅，师长顾祝同，旅长郑洞国。我考虑在蒋介石的嫡系部队里开展工作有困难，又担心一旦唐生智部南下武汉后，我在蒋的嫡系部队里不容易出来，便没有急于要刘乙光介绍工作，暂在刘乙光处闲住。

过了一段时间，刘乙光对我说，你这么闲着也不是个办法，还是找个工作先干着，有了薪水，慢慢积蓄点钱，将来做什么都方便。我看唐生智部迟迟没有南下的消息，也感到长期闲住不是个办法，便同意由刘乙光给我介绍工作。刘乙光给我造了一份师范学校毕业后，当了几年小学教员的履历，并取了个黄仕诚的化名，介绍我到陆军第二师政治训练处训育科当少尉科员，具体工作就是管理图书。

不久，陆二师第二旅由孝感回到武汉。我随部队到了武汉后，立即到李卜成受训的学校去找他。一进到学校，就见学员们正在一个大教室里上自习课。我进教室找了个遍，没有发现李卜成在里边。我就问那些学员：李天赞哪里去了？我连问了几遍，那些学员自顾埋头看书写字，谁也不理睬我。我又一再问李天赞哪里去了？这时有一个学员偷偷地朝我摇摇手，示意我快离开。我立时意识到李卜成可能出了问题，便扭头跑回我的住处。恰巧刘乙光来找我，我就告诉刘乙光说，李卜成多半是出了问题，我到学校去没有找到他，别人也不敢说明情况。为防万一，我向刘乙光表示要离武汉去上海，请刘给我筹措些路费。刘乙光听了我谈的情况后说："你先不要急着马上就走，待我去打听一下情况再决定去留。"我同意了刘乙光意见，就催他快去打听李卜成的消息。

刘乙光先到李卜成受训的学校了解到，李卜成被武汉警备司令部的便衣队抓走了，什么原因说不清楚。刘乙光又赶到武汉警备司令部找到熟人，证实了李卜成确系关押在警备司令部内。刘乙光通过朋友的帮助，到监所会见了李卜成。李卜成告诉刘乙光，中共武汉特别支部遭到破坏，特支书记刘家驹被捕后叛变，带领便衣特务将李卜成抓捕。刘乙光问李卜成，黄克诚现在有无危险？李卜成说，黄克诚与特支没有发生过关系，他也没向特支介绍过黄的情况，刘家驹根本不知道黄的情况，估计黄暂时不会有危险。刘乙光回来后，把他探听到的这些情况告诉了我，劝我暂时不要走。刘还说他问过警备司令部的熟人，说李卜成不会有生命危险。我请刘乙光设法保释李卜成，刘说保释暂时不可能，需等等再看。我经过考虑，觉得李卜成分析得有道理，我暂时还不至于有危险。我决定暂时不离开武汉，先写信报告中央军委武汉发生的情况，请示我的去向，然后再筹集点钱，安顿李卜成在狱中的生活，同时还要为李卜成出狱后的生活准备点钱和其他用品。

我在陆二师政训处图书室上班工作后，每天除应付借阅图书的差事以外，我还将图书室所有的书籍进行了一次清查整理登记，并抽空剪贴报纸，到街上各书店购书等。工作之余，我一方面阅读书报杂志，了解各方面的情况，另一方面我对政训处的工作人员进行接触，摸清他们的政治思想倾向，相机开展工作。

在这个政训处里工作的人员，情况相当复杂。既有死心塌地效忠于蒋介石的反革命骨干分子，如政训处主任康泽之类；也有像刘乙光那样的左派军人；还有坐牢刚出来的大革命时期的革命者。他们之中，有些是政局变幻中的失意者，也有共产党队伍中的脱党分子。大家对各人过去的历史大都相互了解，但都不认真对待，对彼此的遭遇相互很同情。上尉科员申孔国，湖北人，黄埔军校第五期学生，对现实很不满，经常发牢骚，具有一定的革命倾向。还有一个勤务兵，已忘记姓名，是江苏徐州一带的人，家里很贫穷，为了糊口才出来当兵，不满现状，有反抗情绪。

我当时把申孔国和那个勤务兵作为主要工作对象，经常同他们谈心，启发他们的革命觉悟，但还没有敢向他们暴露我的真实身份。因为我清楚地懂得，在蒋介石的嫡系部队中，犹如身在狼窝里，随时都会有危险发生，不得不小心谨慎从事。尤其是政训处主任康泽，虽然他那时尚未搞特务工作，但已是个很反动的角色。

到了1929年的10月，冯玉祥又鼓动西北军将领反蒋。蒋介石乘机纠集各路杂牌军，以蒋之嫡系军队为骨干，围攻西北军。蒋、冯再度开战后，陆二师奉命向河南开拔。我随陆二师政训处在汉口大智门车站乘火车，开抵河南许昌车站下车，稍事停留，即徒步向豫西开进。未等陆二师上到前线，就听说西北军已被打败，我就随部队沿原路线开回武汉。在河南徒步行军中，我曾借宿营的机会，到附近找当地农民谈话，了解一些情况。农民对新军阀互相争战深恶痛绝，尤其是豫西一带的农民，由于连年的灾荒和战乱，使得民不聊生，苦不堪言。

重新回到武汉不久的一天，我同刘乙光二人上街闲逛，在闹市区突然与刘雄迎面相遇。刘雄是湖南永兴县一个大地主的儿子，黄埔军校第四期学生，曾和我在衡阳省立第三师范同过学。湘南暴动时，刘家曾被暴动农民抄没，刘雄有个兄弟也被杀掉。湘南暴动失败后，刘家便对参加过暴动的农民进行屠杀报复，刘雄更是像一条鹰犬，到处捕杀共产党员，干尽了坏事。后来李卜成就是死在刘雄之手。我的情况刘雄完全清楚，也是他日夜搜捕的目标之一。这次我和他迎面相遇，已来不及躲避。乘刘雄还没反应过来，我就来了个先发制人，上前一把拉住他的手，装作很亲热的样子说道："啊！老朋友，多年不见了，一向可好！"我一边说着话，一边紧紧地攥住他的手。我这突如其来的举动，使他出其不意，弄得他瞠目结舌，一时说不出话来。他想抽开手，我更加用力地攥住，使他不得不就地站住听我讲话。说完，未等他开口，我便一松手快步钻进大街上的人群中去。这时，刘乙光又拉住他的手，继续缠住他讲话，问长问短，使他一时难以脱身。这样，我才得以跑脱。打这以后，我就不再轻易上街了，有空也呆在屋子里看别人下围棋。我后来爱好下围棋，就是这个时期看棋学得的一点基础知识。

蒋介石打败了西北军之后，进一步加紧了剪除异己、消灭各路杂牌军的步骤。陆二师又奉命开赴南京，参加讨伐石友三之役。我即随部队由武汉乘轮船到了南京。

这期间，我思想上反复考虑的一个问题，就是看到从大革命的失败，到目前白区党组织到处遭受敌人的破坏，许多共产党员和革命者血流成河的现实，认识到我们在军队中只抓政治工作，而不注重抓军权，以致"人为刀俎，我为鱼肉"。这个教训太深刻了。我深深地感到，革命必须依靠武装斗争。没有革命武装作后盾，迟早会成为敌人的俎上肉，任人宰割。于是，我逐渐形成了一个坚定的信念：到游击区去，重回红军搞军事斗争。所以，我到南京一下船，就找了个借口请假，连夜乘火车赶到上海，立即找到徐德。详细地向徐德作了汇报。我请徐德将我的情况和请求，设法立即转报中央军委，希望迅速得到答复。

当天晚上，徐德告诉我说，已将我的情况向中央军委作了报告。军委的同志说以前我写的信都收到了，情况都已了解，同意我去游击区参加军事斗争的请求，要我速作准备。徐德还告诉我说，军委已决定派他到赣东北方志敏处工作，问我是否可以同他一道前往。我说现在我还不能马上随他走，我得先回南京办理请假或辞职手续，免得不告而辞会使介绍人刘乙光受到牵累。同时我还必须回一趟武汉，去看看正在狱中的李卜成，待把李卜成的事情安排一下之后，才能再回上海听候军委的工作分配。徐德说我下次来上海时，他可能已经离开了。他嘱咐我再回上海时，如果他不在了，要我去他家看看他的夫人。并要我在离上海去苏区之前，设法给他夫人留下点钱，以接济今后的生活。

我从上海回到南京，正是 1930 年元旦前夕。我赶着打请长假报告，以便名正言顺地离开陆二师。还未等我的报告送上去，陆二师政训处已奉命宣布解散，工作人员领一个月的薪饷，作为遣散费，自寻出路。这样一来，我假也不用请了，就着手打点行装准备去武汉。遣散时，政训处主任康泽对每个工作人员逐个谈话，询问各人的去向。当问到我打算去何处时，我回答说：我过去当过小学教员，这次打算回家乡去，仍设法觅个小学教员的差事干。康泽听了后点头说：那很好嘛。

我与刘乙光这位同乡可算是有点患难交情了。通过这一段的相处，我感到他是一个热情助人又能同情革命的人。因此，在临分别时，我对自己的去向没有向他隐瞒，据实以告。刘乙光听了后对我说，他也有去当红军的想法，等将家属安顿好后，再考虑去苏区参加红军。但他以后并没有去苏区，我也没有再同他联系。可能他以后又向右转，完全投到反革命一边去了。

元旦过后，我即离开南京去武汉，总算脱离了这个令人不安的是非之地。我来到武汉，先在一位湖南永兴同乡刘参的家里落下脚。刘参是黄埔军校第四期的学生，同情革命，与我私交很好。刘参在武汉的职业是搞水利工程建设。我找到刘参家里时，刘参已去鄂西荆沙堤防工地，不在武汉。我只见到刘参的夫人徐冰华。在刘参家里，我还见到了李卜成的弟弟李翔，他是听说李卜成被捕的消息后赶来武汉的，就住在刘参家中。我将自己的行李和剩下的钱都放在刘参家，留待李卜成出狱后使用。然后我到监狱里去探视李卜成。李卜成已被判了有期徒刑，具体判了几年记不清了。我告诉李卜成我已决定去苏区，这次来武汉的目的，就是来探视他，并为他出狱后准备了行李、衣物和一部分钱，放在刘参家里，让他出狱后就到刘参家里去取。我嘱咐他刑满出狱后，就立即离开武汉，最好也去苏区参加红军，否则就到上海找党中央，要求分配到其他地区工作，如果能争取到北平去读书也好。千万不要留在武汉，也不要回湖南。我认为李卜成和我的情况差不多，在湖南和武汉都很难站住脚，多半会被坏同乡和叛徒特务捉去请功，白白地牺牲掉。

我告别了李卜成后，又对李翔也做了一番嘱咐，要他等到李卜成出狱后，一起离开武汉，不要在此地停留。不幸的是，李卜成出狱后并没有离开武汉，就在武汉搞革命活动，很快就被坏同乡刘雄发现告发，惨遭杀害。时间大约在 1930 年夏。

正当我准备离武汉去上海之际，不期与吴永钦在汉口街头相遇。吴永钦对我说，他离武汉到河南唐生智部工作不久，就赶上唐生智起兵反蒋。战争打起来以后，原来与唐部联合反蒋的一些地方杂牌部队，分别被蒋介石分化，纷纷加入附蒋讨唐的行列，使唐部四面受敌，结果很快遭到失败。这次唐生智部失败得相当惨，所部官兵全被蒋军缴械，听候改编。唐生智见大势已去，化装离开部队，经开封逃到天津租界隐居起来。吴永钦是在作战中被俘后，被遣散来武汉领取遣散费的。吴永钦还告诉我说，曾希圣也在唐生智部队中，这次也被俘遣散回武汉。但我在武汉时没有见到曾希圣。

我陪同吴永钦到武昌领了遣散费，顺便到凌兆尧旅第四团下级军官的住地，找了一些过去我熟悉的人谈话，想动员他们，主要是过去我教过的教导队学员去苏区当红军。我考虑唐部下级军官战败被俘后就没了出路，他们大部分有实战经验，如果能参加红军当会成长为骨干。经过我动员，有三个连长愿意跟我去参加红军。这三个连长都是过去教导队的学员，其中一个是迫击炮连连长，名字已忘记了；另两个都是步兵连长，一个名叫刘玉生，一个名叫张高寿。

我在武汉把应该办的事情办完之后，就和刘玉生、张高寿等一行四人，搭轮船离开武汉去上海。时间大约是在1930年2月上旬。

到了上海后，我们先在英租界一家小旅馆里住下。我当即按预先约定的方法写信同中央军委联系，报告我已来到上海，等候分配工作。信发出去之后，我就赶到法租界徐德家里。此时徐德已离开上海去了赣东北，徐德的夫人刚生了小孩不久。我给徐德夫人留下一部分钱，接济她一点生活费用，就回到我们住的旅馆里，等候与中央军委接头。自上次我与徐德在上海分手后，再也没有见到过他。他后来在自己队伍内部遭到怀疑而被处死了。当我听到这个消息时，心中感到十分悲痛和惋惜！

直到2月中旬，中央军委才派人与我接头。我像离乡久别的游子见到了亲人一样，心情既高兴又激动。我向军委的同志详细地汇报了一年来我的情况，再次提出到苏区去的请求。军委来与我接头的同志听过我的汇报后，告诉我说去苏区的请求已经批准，具体到哪里去，何时动身，要我等候另行通知。又过了几天，军委派人通知我准备去广西。那时邓小平、张云逸等领导的广西百色武装起义已成功，起义部队编为工农红军第七军，正在开辟右江革命根据地。军委决定派我到红七军工作。正在我们要动身启程之时，军委又决定我不去红七军了，改派我到鄂南游击区去，并指示我立即启程前往。原来，中央军委临时得到一个情报，蒋介石有一批军火最近要从南京运往汉口，中央军委决定要活动于鄂南阳新、大冶一带的红五军部队截夺这批军火。遂改派我携带中央给鄂南特委的密写指示信件，立即奔赴鄂南。我按中央军委的指示，领了一笔路费，带上中央给鄂南特委的密写指示信，即动身离开上海去鄂南。这样，我结束了一年来流离辗转于白区的生活。

7

来到红三军团　两次打长沙

1930 年 2 月下旬，我奉命离开上海赴鄂南游击区。刘玉生、张高寿和那个炮兵连长随同我前往。临出发前，我在上海的马路上碰到吴永钦。吴告诉我说，他从武汉来上海后，就在党中央办的党训班里受训。我与吴永钦匆匆话别，即登程上路。

我们一行四人自上海搭乘轮船，驶到湖北武穴镇下船。由于我们四人都身穿国民党军队服装，一路上也无人盘查。在武穴镇上岸后，我们雇了一只小划子，准备渡江到对岸阳新县与鄂南特委接头。这时，码头上过来一名警兵，问我们到哪里去？我们知道阳新县城驻军是罗霖的第七十四师，原是唐生智的旧部，我们就对那警兵说，我们要到阳新县城找罗霖师长，并把护照拿出来给他看。警兵见我们一身军官服装，又持有部队护照，便不怀疑。他还满认真地指点说，对岸有匪（指共产党游击队），很不太平，要多加注意云云。我们表示感谢他的关照，就上了划子向对岸划去。

接头地点是位于长江边上约有百十户人家的一座小村庄，这里离武穴镇有一百多华里的路程。我们很顺利地来到这座村庄，心情颇为欢畅。岂知天下事往往在意外处生曲折。我们来到交通站，按事先约定的暗语上去接头，但交通站里一位四五十岁农民打扮的人，却不肯接应。大概是他见我们穿着国民党军装，起了疑心。我把接头暗语复述了好几遍，他就是不认这个账，始终不理睬我们。这时已经围拢上来好多农民，上上下下打量我们。我们在交通站等了好长时间，围观的农民也渐渐散去，最后只剩下几个年岁比较大的人还没走。我就悄悄问他们知道鲁连在什么地方吗？鲁连是鄂南特委的一位负责人，我在上海曾见到过他。但这几个老人问他什么都不知道，只是摇头不搭话。天渐渐黑下来了，与我同行的刘玉生、张高寿等人已经不耐烦了，直催我回武汉再想办法。此时我确实没有别的办法可想，无奈只好同意先回武汉。

我们四个人又雇划子划回武穴镇，在码头上又碰上那个警兵。警兵见我们回来了，就上前来问情况。我说果然如他所说，那边是不好走，只得回来再想办法。警兵再也没多问什么，就走开了。我们在武穴镇住了一夜后，就搭轮船去武汉。这次没能与鄂南特委接上头，我心里很是不安。身上带着秘密文件，生怕夜长梦多，出什么问题。事后我很后悔，想到当初还不如就在交通站里赖着不走，让他们把我们捆送到游击队，总可以接上关系的。现在到武汉去，又不知要耽搁多少时日。

我们到武汉后，住进江汉关一家旅馆。这时，那个迫击炮连连长表示不愿与我同行了，坚决要求回湖南家乡去。我劝勉一气也不起作用，只好让他走了。我怕刘玉生、张高寿受到影响，就对他俩作了一番说服、鼓励的工作，使他们坚定信心。

我们在江汉关住了两天，突然有人主动来找我们联系。先问我们是不是从上海来的，我们说是的。然后就讲了接头暗语，与事先约定的一毫不差。我相信不会有什么差错了，便交出从上海带来的信件。来人看过信件后，又还给了我们，告诉我们在这里等着，明天有交通带我们去特委。想必是交通站将我们的情况报告了特委，特委派人追踪到武汉，与我们才接上头。第二天来了一位交通，带我们乘轮船到黄冈。下船后即雇划子准备过江。

黄冈当时属广济管辖，驻有国民党郭汝栋的部队。我们在黄冈渡口被哨兵发现。哨兵喝令我们站住，端着枪气势汹汹地向我们走过来。这时，护送我们的那位交通机警地溜走了。我悄悄嘱咐刘玉生、张高寿二人不要作声，由我出面应付。待哨兵走近了，见我们身着军官服装，态度马上和缓下来，由端枪姿势改作持枪姿势。哨兵问我们到哪里去？我告以到阳新县城找罗霖师长。哨兵看了我的护照，又看了刘玉生、张高寿二人的遣散证书，便很客气地对我们说，南岸是共产党活动的地盘，从这里过江到不了阳新县城。我问他该怎么走才对？哨兵说，得坐船往下游去，到富池口再打听到阳新县城的路。我即表示要坐划子先去富池口，并向哨兵表示谢意。我们坐上划子，向下游划去，对哨兵作出要去富池口的样子。待划到江心，岸上的哨兵看不大清楚的时候，我就叫船工直接向南靠岸。船工似乎理解我们的意图，也说不定就是自己人，渡惯了我们这样的乘客，便一言不发，掉转船头，一直向对岸划去。靠岸后，我们向船工付了船钱，就上岸来到离岸边约二华里一条小街上。这条小街上有几家店铺，我们就在一家店铺里坐下吃东西，打算看看能不能等到那位交通到来。不大一会儿，那位交通就来了。他是从上游的一个地方渡过江来的。我们一起吃过饭后，交通就带领我们到了鄂南特委所在地大王店，找到特委机关。我把带来的密件交给特委负责同志，就在特委机关的院子里住下了。从此，我就摆脱了黑暗恐怖的白区生活，进到红军活动的区域里，长期以来一直绷得很紧的神经顿时松弛了下来。这里周围都是自己的同志，再不用躲躲藏藏、隐名埋姓、提心吊胆、求人告帮了。我第一次来到这样的新天地，呼吸着新鲜的空气，心情格外兴奋、舒畅！

由于红五军的部队已离开鄂南转战到江西，原定截夺敌人军火的计划不能实施，鄂南特委让我们先在当地组织训练游击队。4月中旬，红五军第五纵队自江西返回鄂南，驻在阳新龙港。我们三人便结束训练游击队的工作，被派到第五纵队。刘玉生（已改名刘瑜）任第四大队大队长，张高寿（已改名张焘）任第八大队大队长，我任第八大队政治委员。当时第五纵队司令员是李灿，政治委员是邓乾元。不久，第五纵队奉军部命令离开阳新，经江西修水、渣津、马场，进到湖南平江县长寿街，与红五军主力会合。我们到达长寿街时，适逢5月5日马克思诞辰。在纪念马克思诞辰的大会上，红五军军长彭德怀作了演讲。这是我第一次见到彭德怀同志。彭德怀还在会上作了攻打平江县城的战斗动员。纪念大会结束之后。部队分头进行了两三天的战前准备。便向平江县城开进，一举攻克平江县城，守敌何键部余贤立团及平江县城里的地主武装民团大部就歼。红五军在平江县城停驻约五六天时间，敌人增兵反扑，我军又撤回到长寿街。

平江战斗后，刘瑜对我说："看来我们来到这里就别想活着回去啦。"我问他何以出此言？他说："红军打仗那么勇敢！干部又要带头冲锋，我们准得把命丢在这里。"刘瑜刚刚脱离旧军队为时不久，对红军的战斗生活还不大适应，尚缺乏为革命献身的精神，因而才对我讲出这番话来。我针对他的这种思想情绪，耐心地进行帮助、鼓励，要他下定决心革命到底。这个同志一直表现不错，后来在攻打阳新县城的战斗中牺牲了。张焘后来在攻打长沙战斗中负了重伤，被送到平江养伤。红三军团离开之后，他参加了阳新地方武装，任游击队大队长。以后又在鄂东南地方红军中任师长，在一次战斗中手被打残，住进医院。当时正赶上肃反，他有些恐慌，从医院里偷偷地跑掉了，从此便离开了革命队伍。全国解放以后，他回到湖南祁阳家乡，土改中表现很积极，当了农村基层干部。我曾关照当地政府照顾他的生活。后来他退休的时候，政府给他发了一笔退休金。

打完平江之后，部队稍事休整，即向江西开进。大约在5月中旬的一天，红五军将修水县城团团围住。经一夜激战，全歼守敌，占领了修水县城。这次战斗中，第五纵队担任主攻，我率领攻城部队，冒着敌人的枪林弹雨，爬云梯登上城头。这是我参加红军后，第一次在战斗中爬城。

打开修水之后，红五军撤回到阳新、三溪口一带。这里的群众工作基础很好，当地群众对红军像对待自己的亲人一样，非常亲热，使我们深受感动。彭德怀更是高兴得不得了，连声赞叹："根据地的人民群众太好了！"记得当时特委的负责人是吴致民、鲁连，还有一个忘记了名字，人们都称呼他刘瞎子。在特委工作的一大批地方干部，都是些很优秀的同志。后来，这批同志几乎全部损失掉了，有一部分是在肃反中被错误地杀掉的，非常可惜！

在阳新县境内，红五军进行了整编。

我调到第三纵队第二支队任政治委员，支队长是黄云桥。

在当地群众的要求下，红五军集中全力攻打阳新县城。阳新守敌罗霖部，很有些战斗力，工事也筑得比较坚固。那时候红军的武器装备很差，更缺乏攻城器材。虽经指战员一整天的奋勇冲杀，终未能奏效，部队伤亡很大，乃于黄昏时撤出战斗。众多伤员全部被群众抢救下来，进行医治。刘瑜负了重伤，被抬下来时，伤口已经包扎不住，血流如注。我跑过去看他，他见到我只说一句"我不行了"，就再也无气力说话了。按他伤的部位，本不至于致命。但当时红军的医疗条件太简陋，刘瑜被抬走后不久，终因失血过多而牺牲。

部队撤出战斗之后，群众纷纷前来慰问。当地青年踊跃报名参加红军，部队很快就补充齐了。面对这种热烈的场面，我深深地感到，人民群众是红军的命根子。如果没有根据地群众的大力支持，红军不要说打仗，连立足生存也不可能。

1930年6月，滕代远、何长工等同志参加了全国红军代表会议之后，从上海回到鄂南。湘鄂赣特委和红五军军委在湖北大冶刘仁八举行联席会议，根据全国红军代表会议的决定，将红五军扩编为红三军团，下辖第五、第八两个军。历经两次攻打长沙、中央革命根据地五次反"围剿"和二万五千里长征，我自始至终在红三军团随军转战。在红三军团的战斗经历，是我一生戎马生涯中的最难忘怀的一幕。这不仅在于我自己在红三军团中经受了严酷、曲折、艰险的锻炼和考验，还由于红三军团是一支功勋卓著的英雄部队。在彭德怀的率领和指挥下，这支英雄部队从初创时期就以能打硬仗、打恶仗而闻名于全军上下，逐渐锤炼出所向披靡、无坚不摧、百折不挠的硬骨头作风。在五年多的艰苦转战中，红三军团中数不清的战友先后为革命捐躯，他们的热血从中央苏区一直洒到陕北。

1930年6月，中央政治局通过了李立三起草的《新的革命高潮与一省或数省首先胜利》决议案，"左"倾冒险主义统治了中央领导机关。"左"倾冒险主义者把中心城市的武装暴动看成是中国革命决定胜负的关键，并为此制定了组织全国中心城市武装起义和集中全国红军攻打中心城市的冒险计划。这一计划，通过参加全国红军代表会议的同志传达到红三军团。当时正值新军阀混战，蒋介石暂时无暇顾及革命根据地和红军，为苏区的发展和红军的壮大造成了十分有利的时机，形势对我们非常有利。中央关于攻打中心城市的指示一经传达，无论军队还是地方，从上到下，无不群情振奋，摩拳擦掌，踊跃响应。当时尚无"立三路线"这个名词，但"立三路线"在一度时期内确实得到大多数同志的积极拥护。

我听了传达之后，却是另一番心情，预感到情况不妙。我从自己的亲身经历中意识到，夺取中心城市的计划，在当时是很不现实的。自湘南失败之后，我几经辗转，颠沛流离，这期间，我慢慢悟出了一个道理，即红军的发展壮大，是与根据地的巩固发展密切相关联的。没有根据地作依托，红军就无法生存。离开建立巩固的根据地，单凭攻打几座城市求发展，是不可能持久的。回想起南昌起义时，起义部队在没有根据地的情况下，挥戈南下，一路攻坚披锐，结果在汤坑、三河坝遭到失败，三万多人的一支部队几乎打光了。朱德和陈毅收拢了南昌起义保存下来的八九百人，拉到湘粤交界一带，发动了著名的湘南暴动，近万农军揭竿而起，整个湘南树起了红旗，何等壮烈！但于井冈山会师之后不久，立足未稳，就把湘南农军派回攻打县城，结果纷纷失败，八千湘南子弟所剩无几。继之，湘南暴动时装备最好、战斗力最强的第二十九团，再度远离根据地，向湘南冒进。虽一度占领郴县县城，但很快又招致失败，只剩下肖克等同志带着约一连人回到井冈山。最后，还是靠毛泽东在井冈山坚持的这块革命根据地，保存了革命力量，站稳了脚跟，并逐渐发展壮大起来。现在，形势虽然有所好转，红军也得到发展壮大，但敌强我弱的总形势并没有根本改变。靠我们现有的力量去夺取中心城市，无异于以卵击石，很有可能重蹈以往几次失败的覆辙。基于上述考虑，我便给彭德怀写了一封信，陈述现在不能够去攻打大城市的理由。在此期间，我几乎每天都在同纵队政治委员张纯清进行争论，争论的问题就是围绕中央关于夺取以武汉为中心的大城市的计划。我俩一路行军一路吵，宿营时接着吵。我说，我刚离开武汉时间不久，知道我们党在武汉没有多少力量，那里的党组织大部遭到破坏。因此，现在搞以武汉为中心的城市暴动，不具备条件；采取军事进攻的手段，靠现有红军的力量，也不足以夺取武汉。张纯清说我过高估计敌人的力量，是十足的右倾机会主义。我俩吵来吵去，谁也说服不了谁。

尽管当时要去攻打武汉的呼声颇高，但彭德怀军团长也考虑到确实没有足够力量攻取武汉，就没有下令去攻打武汉，而是率红三军团沿粤汉路北段行动，向湖南发展，相继占领了通山、崇阳、蒲圻、通城、临湘一带地方，控制了粤汉路一大段，并对粤汉路进行破坏。于6月底、7月初攻克岳州城（今岳阳市），歼灭岳州守敌何键部一个营和民团武装一部。部队进入岳州城。

红三军团在岳州未及停留，即乘胜向东开进，扑向平江。平江城守敌见红军来势很猛，未敢抵抗，弃城而逃。我军未经战斗，即占领了平江城。嗣后，红三军团前委、湖南省委、湘鄂赣特委在平江城里举行联席会议。

会上一部分同志，尤其是红八军的同志，极力主张按照中央的部署，实行武装夺取武汉的行动；另一部分同志，主要是军团部和省委的同志，则提出暴动夺取长沙、先取长沙后取武汉的主张。双方争论非常激烈，相持不下。我在这次会议上又发表了反对攻打中心城市的意见。我说，现在提出夺取武汉的主张是不现实的，因为目前我们根本不具备夺取武汉的条件。我进一步指出，长沙不是不可以打，但不是暴动夺取长沙，也不可能是先取长沙后取武汉，而只能是采取游击军事行动，设法将长沙守敌吸引到野外歼灭之。若打胜了，相机占领长沙，可以达到扩大政治影响和扩军筹款之目的。

我讲完上述意见之后，立即受到与会同志的严厉批评，指责我的观点是严重右倾机会主义。领导认为我目前的思想状态，已不适宜担任重要领导工作。于是，撤销了原要我担任纵队政治委员的任命，决定我继续留在支队工作。

平江联席会议刚刚结束，长沙守敌何键所部即逼近平江。何键时任国民党湖南省政府主席、第四路军总指挥。当时，何键正以其大部兵力追击张发奎所部和李宗仁所部，而以约七个团的兵力由长沙向集结在平江一线的红三军团梯次进逼。彭德怀得悉这一情况后，立即将红三军团主力移至平江城南二十华里外之晋坑就敌。晋坑一带是山地，适合我军集结荫蔽，待机歼敌。战斗打响之后，敌我双方很快即成混战胶着状态。从早晨一直激战到黄昏，我军经反复勇猛冲杀，终于将敌军击溃。

晋坑战斗开始不久，支队长黄云桥就与部队失去联络，不知去向，我只好一个人指挥部队与敌军交战。当敌我混战在一起时，我突然发现身后有一支队伍向我逼近。我是高度近视，这时眼镜片上已沾满了汗水，视线更加模糊，无法辨清对方究竟是什么部队。再看周围，遍是厮杀拼搏的人群，已无法进行联络。情况紧迫，容不得多作思考，我便迎着向我逼近的这支部队走过去，心想待弄清情况之后，再见机行事。当双方快靠近时，我模模糊糊地看见对方许多黑洞洞的枪口瞄着我作射击姿势。我意识到是碰上了敌人，稍一迟疑，便向他们摆摆手，口里喊道："别打枪！"话音刚落，几支枪一齐向我开了火。我在喊话的同时，就势卧倒，伏地一个转身，顺着山坡滚了下去。只听子弹在耳边嗖嗖作响，料定此番必死无疑。待我滚到山脚下，感到自己还有知觉，但眼镜、帽子和身上的挎包已不见了。我用手在周身上下摸了一遍，没有中弹。我从山顶一直滚到山底，并没有大伤。而在山顶上敌人那么多支枪一齐冲我开火，居然没有打中，实属侥幸。警卫员在山顶上见我倒地滚下山去，以为我中弹牺牲，就跑回去报告了部队。

我一个人在山脚下，没了眼镜，周围一片模糊，什么也看不清，只好摸索着前进。天黑下来时，我爬到公路边上的树林中，看见许多人在公路上奔跑呼喊。我定眼仔细辨认，恍惚看见奔跑的人群都佩带着袖标，断定是自己人，我便上了公路，找到了自己的部队。原来，敌军溃败后，我军正乘胜尾敌追击。

我军在彭德怀军团长的指挥下，一直追到长沙附近的金井，与长沙出援之敌约两三个团遭遇。我军采用猛打猛冲的战法。将该敌冲垮，歼灭其大部，溃敌掉头向长沙奔逃。我军继续尾敌猛追。待追到㮶梨市，彭德怀指挥部队架设浮桥渡过浏阳河，直扑长沙近郊，并乘势猛攻长沙城。长沙守敌凭借坚固城防工事，负隅顽抗，并以猛烈火力向我军扫射。我军当时的武器装备很差，又没有攻城器材，故在攻击作战中，遭到很大伤亡，渐渐感到不支，并有撤退之势。这时，彭德怀军团长横刀立马守候在浏阳河边，果断地下令拆掉浮桥，并传令各部队：有后退者，军法从事，格杀勿论！这样一来，才将部队稳住，继续组织攻击。长沙守敌以为我攻击受挫后准备撤退，便派一支部队出击。该敌出城不久，我红八军即迂回到其侧翼，将其歼灭大部，残敌掉头向城里溃逃。我军紧追不舍，尾敌猛追入城。经过激烈战斗，长沙守敌全部被我击垮，何键率其余部退守岳麓山，我军随即占领湖南省会长沙。我军攻克长沙的时间，大约是在1930年7月28日。是为第一次打长沙。

长沙之战，我军以少胜多，打得相当出色。当时红三军团参战部队仅五六千人，而敌人前后共投入兵力达两万余，结果被我各个击破，仅俘敌即达四五千人，缴获各种武器、弹药、装备甚众。此役我军获胜，突出表现两点：一是红军作战勇敢顽强，一往直前；二是彭德怀军团长指挥沉着果断，有进无退。

部队在长沙城里驻扎下来后，我上街配了两副眼镜。两天之后，即奉命与黄云桥率第三纵队第二支队出城七十华里，进抵易家湾一线，担负向南警戒任务，以防御敌人由湘潭方向反攻长沙。

我军占领长沙后，打开了监狱，放出来大批被敌人关押的革命同志、工农群众和青年学生。这些人出狱后，大多都参加了红军，以后不少人成为我军的骨干。与此同时，还吸收了一大批俘虏来的国民党下级官兵加入红军，红三军团迅速扩大到一万余人。

当时我们还缺乏明确的城市政策。为了筹款，曾把长沙城里的资本家、商人统统抓来，以杀头和烧房子相要挟，迫其交出款来。结果，吓得那些资本家、商人纷纷逃离长沙。这时，躲藏在城里的敌何键部溃兵和地痞流氓勾结起来，趁机作乱，企图搞暴动，当即被我军镇压下去，杀掉了一批为非作歹分子，长沙市区的秩序随即安定下来。

我军在长沙城里停留了大约十来天时间，敌人已集结完兵力，开始反攻长沙。敌军来势很猛，我军不敢恋战，乃趁夜晚撤出城去。由于组织撤退时比较仓促，不得不丢弃了大批物资装备，刚吸收进来的俘虏兵也乘机逃掉了不少。我们那个时候的经验不足。如果打开长沙之后，达到扩军筹款的目的，不等敌军反攻，就及时撤退，当不至于受此损失。

红三军团撤离长沙后，向平江开进，准备回到长寿街休整部队。途经浏阳古港时，彭德怀主持召开了一次干部会议，撤了红八军政治委员邓乾元的职务。因为邓乾元坚持要去攻打武汉，并准备率红八军单独向武汉行动。彭德怀对此非常恼火，在会上严厉地批评了红八军的一些同志。邓乾元原是湖南大学学生，既有文化水平，又有相当的工作能力，是位很能干的干部。只是思想上受盲动主义的影响太深，又不肯改变自己的观点，固执己见，甚至无视统一领导指挥，要单独行动，而他的这种观点对部队颇有影响。为了统一对部队的指挥，彭德怀不得不撤了他的职务。过了不久，邓乾元调任红三军团秘书长。

部队到了长寿街以后，就开始进行整编。为了加强部队的团结，便于统一指挥，彭德怀决定将第五、第八军混编，取消了纵队建制，全军团共编为两个军四个师。第五军辖第一、第三两个师，第八军辖第四、第六两个师。

由于我屡次发表被认为右倾的主张，不适宜担任师一级领导职务，将我由第五军调到第八军第四师第三团任政治委员。

红三军团在平江长寿街整编后，于1930年8月下旬南下浏阳，与红一军团会合。

红一军团原在闽西及闽赣边界一带活动。为执行中央攻打中心城市的命令，毛泽东、朱德率红一军团自福建长汀出发，经广昌、兴国，向南昌挺进，准备相机攻打南昌、九江。当红一军团部队进抵南昌附近时，毛泽东针对敌坚城固守的情况，考虑我军若发起强攻，必遭不测。于是，他说服红一军团其他领导同志，放弃了攻打南昌、九江的计划，转而向湖南运动，以支援红三军团与湘敌何键部作战。当红三军团被迫撤出长沙城之后，敌何键部戴斗垣旅追击红三军团进至湘赣交界的文家市、孙家塅一线。此时，恰好红一军团已自南昌附近推进到万载以西的黄茅。乘敌戴斗垣旅立足未稳，红一军团即自黄茅挥师奔袭文家市，一举将戴旅之敌全歼，击毙敌旅长戴斗垣。文家市战斗胜利之后，毛泽东、朱德率红一军团进到浏阳东北之永和，与由平江长寿街南来的红三军团会合。时间约在1930年8月23日前后。

红一、红三军团会合后，召开了两军团前委联席会议，决定成立中国工农红军第一方面军，朱德任方面军总司令，毛泽东任方面军总政委、总前委书记和中国工农革命委员会主席，红一方面军辖红一、红三两个军团。红一军团司令部由方面军司令部兼,红三军团仍由彭德怀任军团长,滕代远任政治委员。

根据中央"会攻武汉、饮马长江"的行动计划,红一方面军总前委决定方面军以"消灭何键部队,进占长沙"为当前行动目标。8月底,毛泽东、朱德率红一方面军的两个军团进抵长沙近郊,组织指挥对长沙城的攻击。是为第二次打长沙。此次打长沙,以红一军团担负对长沙南城的攻击任务,红三军团担负对长沙东城的攻击任务。这时获悉长沙守敌已增至十万人,并筑有坚固的防御工事。根据这一敌情变化,毛泽东提出将长沙守敌诱出工事外边而逐个加以歼灭的方针。当时毛泽东提出的十六字诀是"接近壕沟,引其出击,消灭出击,夺取壕沟"。至9月3日,敌何键部阎仲儒旅自岳麓山过河出击,企图迂回攻击我军侧背。当该敌在猴子石一带滩头刚一上岸,即被我红一军团的红四军和红十二军包围全歼。其后,长沙守敌一直坚守不出。

红三军团则采取蛮干的做法,搜集了好多水牛,将牛尾巴浇上煤油点燃,驱"火牛阵"冲撞敌电网工事。结果水牛乱跑乱撞,触电死了不少,敌人的电网也没有冲开。

在此期间,红一、红三军团曾以猛打猛冲的战法,对长沙城组织了两次总攻,均未奏效。我军遭到很大伤亡,尤其是红三军团伤亡更重。我所在的第四师第三团团长谢振亚牺牲,由副团长胡金生继任团长。第四师师长卢匿才反对攻打长沙,以"托派"罪名被枪毙,由红一军团派黄叶珍来接任第四师师长。

鉴于长沙久攻不克,经毛泽东耐心说服,红一方面军乃于9月12日撤长沙之围,部队转移至醴陵、萍乡一带。不久,红一、红三军团分头行动。进行发动群众,建立苏维埃政权,扩大红军、筹粮筹款等工作。我们第三团在这一带打了个大土豪,从其家地窖里挖出来六千多块银元和几十两黄金。直到敌人准备对中央苏区大举进攻时，红三军团才渡过赣江，撤到宁都县之黄陂、小布一线，准备进行反"围剿"作战。

红一军团离开醴陵、萍乡之后，会同黄公略的红三军攻打吉安城。吉安守敌是蒋介石收编的原陕西地方部队一个师，师长名邓英。邓师见红军势大，未敢抵抗，弃城西逃。红一军团遂于10月4日占领吉安城。

毛泽东在吉安城里搜集到大量报刊资料，进行研究分析，从中发现蒋、冯、阎中原大战已结束，冯玉祥、阎锡山败北下野，所部被蒋介石收编。毛泽东从这一形势中判断，蒋介石解决了冯玉祥、阎锡山之后，已腾出手来，将要转移兵力，大举进攻苏区。后来事变的发展，完全证实了毛泽东的这一判断。毛泽东还鉴于打长沙久攻未克，部队受到很大损失的事实，更明确地认识到目前红军去夺取敌人重兵把守、坚固设防的中心城市，不是正确的方针，对中央制定的夺取以武汉为中心的大城市的计划，认为在当时是肯定行不通的。毛泽东还考虑到，在蒋介石正集结重兵，即将对苏区和红军大举进攻的情况下，若红军主力继续远离根据地，在白区分散作战，将会陷入十分危险的境地。于是，他果断地主张红军主力应尽快撤回到赣东最大的苏区集结，抓紧时机整训部队，待敌人大举进攻时，红军能依托根据地同敌人周旋作战。这就是著名的"诱敌深入"方针的提出。

"诱敌深入"方针与当时中央的方针是截然对立的，而中央的方针已被广泛接受和拥护。我虽然非常赞成毛泽东的方针，但由于我曾极力反对攻打长沙而被视为右倾，党内的一些会议已不准我参加，我也不便于发表自己的意见。尤其是长沙曾经被红三军团打开过，一些力主攻打大城市的同志，以此来证实中央的方针和计划是完全可以实现的。这样，我只好沉默不语。

在这期间，中央曾派周以栗以中央代表的身份，来督促红一方面军返湘再攻长沙，以执行中央会攻武汉的计划。为此，在红一方面军中曾引起激烈的争论。毛泽东就找周以栗反复交谈，阐述自己的观点，最后终于将周以栗说服，使周以栗放弃了攻打长沙的主张，转而支持毛泽东的正确主张。

当时红一方面军总前委在新余罗坊和峡江举行紧急会议，研究部队下一步的行动计划。周以栗在会上帮助毛泽东作说服工作，使与会大多数同志接受了毛泽东的意见，放弃攻打长沙的主张。但红三军团一部分同志仍坚持攻打中心城市、会攻武汉的计划，不愿意东渡赣江。红一方面军总前委委托周以栗到红三军团继续作说服工作，使之同意了毛泽东的主张。这样，才统一了全军的思想，决定红一、红三军团移师赣江东岸，向根据地中心退却，采取"诱敌深入"的战略方针，以粉碎敌人的大举进攻。

8

第一、二、三次反"围剿"

1930 年底，蒋介石调兵十万，以国民党江西省主席、第九路军总指挥鲁涤平为"陆海空军总司令南昌行营"主任，组织指挥对中央革命根据地和红一方面军进行大规模"围剿"。敌人此次进攻中央苏区的主力部队，是张辉瓒的第十八师和谭道源的第五十师。以张辉瓒任前敌总指挥。

红一方面军总前委针对敌强我弱的情况，下达了"诱敌深入赤色区域，待其疲惫而歼灭之"的命令。红一、红三军团奉命于 12 月初退到根据地中部宁都县的黄陂、小布、麻田一线荫蔽集结，待机歼敌，同时严密封锁消息。

敌军进入我根据地以后，耳目闭塞，对我军的行动一无所知，因而处处扑空。而我军以逸待劳，消息灵通，对敌军的一举一动了如指掌。12 月 29 日，张辉瓒率其第十八师直属队及两个旅进至龙冈。红一方面军总司令部于是日晚 8 时，下达歼灭该敌的作战训令，红一、红三军团即刻奔袭就敌。一夜之间，我军即从小布、麻田地区扑向龙冈，于翌日上午 10 时许，对敌第十八师发起总攻，由红一军团担任主攻。经过激战，将该敌两个旅一万余人全部歼灭，生擒敌师长、前敌总指挥张辉瓒。

龙冈战斗一结束，我军即转头直取敌谭道源的第五十师。我红三军团抄近路，翻过一座高山，直插南团。这时，敌第五十师恰从东韶进至南团，当即被我歼灭一个多旅，残敌掉头向东韶方向逃窜。

龙冈、南团两仗，打得敌军丧魂落魄，丢盔解甲，抱头鼠窜。我军声威大振，乘胜转入反攻，将敌军全部逐出了中央苏区。我军还趁势在文昌、宁都、乐安、永丰等县，摧毁了反动地主武装盘踞的"土围子"，巩固和扩大了中央革命根据地。至此，红一方面军胜利地粉碎了敌军对中央革命根据地的第一次大规模"围剿"。

毛泽东有首《渔家傲》词的上半阕，就是描述这次反"围剿"的情况：

　　　　万木霜天红烂漫，
　　　　天兵怒气冲霄汉。
　　　　雾满龙冈千嶂暗，
　　　　齐声唤，
　　　　前头捉了张辉瓒。

这首词的下半阕，是写准备反第二次"围剿"的情形：

　　　　二十万军重入赣，
　　　　风烟滚滚来天半。
　　　　唤起工农千百万，
　　　　同心干，
　　　　不周山下红旗乱。

红一方面军取得第一次反"围剿"胜利之后，红三军团开到东韶、罗川、麻田一线休整。在麻田召开了军民祝捷大会，毛泽东同志到会讲了话。祝捷大会开过之后，当地群众给张辉瓒戴了高帽子游街示众，旋即将其处死，割下其头颅，放在一条小船上，从赣江飘流而下，抵南昌后，被国民党收葬于岳麓山。

还在第一次反"围剿"之前，毛泽东同志曾根据中央的精神，代表总前委提出"阶级决战"的口号。其内容一是动员反"围剿"，并相应地提出"诱敌深入"的军事方针；二是动员肃反打"AB团"。毛泽东当时针对国民党军队对中央革命根据地所进行的大规模"围剿"而提出的"诱敌深入"的军事方针，无疑是完全正确的。第一次反"围剿"就是运用这一方针，取得了红军有史以来对敌作战中最大的胜利。以后，红一方面军相继取得了第二、第三、第四次反"围剿"作战的伟大胜利，同样是在这一正确方针指导下进行的。"阶级决战"作为一个政治口号，在当时确实起到了振奋人心，鼓舞士气的作用。但是，在肃反打"AB团"的问题上，却出现了扩大化的偏差，造成了不应有的重大损失。

"AB团"是国民党右派在江西省党部中一小撮极端反动分子纠合起来的秘密组织。红一军团攻克吉安后，在缴获敌人的文件资料中，曾发现有关"AB团"的资料，并涉及到江西省行委和赣西南特委的某些干部。红一方面军总前委因此认为赣西南的党组织存在"非常严重的危机"，必须"来一番根本改造"，以"挽救这一危机"。遂于12月初，派方面军总政治部政务处长李韶九，携带总前委的指示信，并率领一连部队，到江西省行委、省苏维埃政府所在地富田，实施肃反任务，准备"找到线索来一个大的破获"。

李韶九一到富田，就采用逼供信的手段，大肆捕人。几天之间，在省行委、省苏维埃及特委机关，抓捕了一百余人。旋即对被抓捕的干部轮番刑讯逼供，屈打成招后，按照口供继续捕人，连家属亦不能幸免。省行委、省苏维埃、特委及江西地方红军第二十军的一些负责干部段良弼、谢汉昌、刘敌、李文林等先后被抓捕，搞得机关上下人人自危。在这种情况之下，江西省行委及红二十军的部分负责人便铤而走险，干了两件很坏的事情：一是模仿毛泽东的笔迹，伪造了毛泽东给总前委秘书古柏的信，制造毛泽东要把朱德、彭德怀、黄公略打成"AB团"主犯的谣言，企图造成总前委分裂的局面。他们故意把这封信送到彭德怀手里，当即被彭德怀识破系伪造。彭德怀立即将信送给了毛泽东，揭穿了这个阴谋。另一件事是，他们鼓动红二十军哗变，扣留李韶九（后逃走），放出被抓捕的人，并率红二十军西渡赣江，脱离总前委领导，单独到永新、莲花一带活动。他们沿途还提出"打倒毛泽东"，拥护"朱、彭、黄"的口号。这就是当时著名的"富田事变"。

"富田事变"给红一方面军总前委以极大震惊，也使全党受到极大震动，认为"富田事变"是"AB团"里应外合，公开叛变。总前委对"富田事变"采取"坚决进攻的策略"，发表宣言和公开信，号召进行反击和镇压。毛泽东还以中国工农革命委员会的名义，起草了一份六言格式的讨逆布告，还记得其中有"段、谢、刘、李诸逆，叛变起于富田，赶走曾山主席，扣留中央委员，反对工农红军，反对分地分田……"等句。于是，中央苏区打"AB团"的肃反运动，在"阶级决战"的口号之下，不断升格，导致广泛扩大化，给党和红军造成了难以估量的惨痛损失。今天回忆这段历史，很令人痛心！造成当时肃反扩大化的原因是很复杂的，也是多方面的。在武装割据状态下，外有国民党大军对革命根据地的进攻"围剿"，内部又发生了像"富田事变"这样大规模的公开分裂破坏活动，作为中央革命根据地党和军队的领导机关的总前委，难免惊心动魄，以为革命阵营内部混入大批反革命分子，若不首先清理内部，便会葬送革命。于是，就错误地运用对敌斗争的手段去处理本属于党内的矛盾。加之像李韶九这样一个品质很不好的人，在具体执行肃反任务中，胡作非为，大搞逼供信，造成肃反扩大化的局面就不足为奇了。后来，毛泽东同志在延安审干时，提出了"一个不杀，大部不抓"，"重证据，不轻信口供"的方针，就是对这一惨痛教训的深刻总结。有了这一条原则方针，以后的历次政治运动中就不杀头了，留下了平反昭雪的余地，这不能不说是一个重大的决策。

1931 年 1 月，第四师政治委员石恒中患病住进后方医院，上级调我任第四师政治部主任并代理师政治委员。我利用第一次反"围剿"胜利后休整部队的机会，在东韶办了一个短期军事政治训练队，抽调二十多名优秀的班长进行培训。训练队的主要任务，是教练学员如何做部队的政治工作，为部队培养基层骨干。杨勇、曹祥仁等同志都是当时参加受训的学员。这批学员经过训练之后，便派到连队任政治委员。他们当中不少人后来成为我军的优秀指挥员。训练队办了两个多月的时间，因我调离第四师而停办。石恒中同志病愈归队后，我奉命到第三师任政治委员兼政治部主任。时第三师政治委员谢翰文因在肃反打"AB 团"中杀人过多而被免职。

在这次肃反打"AB 团"扩大化的错误行动中，我对"AB 团"的存在及其危害性、对"阶级决战"的口号和所谓"地主富农钻进革命阵营内部破坏革命"的事实，开始一段深信不疑，对上级的指示和部署，完全是自觉地遵照执行，从而，铸成了遗憾终生的大错，至今回想起来，犹感沉痛不已。如果要细算历史旧账，仅此一笔，黄克诚项上这一颗人头是不够抵偿的。由于这次错误的教训太惨痛了，使我刻骨铭心，毕生难忘，所以，以后凡是碰到搞肃反、整人之类的政治运动时，我就不肯盲从了。

我离开第四师驻地东韶，独自牵着一匹马，驮着简单的行李和随身用具，径直来到乐安县城以南几十华里外的第三师驻地招携镇。第三师师长彭遨，是长沙楚怡工业学校毕业生，有文化，工作能力很强，是红三军团最出色的军事指挥员之一。我到第三师任职的时候，部队正在乐安县打土豪、扩军、筹款，并协助地方党委作群众工作。

第三师在招携镇驻了两个来月时间，即奉命开到兴国、宁都之间的龙冈、古龙冈一带打"土围子"，方面军总前委和红三军团司令部都驻在这一带。

自1931年1月起，中央苏区党的领导机构发生了一些变化，中央派项英带领一部分干部进入中央革命根据地，组织成立了苏区党的中央局。根据中央的决定，周恩来、项英、毛泽东、朱德为苏区中央局成员，以周恩来为书记。因周恩来在中央工作一时离不开上海，暂由项英代理苏区中央局书记。直到是年12月底，周恩来才到达中央革命根据地，就任苏区中央局书记。在苏区中央局成立的同时，还成立了中央革命军事委员会，项英任主席，朱德任副主席兼红一方面军总司令，毛泽东任副主席兼总政治部主任和红一方面军总政治委员。

1931年3、4月间，敌人对中央革命根据地的第二次"围剿"业已形成，参加"围剿"的国民党军队已陆续进至中央苏区周围。在如何对付敌人新的"围剿"问题上，当时曾发生了争论。不过，毛泽东仍然能够起主要作用，第二次反"围剿"仍是在毛泽东的指挥下进行。

敌人对中央革命根据地的第二次"围剿"，比第一次的规模更大，共调集了二十万兵力，由国民党南京政府军政部长何应钦以

"陆海空军总司令南昌行营"主任的名义，坐镇南昌指挥。敌军采取的战术是"稳扎稳打，步步为营"。西起赣江，东至福建建宁，二十万敌军联营七百里，向我中央革命根据地中心区域推进，企图将我红一方面军压缩包围后，聚而歼之，敌军各部队集结就绪之后，即兵分数路向我步步筑堡推进。敌在以富田为中心的一路，自东固至富田之间，部署了公秉藩、王金钰、郭华宗三个师，分别由富田、泰和、吉水出发，向东固方向齐头并进。敌另一路由陈明枢（驻吉安）指挥第十九路军进至兴国、崇贤一线。

我红一方面军主力提前集结在东固一带隐蔽待机，决定以相对优势兵力歼灭富田至东固一线的敌公、王、郭三个师，而以红十二军一部监视和牵制敌第十九路军。

此时，红三军团已取消了第五、第八两个军部，直辖第一、第三、第四、第六四个师。

至 5 月中旬，各路敌军均未发现我红一方面军主力去向，亦未受到任何抵抗，于是，便放心大胆地继续向我根据地纵深推进。敌公秉藩的第二十八师和王金钰的第四十七师开始脱离富田坚固阵地，向东固前进，为我歼灭该两师之敌造成有利时机。我红一方面军总司令部乃于 5 月 14 日晚 8 时，下达首歼该两师之敌的军事训令，我军各参战部队迅即进入准备攻击阵地待敌。

从富田到东固大约有一天多的路程。16 日上午，当敌第二十八师、第四十七师正行进在半路时，我集结在东固一带的红一方面军主力，乘敌在运动中，突然发起猛攻。敌公秉藩第二十八师的四个团全部被我红三军团歼灭，公秉藩被活捉，后混入俘虏中逃跑了。敌王金钰第四十七师亦被红一军团歼灭其大部，残敌向富田方面逃窜。

北路敌郭华宗第四十三师见势不妙，便掉头溜走。彭遨和我率

第三师迂回二百余华里，于 19 日赶到富田，兜住郭师一个尾部，歼灭其一个旅，俘敌三千余，并缴获其大批武器装备。

接着，我军乘胜向北运动，经吉水进至永丰县境内的藤田一线。守敌郝梦龄的第五十四师未敢抵抗，望风而逃。5 月 21 日晚，我军迅即挥师南指，经沙溪于翌日进至中村一线。敌第二十七师一部正在这一带山上构筑阵地。当即由红三军团主攻，第三师为前锋，红一军团则兜敌后路打包抄，旋歼敌一个旅，俘敌三千余。继之，我军东向攻打广昌城，由红一军团担任主攻。广昌守敌是胡祖玉的第五师。当胡祖玉到城墙上视察城防时，被我侦察部队击毙，该敌失去主帅，即弃城溃逃，我军遂于 27 日占领广昌城。

我军乘胜继续向东挺进，进至福建建宁县境，准备攻打建宁县城。6 月 1 日，由红三军团担任主攻，红一军团打包抄，经半日激战，将建宁守敌刘和鼎第五十六师的四个团几乎全歼，只一小部逃窜，我俘敌三千余。

攻打建宁县城时，我第三师指挥所抵近城下，不料被守敌发现。敌人在城墙上掉转两挺机枪，对准我师指挥所扫过来，我由于视力不好，未能察觉。亏得彭遨眼疾手快，他见敌人机枪向我们扫来，猛地拉住我后退了两三米卧倒。还未等我定住神，敌人的机枪子弹已经扫在了我们原先站立的位置上，子弹击起的沙土四散，溅了我们一身。彭遨拉着我滚向一处掩体后面，冲我开玩笑说："敌人这一梭子机枪子弹是冲你这副眼镜来的，知道戴眼镜的必定是个大官，敌人想拣个大便宜，差一点儿把我也捎带上了。"这次要不是彭遨反应得快，我们两人就在一块报销了。

我军攻克建宁城之后，毛泽东、朱德率方面军总部进驻建宁，红三军团则前进至黎川一线驻防。

第二次反"围剿"作战，从 5 月中旬歼敌王金钰、公秉藩两师开始，至 6 月 1 日攻克建宁城，我红一方面军半个月横扫七百里，连战皆捷，歼敌三万余，缴获了大量枪支、弹药和各种物资装备。尤其是打高树勋的第二十七师和刘和鼎的第五十六师时，该两部敌之全部武器装备悉被我军缴获。我军痛快淋漓地粉碎了敌人的第二次"围剿"，并乘胜转入反攻，占领了赣东、闽西的黎川、南城、南丰、建宁、泰宁、将乐等广大地区，进一步巩固和扩大了根据地。毛泽东所填《渔家傲·反第二次大"围剿"》这首词，生动地描述了当时的情景：

白云山头云欲立，
白云山下呼声急，
枯木朽株齐努力。
枪林逼，
飞将军自重霄入。

七百里驱十五日，
赣水苍茫闽山碧，
横扫千军如卷席。
有人泣，
为营步步嗟何及！

蒋介石对中央革命根据地的第二次"围剿"遭到失败后，又调兵三十万，由蒋介石自任"围剿"总司令，坐镇南昌行营指挥，于 1931 年 7 月初开始，对中央革命根据地进行第三次大规模"围剿"。蒋介石把前两次"围剿"的失败，归咎于非嫡系的杂牌部队作战不力，将士不肯用命。因此，其在第三次"围剿"中，主要使用嫡系部队参战，配合以少量杂牌部队。敌军兵力多，来势猛，采取"长驱直入"的战术，在苏区内横冲直撞，寻找我红一方面军主力决战。敌军接受以往失败的教训，行进中每两个师为一路，紧紧靠拢，相互策应，使之不容易被一口吃掉。

我红一方面军经过第二次反"围剿"连续苦战之后，未及充分休整补充，即于7月上旬离开闽西及赣东，绕道千余里，经建宁、泰宁、将乐，转移至宁化，再进至宁都、瑞金、于都边界壬田，抓紧时间休整了两天，并与自广西北上的李明瑞、葛耀山率领的红七军会合。红七军到了中央苏区后，先归红三军团指挥，参加反"围剿"作战，后来正式归入红三军团建制。

红一方面军先后取得两次反"围剿"的胜利，毛泽东在中央苏区和红一方面军中的威望大增，指挥作战更加得心应手。第三次反"围剿"中，毛泽东指挥红一方面军，继续采取"诱敌深入"的方针，决定"避敌主力，打其虚弱，胜后再追"。开始准备在富田一线兜敌军的尾部打，首求突破一点，尔后由西而东，向敌之后方联络线上横扫过去，使敌主力深入我赣南根据地置于无用之地，我再乘隙打其可打者。

8月5日晚，红一方面军主力利用夜暗通过了敌军间四十华里空隙地带，转到兴国莲塘，抓住了敌上官云相的第四十七师。8月7日，我红三军团向该敌发起猛烈攻击。当战斗进行到最激烈之时，林彪率领生力军红一军团的红四军赶到，立即投入战斗。红四军的攻势凶猛凌厉，一阵猛攻，就将敌军压垮，纷纷溃退，我军即尾敌猛追。敌第四十七师是北方部队，爬山的本领远不如红军。当该敌被追到永丰的良村时，已精疲力竭，旋被我军压迫到一条沟里，大部就歼，敌副师长魏我威被击毙。此时敌郝梦龄的第五十四师正在良村。我军歼灭了敌第四十七师后，立即又向敌第五十四师发起猛攻，歼其师部及两个旅。

就这样，红一方面军取得了第三次反"围剿"的首战胜利。在莲塘、良村战斗中，我军俘敌达七千余。我红三军团第一师师长李实行在莲塘战斗中负重伤，不久即牺牲，由团长侯中英接任第一师师长。

良村战斗结束后，红三军团乘胜向黄陂挺进，于8月11日攻克黄陂，歼守敌毛炳文第八师一个多旅，俘敌旅长曾志达以下三千余。至此，蒋介石用来参加"围剿"的军队已被我歼灭近三个师。而我军则愈战愈勇，情绪更加高涨。

敌人发现我军主力东去，立即集中其主力取密集的大包围姿势向东边包抄过来。8月15日夜，我军主力又从敌军二十华里间隙的大山中偷越过去，西返兴国崇贤镇以北之枫边地区，隐蔽休整。自七月初开始反第三次"围剿"以来，我们除了在平安寨休息了两三天外，一个多月来，几乎每天都是在山地、树林里行军打仗，已相当疲劳，这时才得到一个喘息休整的机会。

我从平安寨到达泰和、万安交界地区以后，就没有草鞋穿了，只好打赤脚跑路。往常，我身上总有战士们送给的一两双草鞋备用。这一段时间由于每天行军打仗，战士们也没有机会打草鞋了，我自己更顾不上打。于是，直到进入枫边地区，我打赤脚跑了二十多天的路。起初赤脚跑路，感到脚板疼痛难忍，尤其害怕茅草茬、树茬和荆棘刺扎脚。后来，脚板皮磨硬了，什么都不怕了，在碎石子路上和树林里可以行走如飞。

那时红军行军打仗，经常要奔跑。记得在莲塘到良村的路上，敌人在前边逃跑，我们在后边紧紧追赶，敌机就在头顶上轰炸扫射。我们既要追击敌人，还得设法躲避敌机的轰炸扫射。由于红军没有对空射击的武器，敌人的飞机疯狂得很，在离地面只有百多米的低空上盘旋，追逐杀伤我军。有时连飞行员的面孔都能看得清楚，即使部队伏在地面不动，敌机也很容易找见目标。因此，敌机投弹、扫射的命中率比较高，一颗重磅炸弹投下来，往往可以毁掉我们一连人。这样，我们只好以快速奔跑来躲避敌机。有一次，我眼见一颗炸弹在我的头顶上落下来，我赶快向前奔跑躲避。谁知，当我跑出约四五十米远的时候，这颗炸弹就落地了，但不是落在我原先的位置上，而是不偏不倚恰好落在了我刚刚跑到的地方，就落在我的脚下。我一时不知所措，心想这一次可逃不掉了。事有凑巧，这颗炸弹落地之后竟没有爆炸，实属侥幸。

我们在枫边地区休息了个把星期的时间，指战员们都穿上了草鞋，部队又继续向西进至兴国以西之均村地区休整待机。及至敌军发觉我军去向，再掉头向西追来时，我军已经休息了半个多月时间。而敌军，则是东跑西奔，疲于奔命，饥渴沮丧，被拖得精疲力竭，狼狈不堪，最后只好收兵退却。后来我们从缴获敌人的文件中发现，敌指挥官纷纷抱怨："肥者拖瘦，瘦者拖垮、拖死。"

敌人开始退却，我军即转入反击，抓住机会，就吃掉它一股。7月7日，我红三军团在兴国老营盘歼敌蒋鼎文第九师一个独立旅，俘敌团长王铭以下三千余。接着，红三军团和红一军团的红四军相互配合，在高兴圩同敌第十九路军展开激战。蒋、蔡的第十九路军是一支比较强硬的部队，因此，这一仗是啃硬骨头。结果敌我双方打了个平手，伤亡都很大。这对红军来说，是一次不利的战斗。红军作战的原则是，打得赢就打，打不赢就走；于我有利的就打，于我不利的不打。不能恋战，更不能同敌人拼消耗。因为我们不仅要靠打胜仗来消灭敌人的有生力量，同时还要靠打胜仗来装备壮大红军。胜负难分的战斗，显然对红军不利。我参军作战以来，亲眼目睹了两次伤亡惨重的战斗：一次是在大革命时期，北伐军攻打汀泗桥之役，战场上的尸体横倒竖卧，比比皆是；再一次就是这次的高兴圩之役，满山遍野摆满了尸体，指战员们浑身上下都被汗水和鲜血浸透。此役红三军团担任主攻，伤亡更重。彭德怀的脚上也挂了花，但他未下火线，坚持指挥战斗。红三军团第四师师长黄云桥因生病未参加这次战斗，由邹平代理师长指挥战斗，邹平于此役牺牲。

高兴圩战斗以后，红三军团减员太多，即将所辖的四个师缩编为三个师，原第四师编散，原第六师改为第二师。

我军撤离高兴圩之后，进至崇贤与东固之间的方石岭，于9月15日将敌韩德勤的第五十二师全歼。方石岭战斗一开始，我军一个猛攻，就将敌第五十二师冲垮，该敌抱头溃逃。我军尾敌紧追不舍，一直追到东固附近的一座山底下，将该敌全部缴械，俘敌师长韩德勤、旅长张忠颐以下万余人。红军对待俘虏的政策是，愿意留下的欢迎，不愿意留下的，发给路费放走。敌师长韩德勤装扮成士兵，混在俘虏堆里，领了路费被放掉了。

方石岭战斗打完，第三次反"围剿"即告结束。敌军被迫退出中央苏区之后，较长时间没有再来进攻。在第三次反"围剿"中，红一方面军先后进行了四次较大的战斗，除高兴圩一仗打了个平手之外，莲塘、黄陂、方石岭三次战斗，都打了胜仗。这时的形势对我们非常有利，红军的声势大振，根据地得到进一步巩固扩大。

第三次反"围剿"胜利后，红一方面军奉命从兴国出发，向瑞金集中。当行至东固附近的六渡坳时，突遇敌机袭击，红三军军长黄公略在指挥部队隐蔽和对空射击中，不幸中弹牺牲，使红一方面军损失了一位著名的将领。为了纪念这位功勋卓著的红军优秀指挥员，1931年11月中华苏维埃共和国临时中央政府成立后，在江西东固六渡坳和瑞金叶坪修建了"公略亭"，红军步兵学校亦命名为"公略步兵学校"，并以吉安、吉水两县的红色区域为主成立了"公略县"。公略县成立之日，召开了隆重的追悼黄公略大会。会场主席台两侧悬挂的巨幅挽联上，写的挽词是：

广州暴动不死，平江暴动不死，如今竟牺牲，堪恨大祸从天降；

革命战争有功，游击战争有功、毕生何奋勇，好教后世继君来。

红一方面军在瑞金集结休整了三天时间，便分散各地去开展群众工作，打"土围子"，筹粮、筹款、扩军，以便把整个中央苏区连成一片。

彭邀同我率第三师到了西江镇地区后，即确定全师以连为单位，组成若干个工作队，每个连包一个乡，深入发动群众，分配土地，建立地方苏维埃政权，并以西江镇为中心，建立了中共西江县委和西江县苏维埃政府。我们在该地区活动了三四个月的时间，将境内的白色据点全部敲掉了，群众也普遍发动了起来，根据地得以巩固扩大。

在红一方面军进行一至三次反"围剿"期间，曾发生过蒋介石派说客到中央苏区策反红军高级将领的事。因为这件事与我有一点关系，略述如下。

蒋介石看到派大军进行"围剿"，不但没能消灭红军，自己反而连吃败仗，被红军消灭了不少有生力量。于是，便施展阴谋手段，妄图通过策反红军高级将领，使红军内部发生分裂，不战自乱，借以达到瓦解红军、摧毁中央革命根据地的目的。在红一方面军取得第一次反"围剿"胜利之后，蒋介石曾派黄公略的异母哥哥潜入中央苏区，找到黄公略，许以高官厚禄，游说黄公略倒戈附蒋。黄公略不为所动，当即报告了毛泽东、朱德等方面军首长，将说客杀掉了。但此事对外秘而不宣，蒋介石还以为他派的说客在中央苏区立住了脚，期望阴谋有可能得逞。待敌人第二次大规模"围剿"失败后，蒋介石又派黄公略的叔父到中央苏区，妄图策反彭德怀。

当时，红三军团已进至江西黎川一线，第三师驻扎在硝石。黄公略的这位叔父奉蒋介石之命，自临川经南城到了黎川。他带着一个勤务兵作随从，刚一踏入硝石我第三师防地，就被哨兵查获。此人被带到师部后，即表明身份，自称是黄公略将军的叔父，要面见彭德怀总指挥，有要事相告云云。我当即从师部给彭德怀打电话报告说："有个黄某人现在到了我的师部，要求见你。我看来者不善。"彭德怀听完我的报告后说："知道了。你立即派人把他给送来。"我按照彭德怀的嘱咐，派人把这个人送进黎川城。彭德怀在黎川城军团部与此人见面之后，先是盛情款待，宴以酒席。席间彭德怀单独作陪，频频劝酒，虚与周旋，以探明其来意。此人有了几分酒意，便将其奉蒋介石之命，以高官厚禄收买彭德怀的意图和盘托出。嗣后，彭德怀便将此人送进一间空房内安歇，派人看管起来。第二天，彭德怀打电话告诉我和彭遨，说那个黄某人已押送第三师师部，待此人到后，就把他宰掉，把脑袋割下来，交给他的勤务兵带给蒋介石交令。过了不大工夫，那个黄某人即被押来师部，我们按照彭德怀的吩咐将他处死。从此以后，就再没有听说蒋介石派说客来策反红军高级将领的事了。

红一方面军运用毛泽东的游击战争的战略战术原则，连续取得了三次反"围剿"的胜利，不仅为中央苏区和红一方面军的进一步发展壮大创造了极为有利的形势，而且对全国各地苏区和红军产生了巨大影响。第三次反"围剿"胜利以后，毛泽东提出的"诱敌深入"，"集中优势兵力，选择敌人的弱点，在运动中有把握地消灭敌人的一部或大部,各个击破敌人"的游击战基本原则,在全国各地的红军中得到了普遍推广和运用,有力地促进了各个革命根据地的建设和发展。

9

赣州、水口、乐宜诸役

第三次反"围剿"胜利后，相继发生了"九·一八"事变、"一·二八"抗战和宁都起义等重大事件，整个形势的发展对革命非常有利。尤其是宁都起义，是继南昌起义之后最大的一次武装兵暴。在这次兵暴中，受蒋介石驱使，被迫来进攻中央苏区的国民党第二十六路军一万七千余人，在参谋长赵博生、旅长董振堂的率领下（该部原有我党的工作基础），于1931年12月14日在江西宁都举行起义，宣布加入中国工农红军，改编为红五军团。宁都起义使红军增添了新的血液，极大地震动了国民党的反动统治。

当时全国抗战御侮的呼声很高，人民群众情绪激昂，反动统治集团内部也在开始分化。如果当时我们党有一条正确的方针策略，发展这一大好形势，将会大大推进革命的进程。然而，尚处于幼年时期的党，缺乏足够的经验，加之党的六届四中全会后成立的临时中央继续推行"左"倾冒险主义政策，没有能够及时地提出"停止内战，一致抗日"、"支援第十九路军抗战"、"组织抗日联军"等口号和主张。后来，这些口号和主张虽然提了出来，但是在实际上并未受到重视，缺乏具体计划和部署，而且临时中央还错误地估计形势，夸大日本进攻苏联的可能性，提出了"武装保卫苏联"这一既脱离实际又脱离群众的口号。

党的六届四中全会之后，王明"左"倾冒险主义路线逐渐在全党推行。在中央苏区，开始排斥毛泽东的正确领导。1931年11月，在江西瑞金召开了全国苏维埃第一次代表大会，选举毛泽东为中华苏维埃共和国临时中央政府执行委员会主席，项英、张国焘为副主席。接着成立了中华苏维埃共和国中央革命军事委员会（简称中革军委），由朱德任主席，王稼祥、彭德怀任副主席，统一领导各革命根据地红军的作战和武装建设。中革军委下设总参谋部、总政治部和总经理部，由叶剑英任总参谋长，王稼祥任总政治部主任，范树德（后叛变）任总经理部长。中革军委成立之后，红一方面军领导机构奉命撤销，原红一方面军所属各部队直接归中革军委领导指挥。同年12月，周恩来到达中央苏区，就任苏区中央局书记。这时的毛泽东处于一种非常尴尬的地位，一方面，他被免除了在红军中的领导职务，另一方面，他被挂上了中华苏维埃临时中央政府主席的名义。由于中华苏维埃临时中央政府只是个空架子，这个"执行主席"也只能是个空头衔，不起任何作用。起初，毛泽东曾试图利用他尚未离开部队的条件（当时毛泽东仍随红一军团行动）发挥影响，但终因党内斗争十分激烈，他一再受到排斥而无可奈何。宁都会议以后，毛泽东只好赋闲，到汀州医院去养病，到农村搞调查等等。《长冈乡调查》、《才溪乡调查》，就是这个时期写出来的。其后，毛泽东所填的几首词，与以前几次反"围剿"时期所填词的意境迥异，如"赤橙黄绿青蓝紫，谁持彩练当空舞"、"风景这边独好"等词句，颇有点闲情逸致的味道了。

临时中央一批干部自上海陆续进入中央苏区之后，逐步开始系统地批判毛泽东从前在中央革命根据地实行的一整套方针政策。

当时在瑞金发行的《红色中华》、《红星》、《斗争周刊》等报刊上，集中发表批判文章，只是没有直接点毛泽东的名字。与此同时，在下面则找出一些拥护毛泽东主张的干部点名批判。如在闽西开展的反对所谓"罗明路线"和在江西开展的批判邓（小平）、毛（泽覃）、谢（唯俊）、古（柏）的斗争，就是属于这种情况。"左"倾冒险主义者把毛泽东所坚持的正确主张，说成是"狭隘的经验主义"、"富农路线"和"极严重的一贯右倾机会主义"等等，号召在党内和红军中"要集中火力反右倾"，并提出了一整套"左"的纲领和政策，以取代过去在中央革命根据地的实践中证明是正确的纲领和政策。比如，军事上提出要夺取中心城市，要大踏步地打出去；土地政策上提出实行地主不分田，富农分坏田；城市政策上提出实行八小时工作制；干部政策上提出所谓百分之百的布尔什维克化，把赞成和拥护毛泽东主张的一些干部撤换掉；等等。

1932 年 1 月，临时中央发布《关于争取革命在一省与数省首先胜利的决议》，提出集中红军主力夺取中心城市的军事冒险主义方针，并指示中央红军（原红一方面军）"首取赣州"，继而夺取吉安和南昌等。毛泽东极力反对这一错误决定，但苏区中央局坚持执行一省与数省首先胜利的方针，力主攻打赣州。

赣州城三面环水，易守难攻。一条赣江两条支流，漳水自南流向北，贡水自东流向西，赣州城就在两水汇合的口子上。当时赣州守敌是国民党云南部队一个旅，旅长名叫马昆，早年曾与朱德共过事。当时赣州城里还集中了一大批赣南各县的反动地主武装。中央红军参加攻打赣州的部队，是红三军团全部和红一军团的红四军。后来又增调红五军团和红三军参战。我当时任红三军团第一师政治委员，第一师师长是侯中英。我本来是任第三师政治委员，因为在第二次大规模肃反打"AB 团"时，我对肃反委员会轻易捕人杀人的做法进行了抵制，从而被撤销了第三师政治委员职务。

第二次大规模肃反打"AB团"运动，大约是在第三次反"围剿"之前就开始了。由于有前一次的沉痛教训，我对打"AB团"由怀疑而进行抵制，上边命令抓捕所谓"AB团"分子，我拒绝执行。但是，当时的肃反委员会权力大得很，我所在的第三师还是损失了一批干部。其中有不少是很优秀的干部。组织科长周鉴、政务科长盛农、宣传科长何笃才等，都是这次被肃的。其中何笃才这个同志在我的记忆中，留下了非常深刻的印象。平时我和何笃才接触较多，彼此很谈得来。我觉得他是一个很优秀的干部，他不仅具有相当高的政治水平和工作经验，而且对一些重大问题的分析上很有见地。他原来是红一军团的干部，对红一军团的情况了解颇深。我们在一起时无所不谈，在同他相处当中，使我获益匪浅。

何笃才是湖北黄冈人，大革命时期在南昌第一师范加入共产党，参加过南昌起义。井冈山会师以后，他任红二十八团迫击炮连党代表。当红二十八团第二营营长袁崇全胁迫该营及机关枪连、迫击炮连叛逃时，在团长王尔琢被叛徒打死的情况下，何笃才等同志设法把部队拉了回来，叛徒只身逃跑。在这件事情上，何笃才是有功的干部之一。但由于他在古田会议之前朱、毛的争论当中，反对毛泽东的正确意见，从此便不受重用。后来就将他调出红一军团，到红三军团我那个师里当了宣传科长。按照他的资历和水平，让他当宣传科长是不适当的。但当时上级把他当做犯了错误的干部来使用，他本人也无所谓，工作起来很认真负责，也很有魄力。平时与同志们交谈中，对他自己的观点从不掩饰。他曾对我说过，毛泽东这个人很了不起！论本事，还没有一个人能超过毛泽东；论政治主张，毛泽东的政治主张毫无疑问是最正确的。我问他：既然如此，你为什么要站到反对毛泽东的一边呢？他说，他不反对毛泽东的政治路线，而是反对毛泽东的组织路线。我说：政治路线正确，组织路线上有点偏差关系不大吧？他说：不行！政治路线、组织路线都不应该有偏差，都是左不得，右不得的。我问他：毛泽东的组织路线究竟有什么问题？他说：毛泽东过于信用顺从自己的人，对持不同意见的人不能一视同仁，不及朱老总宽厚坦诚。何笃才还举例说，像李韶九这个人，品质很坏，就是因为会顺从，骗取了信任，因而受到重用，被赋予很大的权力。结果，干坏了事情也不被追究。像这样的组织路线，何以能服人？

对何笃才的这番话，我是在一年以后才品味出其中的某些道理。本来，毛泽东同志在中央革命根据地军民中，已经有了很高的威望，大家都公认他的政治、军事路线正确。然而，临时中央从上海进入中央苏区后，轻而易举地夺了毛泽东的权，以错误的政治、军事路线，代替了正确的政治、军事路线。其所以会如此，苏区的同志相信党中央固然是一个重要原因。但是，如果不是毛泽东在组织路线上失掉了一部分人心，要想在中央苏区排斥毛泽东，当不会是一件容易的事情。

何笃才等几个干部被肃之后，我更加意识到这种肃反路线是胡来。不久，肃反委员会又给第三师交来一份所谓"AB团"分子的名单，要按名单抓人进行审查处理。我就硬着头皮顶，坚决不肯抓人。我对肃反委员会的人说：以前是说地主富农钻进革命阵营破坏革命，要进行阶级决战，可是在你们所要抓捕的人当中，没有一个是地主富农，全都是经过我们自己培养起来的干部，他们怎么会是反革命呢？肃反委员会的人指着名单说，已经有人供出了他们，一定要抓起来审查。

肃反委员会这次提供的所谓"AB团"分子名单上的人，大多是连队基层干部。现在还记得其中有两个连政治委员，一个名叫石元祥，是井冈山上的小鬼，原是当号兵，人很机敏；另一个名叫曾彬农，是个农民出身的同志。这两个同志都是我到第三师以后提拔起来的基层干部，平时表现很不错，打起仗来非常勇敢。我根本不相信他们会是反革命，决心保护他们。既然肃反委员会一定要抓捕他们，我自知硬顶无济于事，便派警卫员悄悄告诉他们暂时上山找个地方躲起来。肃反委员会几次来人抓捕，都未能抓到，也就无可奈何。

石元祥、曾彬农他们几个人在山上躲藏，每天由我派人偷偷给他们送饭吃，打起仗来就派人叫他们下山，各回自己的连队带兵参加战斗。战斗一结束，马上再上山躲藏。他们明知上边要抓捕他们，但并不逃跑，打起仗来更加勇敢地冲锋陷阵。他们曾向我表示，宁肯牺牲在战场上，决不当逃兵，以此表明自己无愧于党和革命。我愈加坚信他们是革命的忠诚战士、党的好干部，决心把他们保护好。可是，大约过了两个星期，事情终于被肃反委员会发觉了。在一次战斗刚刚结束之时，石元祥、曾彬农几个人尚未来得及上山躲避，就被肃反委员会抓捕了。我痛惜万分，深深责备自己没有能够保护好他们。我悲愤地质问肃反委员会，何以滥杀无辜！并同他们大吵了一通。我因此而被怀疑有问题，或说我是"AB团"分子，或说我是"托陈取消派"，于是决定将我抓起来进行"审查"。幸好彭德怀得知情况后，进行了干预。彭德怀问肃反委员会，为什么把他的师政治委员抓起来？肃反委员会自然拿不出我是"AB团"和"托派"的证据，只好说我是右倾机会主义分子。彭德怀说，对右倾机会主义分子可以批判斗争嘛，怎么可以采取捕抓的办法来处理呢？肃反委员会理屈词穷，只得将我释放。这样，我才幸免被捕。但是，兵是不准我带了，撤了我第三师政治委员职务。

　　我没有事情可干，又不想赋闲，就向彭德怀提出请求，随便分配点工作给我干干。彭德怀就让我到军团司令部去当秘书。1931年11月，彭德怀、滕代远等军团主要负责同志都到瑞金去参加全国第一次苏维埃代表大会，他们就让我代理处置前委的日常工作。待他们开完会回来以后，大约是在11月底，派我到寻乌县去调查打"AB团"的情况。我回到军团部后，把在寻乌所见到的情况，如实地向前委作了汇报。我还对领导同志说：我们不能再搞自相残杀的蠢事情了，否则，我们将变成孤家寡人。

　　到1931年12月，上面对肃反扩大化问题开始纠正，承认在打"AB团"过程中，一方面"简单化了"，一方面又"扩大化了"，形成了"肃反中心论"。周恩来同志到了中央苏区后，主持作出了《关于苏区肃反工作决议案》，要求"以自我批评精神，承认对于过去肃反工作中路线错误的领导责任"，并提出给予"纪律上的制裁"。此后，苏区中央局还专门作出了关于处罚李韶九的决议，决定给其留党察看六个月的处分，下放基层工作。

　　肃反扩大化问题开始纠正以后，我才又被起用，派我到第一师任政治委员。我刚到第一师工作不久，就赶上打赣州。

　　中革军委根据临时中央和苏区中央局的指示，于1932年1月10日下达攻打赣州的军事训令，各参战部队陆续开至赣州城郊阵地。攻打赣州的战役，由彭德怀任前敌总指挥，红三军团担任主攻，红四军担任打援任务。同时调江西、闽西军区的地方部队担任游击、警戒任务，由江西省军区司令员陈毅任总指挥。

　　2月4日战斗打响后，我军首先扫除了敌外围工事，迅速分兵向赣州城垣推进。当时红三军团的部署是：红七军攻打城东门；第三师位于城东门与南门之间，占领附近一带高地，监视守敌动向；第二师攻打城南门；第一师攻打城西门。城西门以西是章水河，第一师正面是城墙，我师部队就摆在城墙与章水河之间。攻城的方法是掘坑道爆破和架梯爬城强攻。首次进攻由于爆破未成功而受挫，我攻城部队受到很大伤亡。

赣州战役开始之前，我就对此次攻打中心城市的行动持反对态度。待抵达赣州城下，我发现地形条件对我十分不利，越发感到这个仗打不得。第一次攻城受挫以后，我曾向军团司令部提出撤围的建议，但未获批准。

苏区中央局和总政治部力促红三军团加紧攻夺赣州城。于是，各攻城部队在坑道内增添了大量炸药，再次实施爆破。位于城东门附近的红七军首先将炸药引爆，爆炸后冲起的砖石泥土飞到半空足有一百米高，落下来时正好压住了预伏在城下的我军突击队，一支二百余人的突击队被埋掉了。城墙被炸开一道口子后，守敌一个连被炸死，但敌人很快作了兵力调整，加强了突破口处的守备力量。我军重新组织突击队进攻时，战机已失，第二次攻城又未奏效。我再次提出撤围的建议，仍未获准。此后，我军又连续组织了两次爆破攻城，均未奏效。

我军屯兵坚城之下，屡攻不克，伤亡越来越多。这时，陈诚奉蒋介石之命，派第十一师师长罗卓英率部自吉安驰援赣州。敌援兵到达遂川以后，即架设浮桥渡江。我军发现敌援兵从北面逼近赣州，曾派出一支部队前去阻击，并用"火船"去焚烧敌军的浮桥和渡船。红军战士勇敢得很，他们驾驶小船直冲敌阵，快要接敌时，将煤油浇在船上点燃，战士们才跳下船往回游。由于敌人的火力过于密集，我军驾船的战士纷纷中弹落水。其实，用"火船"阻止敌人渡江根本无济于事。敌渡船见"火船"漂来，就将渡船划开让过"火船"，连浮桥也没有烧着。

敌第十一师渡江后，由北门潜入赣州城，加强了守城兵力。敌另一部援兵则分路包抄我军侧后，并向飞机场方向进击。我见敌援兵已入城，并对我攻城部队形成分割包抄之势，我军攻城显已无望；且我军久战而疲，减员不断增加，若继续滞留赣州城下，后果将不堪设想。于是，我直接向彭德怀军团长建议撤围，并批评他是"半立三路线"。但彭德怀依然不予理睬。

援敌第十一师一部进城后，乘夜在城墙底下打了许多洞口。在一天的下半夜两点钟光景，敌军从洞口出城，突然向我军发起反攻，城外敌援兵也一齐向我进攻。敌人内外夹击，遂使我军陷入腹背受敌的不利境地。

在敌人发起攻击之前，我军一无所知，根本没有想到敌人会在夜里出击。当时我正在师指挥所里，侯中英师长已经睡熟。我一到打仗不利的时候，就睡不稳觉，心里总放心不下。过了半夜之后，我隐约听到枪声，感到不对头，估计是敌人乘夜出击了。我立即把侯中英师长唤醒，告诉他说可能是敌人开始向我们进攻，让他到前边去看看情况，指挥部队。侯中英刚睡醒，有点迷糊，我硬是把他拖起来。他听到枪声大作，急忙跑出去指挥部队。

侯中英走后，我仍放心不下，就带着通信排长和通信班，离开师指挥所，走出一百多米，在一个比较隐蔽的地方设立了新的指挥所，并立即架线与军团司令部联系。电话接通后，我向军团部报告说，情况相当紧急，应下令部队立即撤退突围。接电话的是军团参谋长邓萍，他告诉我说不准撤退。这时，四周一片漆黑，只听见枪声越来越近，知道敌人已打到我们附近来了。情况已相当危险，我只好采取机动措施，先让师参谋长和师政治部主任江华带领师直属队撤到南门以东的山上去。然后，我让通信排长去通知特务连速作应急准备。特务连连长刘少卿带领特务连刚撤离原来的师指挥所，敌人就到了那里。我望见原来师指挥所的位置火起，就带通信班离开了临时指挥所，摸索着向前移动，设法去找部队。路上碰到一个连政治委员带着部队仓皇向后跑来，我把他叫住，稳住部队。这个连政治委员惊慌失措地连声说敌人多得很，我们不行了。我严厉地批评了他一顿，命令他就地抵抗，掩护指挥机关先撤。这个连当即在原地展开，阻击敌人，坚持了一阵子，赢得了一些时间。

我又往前走了一段路，发现军团部原来派在第二师和第三师之间负责联络的特务团的一个营还在原地未动，我就让他们赶快撤走，留在这等于白白送死。营长姚喆说没有接到军团部撤退命令，不敢撤走。我就对他说，你赶快带部队撤走就是，一切由我负责。这样，姚喆才带领全营撤出险地。

我带着通信班继续去寻找其他被打散的部队，黑夜中辨不清方向，误入南门外敌人的飞机场。迎面碰见机场守军向我们大声喝问："哪一部分？"我随口说了声"是一师的"。敌人误以为我们是罗卓英的第十一师的，就没有细问。我趁他们尚未察觉的当儿，带领通信班迅速穿过机场，到了南关外。在这里恰好碰见侯中英师长，他正在指挥部队撤退。我对侯中英说，应该同第二师联系一下，看他们撤了没有，如果还没有撤，告诉他们趁夜暗快撤离，否则到天明突围就困难了。侯中英说他还要到前边去，看看有没有第一师的部队还没有撤出来，说完他就走了。我只好自己赶到第二师指挥所，见第二师仍在原地未动。我就建议第二师师长郭炳生指挥部队撤退。郭炳生说他没有接到命令，不能撤退。我说现在部队已被敌人分割包围，能突围出去就是胜利，留下来怕要作无谓牺牲。郭炳生仍不同意撤走，坚持等候上级命令再行动。因为郭炳生曾是我的上级，他不肯撤走，我也就不便多说什么，便转回南关外去找侯中英和第一师的部队。我在南关外找了一阵子，也不见侯中英的踪影。后来才得知侯中英已被敌人俘获。

此时，我的四周都是敌人。在靠近河边的一座城楼上，敌人的两挺机枪正对着街面猛扫，我尚未撤出来的部队已被打散，失去了指挥建制，正在乱跑，我已无法和他们联系。我意识到自己也已经处在非常危险的境地，必须设法马上转移。我带领通信班的几名战士钻进临街一家店铺里，关上前门，打开后窗跳了出去，一气跑到城南的山上，才得以脱险。我在南山上迅即将零散部队收拢起来，就地组织抗击。这时，敌人开始从南街向外攻击前进，我指挥部队将进攻之敌击退。不久，敌人再次组织进攻，恰好红五军团及时赶到，将进攻之敌压了下去，我们才重新收拢部队，撤出战斗。

赣州之役，历时月余，我军遭到巨大伤亡，红三军团损失在三千人以上。我们第一师是主攻部队，后被敌军分割包抄而损失掉八九百人，师长侯中英被俘后遭杀害。攻城之初，我军在数量上是占优势，红三军团参战部队达一万余人。但地形条件对我军十分不利。坚城之下屯重兵，旷日持久地攻城，乃兵家之大忌。负责打援的红四军把主要力量放在南面，用来对付广东方面的援敌，没有料到敌人会从赣州以北的吉安远道驰援。因此，未能在北面堵住援敌。待敌人半夜里从城内打洞出击，我军没有准备，措手不及。临战十分不利的情况之下，又不准部队撤退突围，遂导致重大损失。我当时自作主张地采取了一些应急措施，使一部分部队免遭损失。虽然是在未接到上级命令的情况下指挥部队撤退，但由于我事前曾几次提出过撤退的建议，而当时我在那种情况下的处置亦属恰当，因此，事后上级并没有追究我。

毛泽东是不赞成打赣州的。他主张中央红军应在支援第十九路军抗战的口号下，集中力量向敌人统治比较薄弱、党和群众基础比较好、地形条件比较有利的赣东北方向发展，在赣江以东、闽浙沿海以西、长江以南、五岭山脉以北广大地区发展革命战争，消灭白色据点，逐步扩大巩固根据地。但这一正确主张未被采纳。

我军在久攻赣州未克，被迫撤围之后，于1932年3月中旬，在赣州东北之江口举行苏区中央局会议，继续讨论中央红军行动方针问题。与会多数人不赞成毛泽东关于集中兵力打运动战，向赣东北发展的主张。会议最后决定中央红军东西两路分兵，夹赣江而下，夺取赣江流域中心城市。遂以红一、红五军团组成东路军，入闽作战；以红三军团组成西路军，进至赣江以西的上犹、崇义，继而进至湘南的汝城、桂东、茶陵一带活动。

东路军入闽后，首取漳州。3月19日，于漳州外围歼敌张贞部第四十九师主力两个旅，缴获大批军用物资，包括两架飞机。于20日占领漳州城。

西路军于过赣江之前，在红三军团政治部主任袁国平主持下，在田村召开会议，对我进行批判。会上批判我反对攻打中心城市是对抗中央路线；又说我主张打"土围子"、扩大苏区和反对"左"的土地政策是右倾机会主义等等。我对批判不服，在会上与他们发生激烈争论。部队出发过赣江向西运动后，一路走，一路批判我，我就同他们争吵了一路。这一次虽然对我批判得很严厉，但是没有给我处分，也没有撤职。

不久，红三军团恢复了红五军番号，由邓萍任军长，贺昌任政治委员，调我任军政治部主任。

我随邓萍、贺昌率红五军到了茶陵、莲花、永新一带活动了一个时期，本想收编一些地方武装以扩充主力部队，但收获不大。随即兜了一个大圈子，又回到上犹地区。

1932年6月，我们接到命令，要同东路军会合，解决进犯赣南、闽西中央苏区之粤敌，并相机攻夺赣江流域中心城市。于是，西路军即回师赣南，向南康、大余开进。行军中，我同军政治委员贺昌一起走，他继续批判我的右倾机会主义，我不服，就跟他争论。部队宿营时，我俩还是住到一块，继续争论，吵得很厉害，彼此各持己见，谁也说服不了谁。我对贺昌表示，准备同他争论二十年。贺昌不愧是个真正的共产党人，他作为上级，我无论怎样同他争吵，他都不在乎。争吵归争吵，吵过之后，照样相处，毫不计较，也不影响工作。

7月2日，红三军团在大余东北池江地区击溃由南康向大余集结之敌四个团，溃敌退守大余。3日，红一军团一部击溃梅岭关守敌一个团，占领梅岭关要隘。4日，红三军团开始围攻大余之敌。8日到10日，中央红军主力在江西、闽西两军区地方武装配合下，发起水口战役。粤军的战斗力比较强，同粤军作战是硬碰硬，加之这次作战我军没有集中兵力打歼灭战，遂使水口之役打成了击溃战，未能大量歼灭敌人有生力量，也没有缴获到多少东西，我们自己还受到一些伤亡。这对红军作战来讲，是得不偿失的。

水口战役之后，中革军委根据苏区中央局兴国会议精神，于8月8日下达发起乐安、宜黄战役的军事训令，在江西、闽西两军区所属地方部队的配合下，红一军团于8月17日攻占乐安，全歼守敌一个多旅。红三军团于8月20日攻占宜黄，歼守敌近两个旅。乐宜之役我军共歼敌高树勋第二十七师三个旅，俘敌五千余，缴枪四千余，并击落敌机一架。

毛泽东已于8月8日被中革军委重新任命为红一方面军总政委。在毛泽东、朱德、周恩来等指挥下，红一方面军取得乐宜战役重大胜利后，没有按照临时中央和苏区中央局的意图去攻打中心城市，避免了可能造成的损失，使我军保持了战略主动。

当时我军已在大山里行动了个把月时间，没有得到休整。当地山高林密，气候潮湿，瘴气弥漫，部队中烂脚病大量发生，行走很困难。乐宜战役之后不久，红一方面军全部撤回到宁都、广昌地区休整。这时，红三军团又撤销了红五军番号，邓萍回到军团部任参谋长，贺昌调到中央工作，我被派到第三师任政治委员。

1932年10月，苏区中央局在江西宁都召开全体会议，集中对毛泽东进行系统地批判。这次会议上，把在历次反"围剿"中行之有效的"诱敌深入"方针，指责为"专去等待敌人进攻的右倾主要危险"；把毛泽东在江口会议上提出的向赣东北发展的正确主张，指责为对中央"夺取中心城市"方针的消极怠工；把毛泽东对临时中央和苏区中央局错误战略方针所提出的正确批评，指责为"不尊重党的领导机关"、"动摇并否认过去胜利成绩"；还指责毛泽东是用《三国演义》中诸葛亮摇羽毛扇子的方法指挥战争等等。宁都会议决定继续贯彻王明"左"倾冒险主义的进攻路线，要求红一方面军在敌人新的"围剿"开始之前，就以自己的进攻去粉碎敌人的进攻，夺取中心城市，实现江西省首先胜利。宁都会议开过之后，毛泽东在红军中的领导职务即被免除，毛泽东被迫离开了红军，由周恩来兼任红一方面军总政治委员。

宁都会议之后不久，红三军团政治部在广昌召开干部会议，集中对我进行批判。王稼祥作为中央和中革军委的代表，出席了广昌会议，并在会议上作了讲话。广昌会议之后，我即被撤销第三师政治委员职务，调我到红三军团政治部任宣传部长。一个星期以后，又把我调到教导营任政治委员。

1932年底，红三军团政治部主任袁国平调任红一军团政治部主任，贺昌又回到红三军团任政治部主任。贺昌回来之后，就把我从教导营要了回来，任命我为红三军团政治部组织部长。这样，我便从后方回到前方，与贺昌又凑到一起工作。我们两个人重新相处后，都还是老样子，谁也没有改变自己的观点，因此，每天还是吵架，争论问题，他骂我一通，我回敬他一番。无非是他批我右倾机会主义，我批他盲动主义。但彼此之间仍然相处得很融洽，工作一点儿不受影响。

这个时期，有两件事情需要补述。

第一件事情，是在水口战役之后，部队向乐安、宜黄开进途中，我与曾希圣邂逅相遇。这时我才知道他已经由上海进入中央苏区，在中革军委当作战科长。我和曾希圣自上海分手之后，这是首次相逢，彼此都感到格外亲热。曾希圣向我谈了一些白区工作情况之后，说现在的情报工作很难搞，他准备下点功夫攻一攻密码破译这个难题。我听了之后，非常赞成他的想法，并鼓励他下决心干出个名堂来。曾希圣读过高等师范，数学基础很扎实，又在中央军委搞过一段秘密工作，现在要搞密码破译还是很有条件的。此后不久，曾希圣果然把密码破译攻下来了。他是红军中搞密码破译的创始人，对当时红军作战有很大的贡献。尤其是在红军长征时期，全靠破译敌台的密码来获取情报。如果没有这项工作，红军在长征中将会增加更大的困难。因此，曾希圣这个功劳是值得记述的。

第二件事情，是在1932年秋，红三军团发生了师长郭炳生叛变事件。郭炳生跟彭德怀沾点亲故，曾参加过平江暴动。乐宜战役后，部队决定撤回到宁都、广昌地区休整。当时郭炳生任红三军团第二师师长，趁部队撤退转移之机，他拉走了一个团和师特务连去投奔国民党。第二师政治委员彭雪枫闻讯后，立即前去追赶，把被郭炳生拉走的那个团追了回来。师特务连是郭的老部下，又多系湘潭同乡，便跟随郭一起跑掉了。

郭炳生投敌叛变后，蒋介石委任了他一个第七师师长的头衔，其实只是个空架子，没有几个兵。蒋介石就派他到中央苏区来进攻红军。郭带着队伍刚到中央苏区的边缘，就被人打死了。中央苏区边缘一带并没有红军主力部队，我估计郭可能是被国民党特务干掉的。

10

第四次至第五次反"围剿"

　　1932 年冬，蒋介石在南昌组织行营，部署对我中央革命根据地的第四次大规模"围剿"。其前敌由陈诚、顾祝同等嫡系将领负责指挥，采取"分进合击"的战略，兵分三路向我进犯，妄图消灭我红一方面军主力于黎川、建宁地区，尔后进攻广昌，摧毁我中央革命根据地。

　　这时，毛泽东虽然已经离开了红一方面军，但"诱敌深入"，集中优势兵力，在运动中寻机歼灭敌人有生力量的战略战术，已在红军中深入人心。第四次反"围剿"一开始，周恩来、朱德指挥红一方面军荫蔽地向北运动，寻机歼敌。根据曾希圣破译的敌台密码，我们对敌军的指挥调动可以了如指掌。而敌人进入中央苏区之后，由于群众封锁消息，对我军的行动毫无所知。我红一方面军主力进至南丰、南城、金溪、贵溪一带地区后，在上清宫抓住了敌周浑元的第五师。1933 年 1 月 5 日，我军集中红一、红三、红五三个军团的兵力，协同作战，一举将敌第五师全歼，俘敌旅长周士达以下二千余。上清宫是道教祖师张天师居住的地方，在张天师住室里，到处张挂着古字画，都是历代名人的大手笔。那时候我们还不懂得字画值钱，可以变卖用作军费，部队在那里住了三天，一张字画未曾动过。

这时，中共临时中央已经从上海迁入中央苏区。临时中央和苏区中央局命令红一方面军进攻敌人重兵设防的南丰城，企图以此来破坏敌人的"围剿"计划。

南丰城高且固，守敌实力较强。我军担任主攻任务的红三军团，在彭德怀的指挥下，先后两次奋勇强攻南丰城，均未奏效，我军伤亡不小。第三师师长彭遨亲临前线侦察敌军城防情况时，不幸中弹牺牲。彭德怀见两次强攻未克，今又折损大将，心中十分不快。加之陈诚正督率优势兵力迅速向我进逼，我军将陷入不利境地。于是，彭德怀乃建议撤南丰之围。此时敌援兵正沿永丰、宜黄侧我苏区边缘东进，增援南丰。我红三军团遂改强攻为佯攻，主力与红一军团一起转移至宜黄、乐安之线以南，准备侧击东援之敌。我红军主力，经两天的急行军，进至广昌以西地区，埋伏在敌军行进必经之路两侧的大山树林之中待敌。

敌左翼援兵由罗卓英率第九、第十一师自宜黄南进，其右翼是李明的第五十二师和陈时骥的第五十九师，自乐安分成两路南进。敌人对我军的行动毫无察觉，摆成一字长龙行进。2月27日，当敌第五十二、第五十九两师行进至黄陂以西的桥头附近时，我红一方面军主力对该两师之敌发起突然猛攻，将敌行军纵队拦腰截成数段。经两天激战，将该两师之敌全歼，敌第五十二师师长李明被击伤后毙命，敌第五十九师师长陈时骥被生俘，并俘敌官兵一万六千余，缴枪一万五千余。

敌左翼第九师（师长李延年）、第十一师（师长萧乾）继续向广昌进发。我军在结束桥头战斗之后，乃移兵黄陂、东韶一线，荫蔽集结待敌。3月21日拂晓，我军突然向该敌发起攻击，经一天激战，歼敌第十一师五个团，敌师长萧乾被击伤，并歼敌第九师一个团，共俘敌官兵八千余，缴枪七千余。这一仗打得相当艰苦，我军的伤亡也很大。彭绍辉、洪超两位红军将领就是于此役被打掉手臂的，此后即被称为独臂将军。这一仗打完之后，敌人对中央革命根据地的第四次"围剿"就被彻底粉碎了。

第四次反"围剿"中，红一方面军在周恩来、朱德的指挥下，沿用毛泽东提出的军事战略方针，打了几个胜仗，吃掉敌人三个整编师，缴获了大批武器装备。特别是这次缴获到相当多的轻机枪，改善了我军的装备。在此之前，我军只有重机枪，没有轻机枪。而国民党军队中，每个连配备有三挺轻机枪。第四次反"围剿"胜利之后，我军每个连队才开始配备起两到三挺轻机枪。

这以后，李德来到中央苏区，直接指挥作战，红一方面军就再也没有打过好仗了。

1932 年这一年，是决定中央苏区命运的关键一年。第三次反"围剿"胜利后，形势非常有利。我军连续粉碎三次大规模"围剿"，使中央苏区联成一片。国民党军队连遭失败，被我歼灭的有生力量在十万人以上。我军虽然受到一些消耗，但不到三个月时间，就补充发展起来了，又胜利地粉碎了敌人的第四次大规模"围剿"，使国民党军队再次损兵折将，遭到惨败。当时的客观条件也有利于我而不利于敌。相继发生的"九·一八"事变、"一·二八"抗战和宁都起义，给国民党反动集团以很大震动，其内部矛盾激化，蒋介石被迫下野。这样的形势，对我们来说实在是太难得了。然而中共临时中央自上海转移到中央苏区之后，进一步排斥毛泽东的正确领导，并最终取消了毛泽东在党和军队中的领导职务，使毛泽东被迫离开了红一方面军，由此而造成的损失是无法估量的。与此同时，临时中央和苏区中央局把中央苏区坚持的一整套正确的方

针政策统统视为右倾机会主义而加以批判，从而在中央革命根据地
和红军中造成了思想混乱。代之而来的，是一整套"左"的方针政
策。原来红军的三大任务，现在只剩下打仗这一项了，造成了军队
与地方、军队与群众相脱离的局面。而且，他们所实行的土地政
策、工运政策、城市政策、商业政策等等，都"左"得出奇，使自
己陷入被动孤立的境地。在中央苏区内造成了新的赤白对立，给红
军带来了许多意想不到的困难。过去可以从赣州、吉安等地把盐运
进中央苏区，这时候中央苏区吃盐却成了大问题。国民党加紧对中
央苏区实行封锁，固然是一个方面的重要原因，而另一方面，由于
我们实行过"左"的政策，把私商这条线也割断了，等于自我封锁
起来，这样就只好没盐吃。当时兄弟部队见面时，能向对方要到一
点盐，就是很难得的收获了。军事上的分兵作战和瞎指挥，则使红
一方面军连连受挫，逐渐削弱，以致丧失机动作战的能力。

第四次反"围剿"结束之后，红一方面军奉命开至永丰、乐安
之间的大湖坪进行整编。部队在行进途中，红三军团政治部主任贺
昌不慎坠马跌伤了腿，被送往瑞金后方医院治疗，上级任命我代理
红三军团政治部主任。

红一方面军于1933年5月间到达大湖坪，开始进行整编。由
于部队受到削弱，各部均进行了缩编。红一军团编了第一、第二两
个师。红三军团编了第四、第五两个师。红五军团开始只编了一个
第十三师，后来又从地方部队编了一个师。当时地方部队编了三个
新的师，即兴国模范师、瑞金师、宁都师（即少共国际师）。不久
即将兴国模范师归入红三军团建制，为第六师。宁都师（少共国际
师）后来归入红五军团建制，为第十五师。上述这八个师，就是当
时中央红军的主力部队。

过去红军部队包括三种武装力量，除主力红军之外，还有地方

部队和赤卫队。主力红军一般不担负小的战斗任务，主要是集中优势兵力歼灭敌人的有生力量。主力红军的补充和扩大，主要依靠地方部队升级和改造敌军俘虏。大湖坪整编之后，主力红军削弱了，兵力也不充实，加之军事指挥上连连失误，基本上没有打过好的胜仗，俘获很少。地方上虽然相继又组建起一些新部队，但不是用于充实主力红军，而是另外编了几个新军团（即红七、红八、红九军团）。同时又把活动于赣东北地区的红十军南调中央苏区，使之脱离了原来的根据地。表面看起来主力红军编制扩大了，由原来的三个军团增加至六个军团，但实际上是摆空架子，徒有虚名。从我们党的历史上看，凡是推行"左"倾路线的时候，总是把肥皂泡吹得满大，虚张声势，尽干那种自欺欺人的蠢事。其结果，无不以革命事业遭受巨大损失而告终。

不久，袁国平回到红三军团任政治部主任，我被派到第五师任政治部主任。

临时中央对第四次反"围剿"胜利后的形势缺乏实事求是的分析，同时把李德捧为军事指挥上的权威。他们不从实际情况出发，于大湖坪整编后，决定红一方面军分离作战，实行"全线出击"，"两个拳头打人"的战略，遂将红一方面军分成两部分：一部分以红一军团为主，称中央军，在抚河、赣江之间作战，看守中央苏区的北大门；另一部分以红三军团为主，称东方军，入闽作战。临时中央的打算是，要在两个战略方向上同时取胜，进而夺取抚州、南昌等中心城市，以实现革命在江西和邻近省区的首先胜利。

东方军以红三军团军团长彭德怀兼司令员，红三军团政治委员滕代远兼政治委员。不久滕代远调任中革军委武装动员部部长，由杨尚昆接任红三军团政治委员。东方军于1933年7月孤军东进，先在福建连城之朋口地区击溃敌第十九路军区寿年部的第七十八师，并歼其一部。东方军乘胜尾敌追击了一百余里，遂占领了连城、清流、归化等县城。我们第五师奉命到归化消灭白色据点，在泉上镇采取爆破的方法炸开了一个大"土围子"，歼灭了敌卢兴邦部一个团及反动民团武装千余人。

这时我患了痢疾，病得相当厉害。因为没有药，卫生队长就给我反复灌肠，我全身瘫软，走不动路，但仍然坚持随部队行动。后来，买到一只鸡，加上一点人参须子，熬了一锅汤，吃下以后，才慢慢恢复了一些体力。

部队旋即进至闽江流域的延平（今南平）、顺昌之线，经沙县下武夷山，进至夏茂镇，在这一带搞扩军、筹款。夏茂镇当时比较繁华，商品很丰富，我们在这里筹集到不少物资，也吸收了一批新兵。

离开夏茂镇之后，第五师在闽江南岸，第四、第六师在闽江北岸，夹江而下，先攻占了洋口，进逼延平城下，第四、第五师一部进至延平、福州之间一线。我军在延平打了一场恶仗，部队伤亡很大。第十三团政治委员毛贲虎于此役牺牲，由余均继任该团政治委员。不久余均又牺牲，由王光汉继任团政治委员。后来在第五次反"围剿"作战中，王光汉在江西牺牲。几个月之内，第十三团损失掉三个团政治委员，当时战斗之艰苦激烈可见一斑。

红一方面军历来作战都注重协同配合，集中相对优势兵力打歼灭战，所以，屡战屡胜。经验证明，红一、红三军团分离作战，就打不好仗，就要吃亏。这次东方军入闽作战三个月，基本上没有打过好仗，部队受到很大的损失和消耗。当时，蒋介石已在部署对中央革命根据地的第五次大规模"围剿"，红一方面军分离作战的结果，不仅未能取得预期的胜利，反而丧失了进行反第五次"围剿"准备工作的宝贵时间。

　　1933年9月，蒋介石纠集一百万军队，对红军和革命根据地进行第五次大规模"围剿"，其中直接用于进攻中央苏区的兵力在五十万以上。此次"围剿"，敌人吸取前四次失败的教训，采取持久作战和堡垒主义的新战略，企图逐步压缩我革命根据地，然后寻求红军主力决战，最后达到消灭红军，摧毁革命根据地的目的。9月下旬，敌北线部队已自临川、南城、贵溪等地向我中央苏区进犯，并侵占黎川城。临时中央于敌重兵压境之下，不顾东方军尚在闽北孤军奋战的实际情况，急令东方军返回中央苏区北线，收复黎川，以实行"御敌于国门之外"、"不失寸土"的错误方针。

　　入闽苦战三个月的东方军，未及休整，即奉命由闽北西返，向黎川前进。当部队进至黎川东北之洵口，不期与敌赵观涛的第六师第十八旅遭遇。彭德怀当机立断，指挥红三军团机动作战，旋将该旅之敌全歼，生俘敌旅长葛仲山。这是第五次反"围剿"中取得的一个意外的序战胜利。

　　按照毛泽东指挥作战的经验，打完一仗之后，部队要进行必要的休整，养精蓄锐，再寻机歼敌。但此时临时中央完全听命于军事顾问李德的瞎指挥，命令已相当疲惫的红三军团，立即向黎川以北敌人的巩固阵地硝石进攻。硝石镇的守敌兵力很强，而且敌人可以随时机动策应。当红三军团奉命进至硝石附近集结后，发现我军已钻入敌堡垒群纵深之中，受到四面之敌重兵夹击，有被歼灭之危险。彭德怀意识到这一险况后，连电中央，陈请取消攻打硝石的作战计划，终获允准。这才使红三军团撤离险境，幸免于难。

　　红三军团已被拖得更加疲劳。李德又命令红三军团远离苏区，去攻打位于抚州附近的浒湾。进驻浒湾之敌徐廷瑶的第四师，系由张发奎部改编的广东部队，战斗力很强。待红三军团赶至浒湾，守敌已建立了巩固的阵地，以逸待劳。红三军团和红七军团等部对浒湾之敌发起强攻后，经两天一夜激战，终未攻克，我军遭到很大伤亡，只好撤出战斗。

当时中革军委已由前方移至临时中央政府所在地瑞金，而在前方另行组织中国工农红军总部，任命朱德为工农红军总司令兼红一方面军司令员，周恩来为红军总政治委员兼红一方面军政治委员。同时还决定，当中革军委主席朱德在前方时，由项英代理中革军委主席职务。这实际上是将中革军委由前方拿到后方，再由后方来指挥前方作战。

浒湾没有打下来，临时中央便怪罪下来，要追究部队指挥员的责任。但他们又不好对战功卓著的彭德怀直接进行追究，便把红七军团政治委员萧劲光拿来顶罪，将萧劲光撤职，开除党籍，并交付审判。我所在的第五师有个团政治委员麦农本也被抓作替罪羊，当即宣布撤销职务，并将其处死。其实，浒湾战斗失利，完全是上边瞎指挥的责任，与萧劲光、麦农本等同志毫不相干。处理萧劲光、杀掉麦农本，实在是天大的冤枉。

从硝石、浒湾两次战斗的指挥上，我明显地预感到红军的前途不妙了。过去红军作战，前线部队有很大的机动性和主动权，估计能打得赢就打，打不赢就走；明知道会吃亏，就决不蛮干。可现在不同了，不管大仗小仗，统统由上边制定作战方案，下达具体作战命令，前线部队在执行过程中，不允许有一丝一毫的机动。本来是按照上边的命令行事，但仗没有打好时，却要追究下边同志的责任，真是咄咄怪事。李德这个人治军，完全照搬德国克劳塞维茨军事学上那一套，毫不顾红军当时的具体情况，不考虑敌强我弱的特点，一味搞正规化，打阵地战，与敌人拼消耗。这样搞法，红军实在是吃不消。我们可以从破译敌台的密码中获取敌军的情报，李德却利用这个好的条件，搞瞎指挥，今天命令部队去攻打这里，明天又命令部队去攻打那里，而自己又不集中兵力，结果，哪里也吃不掉，白白疲劳、消耗了部队。

浒湾战斗中，第四师政治委员彭雪枫负伤，回到瑞金后方医院治疗，上级派我到第四师任政治委员，时在1933年的11月。第四师师长张锡龙，是四川人，曾毕业于莫斯科步兵学校，军事素质很好，又有一定文化水平。他的枪法尤其好，可以抬手用枪击中飞起的麻雀。他每天早晨五点钟准时起床学习，精力相当充沛，工作起来从不知道疲倦，打起仗来勇敢顽强，是位很难得的军事指挥员。第四师原政治部主任李井泉这时已调到后方工作，上边派了吕振球任师政治部主任。

我到第四师工作不到半个月的时间，进占黎川之敌一个师，开始向黎川以南约二十华里处的团村进犯。红三军团以猛打猛冲的战法，将敌人击溃，随即尾敌追击。我和张锡龙来到阵地前沿察看地形，选择攻击地点。在我们侧面不到一千米的一座山头上，驻有一股敌人，但我们当时并没有发觉。我们两个人举着望远镜看地形，又是站在高处，过于暴露，被侧面山上的那股敌人发现了。敌人用机枪对准我们扫过来，一颗子弹正打中了张锡龙的头部，子弹从张锡龙的头部穿出之后，又打掉了我的眼镜。眼镜一掉，我就什么也看不清楚了。我赶忙蹲下身去摸眼镜，手刚触摸到眼镜，还没等捡起来，就听到张锡龙在一旁发出呼噜呼噜的声响。我捡起眼镜一看，已被子弹打坏，忙掏出身上的一副备用的眼镜戴上，定眼一看，张锡龙已牺牲了。这位才德兼备、英勇过人的红军指挥员，就这样为革命献出了自己年轻的生命。

团村战斗开头虽然将敌人击溃，并进行了追击，但是，由于红三军团孤军无援，终未能将敌人这个师吃掉，而我们自己却伤亡了几百人，还损失了一位师长。

　　1933 年 11 月 20 日，国民党第十九路军联合一部分反蒋势力，发动了"福建事变"，成立了"福建人民政府"。这样一来，打乱了蒋介石的"围剿"计划，蒋介石不得不从"围剿"中央革命根据地的主力部队中，抽出一部分兵力去镇压"福建事变"。

　　在蒋介石重新调整其部署，集中对付第十九路军的情况下，临时中央继续实行分兵作战的错误方针，将红一、红三军团分开行动。红一军团被调至黎川、泰宁之间，进攻敌人的堡垒线，与优势敌军拼消耗。红三军团再次被调往福建去攻打沙县。沙县城由国民党新编第五十二师卢兴邦部两个团驻守。红三军团采取挖坑道爆破的方法，炸开城墙后，奋勇突入城内，将守敌全歼。继之，又乘胜攻占尤溪县城，缴获了卢兴邦的一座兵工厂，并且搞到一大批盐。红军战士在群众的协助下，兴高采烈地把缴获的大批物资和机器搬运回瑞金。这是红三军团在第五次反"围剿"中打的第二个胜仗。但这只是在战术上取得的一点点胜利，对全局并无多大影响。卢兴邦部系地方杂牌部队，蒋介石的嫡系主力部队并未受到损伤。蒋介石一面牵制住红军主力，一面从容调动其主力部队去对付第十九路军。这样，"福建人民政府"很快于 1934 年 1 月下旬被蒋介石镇压了下去，红一方面军粉碎敌人第五次"围剿"的有利时机也随之丧失了。

　　蒋介石平定了"福建事变"之后，迅速完成了对红一方面军的合围态势，重新集结兵力，向中央革命根据地大举进攻。这时，临时中央由进攻中的冒险主义变为防御中的保守主义，命令红一方面军处处设防，节节抵御，实行阵地战、堡垒战，以堡垒对堡垒，搞消极防御。临时中央完全听命于李德的瞎指挥，提出实行"短促突击"的战法，以支持那种消极防御的错误方针。

　　不久，红三军团奉命从闽北西返，在黎川与泰宁交界处的山地地带，与红一军团会合。第五次反"围剿"打了一年多时间，这是红一、红三军团首次会合。兄弟部队的战友们相见之下，感慨万端，心里都有许多话要说，但又说不出口。红一军团的同志向我们要盐，他们已经好久吃不到盐了。林彪见了我头一句话就问："有盐没有？快支援一点吧。"过去，红军每人每天有五钱盐吃。第五次反"围剿"时，吃盐发生了极大的困难，前线部队每人每天勉强能吃到八分盐，后方则无盐吃。这次我们与红一军团会合时，将在福建沙县、尤溪缴获到的盐分给了他们一些。红一军团将防御阵地移交给我们之后，又奉命离去。红三军团在这一带山地与敌人对抗了个把月时间，被迫放弃阵地，撤到南丰、广昌以北地区，继续与敌军对抗。敌军搞堡垒政策，遍地是堡垒，我军无法攻得动。一仗打下来，就是一大堆伤亡。

1934年4月中旬，敌人集中兵力进攻广昌。红一、红三军团奉命在广昌一线固守。这时李德亲临前线指挥，在广昌与敌军决战。敌军从堡垒群里轮番出击，并用炮火猛烈轰击我军阵地，敌人的飞机也在空中投弹扫射。敌我双方反复拼杀攻夺，整天是炮声隆隆，枪声不断。

同敌军搞堡垒对阵的结果，虽然也杀伤了不少敌人，但红军总拼不过在数量上和装备上都占绝对优势的敌军，我军伤亡日增，仗打得越来越艰苦。记得红三军团从福建沙县回师黎川时，我曾对彭德怀说："照这个样子打下去，红军要被搞垮的，一点儿出路也没有。你现在讲话还能起点作用，是不是你向中央提个建议，请毛泽东出来指挥，或许可以扭转危局。"彭德怀也有同感。到广昌战斗时，彭德怀真忍耐不下去了，对李德公开表示不满。广昌战斗后，彭德怀与李德见面时，说李德是"图上作业的战术家"，并骂李德无耻，"崽卖爷田心不痛"。李德听后暴跳如雷，就与彭德怀对骂，互不相让。彭德怀气愤地不给李德饭吃，把李德气走了。

红一方面军在广昌苦战了十八天之后，固守广昌的计划不得不被迫放弃。红三军团奉命向广昌以南撤退，在撤退途中，依然是处处设防，搞阵地防御，几乎每天都在打仗，有时一天要打几个仗。自5月初广昌失守以后，又一直打到9月，从未间断过。这一时期打的主要战斗有高虎垴、万年亭、驿前镇等战斗。由于战斗频繁，打得又相当艰苦，部队伤亡大而得不到补充，尤其是干部损失严重，使部队的元气大伤。第六师政治部主任曹其灿于广昌战斗中牺牲。第五师政治委员陈阿金、红三军团卫生部长何福生均于万年亭战斗中牺牲。

第五次反"围剿"后期，每天光是行军打仗，上边也不召集干部开会了。当时我对红军的前途非常担忧，又没有发表自己意见的机会，因而内心很苦恼。那个时候党内的政治空气仍然很紧张，我也不敢贸然提意见。实在憋不住了，就只好在下边讲讲怪话，骂骂街。我曾说过"短促突击，红军送死"一类的牢骚话。有人把我的这些话向上边报告了。军团一位领导同志找我谈话，劝我不要随便乱讲，倒没有处分我。

第五次反"围剿"整整打了一年的仗，大小战斗不计其数。红三军团除了在洵口、沙县两次战斗中打了胜仗之外，其余的仗都没有打好。单就打仗来讲，这一年多来，红军指战员确实是经受了前所未有的锻炼和考验，不会打仗的学会了打仗，没有战斗经验的取得了经验。凡是参加了第五次反"围剿"作战的红军战士，大概比世界上任何一个国家的将军、元帅所打的仗都要多。可是，由于整个军事战略方针上的失误，红军越打越削弱，根据地越来越缩小，以至于到后来在苏区无法立足，不得不被迫放弃坚持了七八年之久的中央革命根据地，开始了艰苦的长征。

　　本来，在第五次反"围剿"之前，红一方面军连续取得四次反"围剿"作战的胜利，部队的发展壮大超过了以往任何一个时期，中央苏区更加巩固。而敌人连遭失败，损兵折将；加之第五次反"围剿"开始不久，发生了"福建事变"，打乱了蒋介石的阵脚。如果我们仍然坚持毛泽东的正确军事方针和作战原则，积极支援第十九路军的反蒋行动，蒋介石就将首尾不得相顾，我们粉碎第五次"围剿"是不成问题的。然而，"左"倾冒险主义者把持下的临时中央，把李德这个教条主义者捧为"太上皇"，任其总揽红军的军事指挥大权，一意孤行，搞瞎指挥。打一场战斗，我军阵地上每一挺机枪的配备位置，都得绝对按图作业，不许前线部队有任何机动权，真是机械得出了奇。结果，把中央革命根据地的家当消耗殆尽，几乎断送了红一方面军。

11

长　征

1934 年 9 月底，红三军团从驿前镇战斗撤回于都。博古来到红三军团，在团以上干部会议上作了一个报告，声称要转移阵地，动员部队准备突围。但他并没有讲明要转移到何处，更没有说要进行长征。这时《红色中华》上发表了张闻天的署名文章《一切为了保卫苏维埃》。从博古的报告和张闻天的文章中，我觉察到临时中央已打算放弃中央苏区，有向外线转移的迹象。于是，我急忙赶到红三军团医院里，去动员伤病员立即出院，准备随部队转移。当时红三军团的伤病员约有一万余人，他们对部队马上准备向外线转移一无所知，绝大多数伤病员不想或不能出院，只有少数人当即出院归队。记得当时出院和我回前线的伤病员中，有张震、甘渭汉、钟伟等同志。那些没有跟部队转移走的伤病员，后来都损失掉了，大部分是被敌人杀害了。

就这样，红三军团从于都出发，开始了举世闻名的万里长征。

长征开始时，中央红军的编队情况是，红一军团为一路，红三军团为一路，左右齐头并进。中央和军委纵队在红三军团之后跟进。红五军团作为全军的后卫，走在最后边。我们第四师作为红三军团的先头部队，走在最前边。张锡龙师长牺牲后，由洪超任第四师师长，我仍任该师政治委员。洪超是湖北人，十几岁就参加了红军，曾参加过南昌起义，是位身经百战的指挥员。一路上，第四师逢山开路，遇水架桥，斩关夺隘，为后续大部队开辟前进道路。

我和洪超率第四师离开于都后，先向南疾进，在信丰一线将陈济棠部击溃后，迅即占领了固陂，于10月21日突破了敌人设置的第一道封锁线。师长洪超不幸于此役牺牲，由张宗逊继任第四师师长。

固陂战斗之后，红三军团西渡赣江，进至湖南汝城，又与湘敌何键所部接上了火。我军经英勇冲杀，于11月8日通过了敌人的第二道封锁线。部队继续西进，于11月15日在郴县、宜章间突破敌人的第三道封锁线后，进至广西界首。

敌人已发觉我军西进意图，利用湘江这条天然障碍，构筑了第四道封锁线。此时，左右有桂、湘之敌夹击，后有参加第五次“围剿”的蒋军主力尾追，强渡湘江是我军的唯一生路。11月27日，红一、红三军团先头部队各一部，于广西的兴安、全州之间，突破敌人第四道封锁线，渡过湘江，控制了界首至觉山铺间的渡河点，为后续大部队渡江创造了有利条件。

敌人为了夺回渡河点，阻我西进，桂、湘两省敌军分路向我猛攻，蒋军主力则与我后卫部队展开激战，战斗打得相当艰苦。红一军团离开广东之后，粤敌就不再追赶了。这时红一军团掉头对付湘敌，红三军团则全力对付桂敌。白崇禧的桂军战斗力很强，红三军团在灌阳一线与桂军激战中，遭到很大伤亡。

红一军团的部队防守在界首之湘江北岸。现在他们要转过头来对付湘敌，就把界首的防务移交给红三军团。当灌阳战斗打得正激烈之时，我奉命到界首红一军团司令部，接收红一军团的防务。当红一军团军团长林彪向我交代了任务和敌军的情况后，我问林彪：我们是否仍照红一军团这样在湘江北岸布防？林彪说不行，要过江在南岸构筑防御阵地，阻止桂敌侧击，以掩护我军主力和中央、军委纵队通过湘江。不久，张宗逊师长率第四师赶到界首，我们就按照林彪的吩咐，在湘江南岸靠近山麓布防，并很快接敌，与桂军打了一场恶仗。这一仗一直打了两天两夜，异常激烈，我们部队受到很大损失。战斗中，第十团团长沈述清牺牲，师参谋长杜中美即前去接任该团团长。不久，杜中美也牺牲。

12月1日，中央红军主力和中央、军委纵队全部渡过湘江。但我们这个师还没有接到上级的撤退命令。我对师长张宗逊说，我师的阻击任务已经完成，应该指挥部队撤离了。张宗逊说没有接到命令，不能撤。我说，现在不撤，再拖延下去想撤也撤不走了，将会被敌人吃掉的。当时红军部队中，政治委员有最后的决定权。我对张宗逊说，你迅速指挥部队撤离，去追赶主力，一切由我负全部责任。这样，才勉强着张宗逊把部队撤走，使第四师得以避免被歼灭的危险。

界首一战，中央红军遭到的伤亡是空前的。自开始长征以来，中央红军沿途受到敌人的围追堵截，迭遭损失，其中以通过广西境内时的损失为最大，伤亡不下两万人。而界首一战，则是在广西境内作战中损失最重大的一次。

我军过了界首之后，沿山地继续西进，沿途仍不断遭到桂系军队的截击。在两渡桥战斗中，由于我军抢先占据隘口，桂军此次侧击未能得手。接着我军又在龙胜（今资源）县境之两河口，与桂军激战两天。

中央红军主力离开两河口之后，张宗逊师长仍然坚持固守在山头上，在接到上级命令之前，不许部队撤离。我再次强勉他指挥部队撤离险境，并让师政治部主任张爱萍带领一支部队先撤走，其余部队随后跟进。

两河口战斗之后，我军翻越了几座高山，摆脱了桂敌，进入苗族聚居地区。我爬上一座小木楼，倒头便睡着了。待到半夜，突然火起，我住的小木楼被烧着了。我惊醒后，已被大火包围，楼内浓烟呛人，什么也看不清。我费了好大力气才摸索着下了楼，但眼镜放在楼上的桌子上面，被大火烧毁了。

我军在广西境内大约共走了十来天的时间，绝大部分时间在紧张的战斗中度过。桂军的侧击战术很令人恼火，我们不得不随时提防桂敌的袭扰，以致在这十来天当中，我很少睡眠。有时抽空打个盹，就算是休息了，搞得神经非常紧张。直到进入湖南、贵州境内，才得以睡上个安稳觉。

我军离开广西后，进入湖南通道县境，继而进入贵州黎平。这时，中央红军主力已折损过半。毛泽东力主放弃原定的与红二、红六军团会合的计划，建议改向敌人力量比较薄弱的贵州前进。毛泽东先同王稼祥交换意见，并提出需要认真考虑军事路线的是非问题，得到了王稼祥的赞同。接着，毛泽东又说服了张闻天等其他几位中央领导人。这样，中央政治局于1934年12月18日在黎平召开会议，通过了《中央政治局关于在川黔边建立新根据地的决议》，正式决定中央红军改向遵义为中心的川黔边地区挺进。

黎平会议使中央红军避免了陷入绝境，并为后来的遵义会议奠定了基础。由于临时中央支持李德在军事指挥上的"左"倾冒险和蛮干，导致第五次反"围剿"的失败和中央革命根据地的丧失，并使中央红军遭受巨大损耗。中央红军今后如何行动，这是当时最紧迫最重要的问题。所以，毛泽东首先提出要考虑解决军事路线和军事指挥问题。

我们第四师在黎平未作停留，于1934年12月底进至瓮安县，并在瓮安县进入1935年。过元旦时，我曾千方百计地想搞一点好吃的东西，让战士们过新年稍许改善一下伙食。结果连一点豆腐也没能搞得到，当时我心里真不是滋味。那年过元旦时的窘迫景状，使我后来许多年都不能忘记。

1935年1月1日，中央政治局在贵州猴场召开会议，决定北渡乌江。红一、红三军团等主力红军在瓮安会合后，即着手北渡乌江的准备。红一军团在右，红三军团在左，齐头向乌江边进发。红一军团路近，首先抢渡乌江天险。待红三军团渡江时，就顺利通过。红一军团突破乌江后，直扑遵义，于1935年1月7日攻占遵义城和桐梓。红三军团则进至遵义以南以及川黔交界地区，一边休整部队，一边开展打土豪、扩军等项工作。当时大家都盼着能早日进入四川，因为感到贵州太贫穷，部队在这里难以立足和发展。

1935年1月中旬，中央政治局在遵义召开扩大会议。会议期间，周恩来、王稼祥、张闻天等支持毛泽东的意见，圆满地解决了军事路线问题，批判了博古以及李德在军事指挥上的严重错误，通过了《中央关于反对敌人五次"围剿"的总结决议》，肯定了毛泽东在领导红军长期作战中形成的基本原则，决定立即恢复过去红军作战的基本原则，保持红军的高度机动性，以便粉碎敌人的新围攻，创建新苏区，争取革命战争的新胜利。会议决定增选毛泽东为政治局常委。遵义会议以后，根据这次会议的精神，中央政治局常委进行了分工，以张闻天为总书记，以毛泽东、周恩来、王稼祥组成军事指挥小组，全权负责处理最紧迫的军事指挥工作和红军的作战行动。我没有参加遵义会议，是会后听的传达。我对在最危急的关头解决了军事路线和军事指挥问题，重新确立了毛泽东在红军中的领导地位，心中非常高兴！感到中央红军又有了希望，长期以来紧缩的心情开始松弛了下来。可是，我对这次会议只谈军事路线而不谈政治路线问题不能理解，尤其是对没有明确毛泽东在党中央的领导地位而深感不安。直到后来红一、红四方面军会师后又分离，同张国焘分裂主义作斗争的过程中，我才认识到，遵义会议上，毛泽东把问题处理得非常得体，表现了他的雄才大略和政治远见。假使遵义会议上提出解决政治路线是非问题，短时期内肯定解决不了，而当时的形势又不容许长时间争论不休，久拖不决。当时面对的主要问题是战争，军事路线问题一经解决，就可望在战争中取得胜利，挽救红军，为革命保存有生力量。另外，暂时不谈政治路线是非，只解决军事路线问题，也更便于为原在中央执行过错误路线的同志所接受，有利于党中央的团结一致。事情的发展，证明了这样做确是英明之举。后来张国焘搞分裂，党中央的全体同志形成了一个坚强的整体，团结一致同张国焘分裂主义作斗争，而张国焘则完全陷于孤立，其阴谋分裂党和红军的企图终未能得逞，使红军又一次转危为安。至此，我对遵义会议只解决军事路线问题而不谈政治路线是非的处置方法心悦诚服，脑子里再也不纠缠这个问题了。政治路线的解决，是在七年之后的延安整风运动中，那时才具备了解决这个问题的一切条件。因此，解决得非常彻底，使全党全军政治上、思想上达到空前的团结一致。

中央红军到达遵义和中央政治局扩大会议的召开，是长征以来迈出的艰难而关键的一步。这一步的迈出，是我们党和红军发展史上一个生死攸关的转折点，使广大指战员在迷茫之中看到光明，受到鼓舞，增强了信心。回顾长征所走过的这一段艰苦的路程，是有许多教训值得记取的。当初中央作出长征这一重大决策时，比较仓促，部队几乎是刚从火线上拉下来，就匆匆上路。加之一路上连连苦战，没有打过什么好仗，眼见部队消耗殆尽，红军指战员谁个不心痛！而像瞿秋白、何叔衡等一批名声很大、在白区很难立足的同志，却没有随主力红军行动，让他们留了下来，结果相继遇害牺牲，这更是令人痛心的巨大损失。当时留在中央苏区的红军部队约占中央红军总数的三分之一，亦属没有必要。况且，留下来领导坚持中央苏区游击战争的人选亦欠周密考虑。其中项英缺乏指挥作战经验，陈毅、贺昌二人负伤未愈。这三位同志都不是江西本地人，活动起来有一定的困难。后来，留在中央苏区的红军部队受到了重大损失，贺昌牺牲，项英、陈毅等转移到苏区与白区交界地方才得以保存下来。闽西的情况稍好一些，那里的领导人张鼎丞、邓子恢等都是本地人，他们对龙岩、永定家乡一带的情况非常熟悉，在人民群众中生根立足，使闽西这块革命根据地得以坚持下来，并且保存了一部分有生力量。此外，长征选择走广西这条路线也是一个失策，使我军一开始就陷入腹背受敌的险境，损失了大批有生力量。由于遵义会议之前这一段，中央红军的指挥权仍控制在李德手中，以致有如此重大的损失。

遵义会议之后，中央决定移师北上，拟在泸州上游的兰田坝、大渡口、江安一线北渡长江，进至四川西北部创建新的革命根据地。红三军团奉命率先出发，向土城、赤水方向前进。于途中宿营时，担任掩护任务的第五师突遭黔敌王家烈部袭击，使部队受到一些损失。第五师师长李天佑因此而被撤职，由彭雪枫任第五师师长。第五师旋与军团直属队一起行动，改由第四师担任掩护任务。

当时敌王家烈所部紧紧咬住我军不放，我们只得边行军边打仗，还得寻找吃的东西。每前进一步，都需要付出很大代价。由于张宗逊师长负伤，第四师即由我负责指挥。当时最大的困难是没有地图，需要花费很大气力侦察地形，摸索前进的路线。后来我们集中杨勇、王平的两个团，向尾追之敌发动了一次猛烈反击，将敌击溃。王家烈的部队战斗力虽然不强，但爬山的本领极高。我们将其击溃后，他们跑得飞快，我们追击了好一阵子，也没能追得上。但经过这次反击之后，敌人不敢紧紧追赶了，只是远远地跟在我军后边移动。

1935年1月下旬，中央红军主力集结于赤水河边的土城东皇庙，与川军刘湘所部打了一仗。此役由红一军团担任主攻，我们第四师的部队部署在土城以东三十华里处待敌。当时张宗逊师长已住进卫生所，我又赶上害病，躺在担架上指挥部队。适逢朱总司令前来督战，看到部队疲惫不堪的样子，朱总司令非常恼火，对我大发了一通脾气。土城这一仗没有打好，我军受到一些伤亡。中央红军旋即西渡赤水河，向叙永、古蔺前进。这一路上尽是大山，漫山遍野尽是桔树，枝头挂满熟透了的桔子，也不见有人采摘。

过了春节没有几天，中央红军就经川南进至贵州的扎西。中央红军在扎西进行了整编。红一、红三军团均取消师的建制，各缩编为四个团。红三军团第四师师部撤销后，保留了第十、第十一、第十二三个团的番号。第五师则缩编为第十三团。缩编后，红三军团直辖四个团。

当时，湘敌集结重兵对中央红军进行追堵截击，并加强了沿长江两岸的防御。鉴于此种情况，中央乃决定暂缓执行北渡长江计划，改在川滇黔边实行机动作战。当各路敌军追踪而至并迫近扎西村，中央红军突然掉头东进，向敌人力量薄弱的桐梓、遵义地区进攻，于2月18日东渡赤水河，是为"二渡赤水"。这样，敌军主力即被甩在川南。当我军进至桐梓时，黔敌王家烈所部已在娄山关占据制高点，对我军进行堵截。我军遂于2月26日对娄山关发起猛攻。是役以红三军团担任主攻，第十团攻敌左翼，第十二团攻敌正面。我第十团首先突破敌左翼阵地，将守敌压下关去，并尾敌猛追了五六十里。第十二团突破敌正面阵地后，守敌被迫退守关后一线阵地。我军再次发起猛攻，遂将敌击溃，并一直尾敌追至遵义城下。我军旋于 2 月 28 日凌晨再次攻克遵义城。

我自从在苗区木楼上被火烧毁了眼镜之后，就没有眼镜戴了，行军打仗非常困难。尤其是与黔敌王家烈所部作战，常常是要跑很长的路，追击敌人。王家烈的部队本不堪一击，一打就跑，但他们跑路快得很，我们总是追不上。娄山关和遵义城两次战斗，虽然将敌人打败，但我军收获不大，我们自己也受到了不小的伤亡。第十二团政治委员钟赤兵和参谋长孔权，都在娄山关战斗中负了重伤，腿被打断。当时部队中没有麻醉药品，钟赤兵硬是咬紧牙关锯掉了一条腿。卫生部门决定将一批不能随军行动的重伤员就地寄养起来，其中包括钟赤兵和孔权。钟赤兵听说要他离开部队就地寄养，说什么也不肯留下来，谁来劝说他都不听，并且拔出手枪来要拼命。这样，只好把他放在担架上抬着随部队走。由于他年轻，身体强壮，体力恢复得很快。过了不久，他就可以骑马了，用一条腿在马背上翻上翻下，跳跃自如。最后终于随部队坚持到达陕北。孔权当时留下来就地寄养，以后就与部队失掉了联系。全国解放以后，我突然接到孔权的来信，知道他还活着。孔权在信中表示，虽然身体残废了，但还可以做点力所能及的工作，要求组织上考虑分配他工作。我把他的来信转给了有关部门，组织上安排他担任了遵义纪念馆的馆长。

第二次攻打遵义时，红三军团参谋长邓萍不幸牺牲，这是红三军团一个重大损失。邓萍是一位很优秀的共产党员，牺牲时年仅二十七岁。他牺牲后，红三军团指战员一直很怀念他。

中央红军再次攻占遵义之后，蒋介石调集吴奇伟、周浑元两个纵队向我军进攻。吴、周所部占据了遵义周围的几座山头，虎视眈眈地要将我中央红军及中央首脑机关消灭在遵义城下。我们第十团奉命向敌人占据的山头发起进攻，一举攻下两座山头。不久敌人又组织兵力反扑，我军被迫退了下来。接着，我们再次发起进攻，又将这两座山头上的敌人赶了下去。敌人仗着人多武器好，不断地组织反扑，敌我双方在山上山下反复攻夺，战斗进行得异常激烈。第十团当时有二千五百多人，善于打硬仗。面对敌人兵临城下，严重威胁中央首脑机关安全的情况下，指战员们个个都明了自己肩上的重担，战斗中英勇顽强，一往无前。我们趁敌人新的反扑被打退之机，组织部队勇猛追击。团长张宗逊看我没有眼镜，跑山路很困难，就让我带领少量部队守在山头阵地上，他和参谋长钟伟剑率领第十团主力向溃退之敌猛追而去。追了一阵子，敌人发现我军兵力并不很大，便稳住阵脚，重新调整部署，向我追击部队反攻过来。因敌人兵力占绝对优势，攻势又很猛烈，我追击部队顶不住了，吃了很大的亏。张宗逊再次负伤，腿被打残；钟伟剑英勇牺牲。

这时我身边只有两个班的兵力，用一挺重机枪守在山头阵地上。当我发现溃退的敌军突然像潮水般又压过来时，情知不妙，便对身边这两个班的战士们说："山下就是遵义城，领导机关就在城里，我们一定要守住阵地，决不能后退一步！"我们连续打退了敌人数次进攻，坚持了两个来小时。但敌军仍然轮番向山上冲锋，攻势越来越猛，情况已相当危险！恰在这时，陈赓率干部团赶到，接替了我们据守的山头阵地防务。陈赓说红一军团已包抄了敌军的后路，敌人很快将被打垮。不大一会儿，我就发现敌军的阵脚大乱，原来气势汹汹地向我进攻之敌，此时纷纷溃退。我赶忙从山上下来，去收拢部队。在山底下我见到红一军团军团长林彪。我对林彪说："好险啊！"林彪不以为然地说："你们当初守卫在山头上就是了，不应该去追击。"我说："敌人已逼近遵义城，不将敌人赶跑怎么得了！"林彪若无其事地说："当敌军正在向你们进攻的时候，红一军团的部队已向敌军侧后包抄过去，我军已化险为夷；陈赓到了你那里时，敌军的败局已定。"说话之间，果然敌军已全线崩溃。林彪当即派一支部队去追击溃退之敌。我基于前次追击吃亏的教训，建议林彪多派些部队追击。林彪说，全线溃败之敌，已无斗志，我有少量精干部队追歼即可解决问题，无需动用大部队。就这样，溃敌一直被我军追到乌江边上，大部就歼。这次战斗，我军共歼灭和击溃敌人两个师八个团，俘敌三千余，是中央红军长征以来最大的一次胜利，打乱了蒋介石的追剿部署。

我进到遵义城后，找到了一些报纸看。看到方志敏、寻淮洲、刘伯坚等同志被俘、牺牲的照片都登在报纸上。湘鄂赣省委书记陈寿昌、军区司令员徐彦刚牺牲的消息也登在报纸上。这时，我才知道留在中央苏区的红军部队损失严重，许多领导人或被俘或牺牲，而项英、陈毅等同志的情况则不明。看到这些令人痛心的消息后，我深为红军的安危担心。我当即找到一位领导同志谈心，讲了我的看法。我说，老根据地已被敌人摧残殆尽，主力红军又受到重大挫折，剩下来的部队已经不多了。当前保存革命力量十分重要，应该尽量避免与敌人打硬仗，因为红军再也经受不起消耗了。必须与敌人作战时，当要注意掌握时机，作通盘考虑，并应找出打开新局面的办法来，等等。由于我长期以来就被批判为右倾，这次我同领导同志谈话中，可能有些问题没有讲透，表达得不够清楚，因而反映上去以后，引起了误会。领导怀疑我缺乏信心，认为我不适宜继续担任领导工作了。于是，便把我调离所在部队，回到军团司令部赋闲。我这个人不愿意闲着没事干，就又恳求领导分配我做点工作。不久，任命我为军团司令部侦察科长。由于我的视力太差，又没了眼镜，搞侦察工作困难太大，曾几次遇到险情，差一点被敌人打死，但还是克服各种困难坚持干下去。

中央红军离开遵义之后，进至鸭溪停留了两天，我这时认识了陈云同志。后来陈云奉中央命令前往上海，去恢复白区党的组织。

中央红军离开鸭溪后，继续西进，到达茅台。于3月16日再次西渡赤水河，是为"三渡赤水"。敌人又纷纷向川南调动兵力，进行堵截。为进一步打乱敌人的部署，中央红军又于3月21日东渡赤水河，是为"四渡赤水"。旋即从敌军空隙中插过，向南疾进，突破乌江天险，直逼贵阳。当时蒋介石正坐镇贵阳指挥追剿红军，我军突然逼近贵阳，使得蒋介石惊慌失措，急忙调兵遣将进行堵截。中央红军已于4月9日从贵阳以东越过公路，向云南疾进。曾与敌军交火，但当时红军子弹极缺，打仗非常困难，不敢恋战。先由红三军团在后面掩护，中央纵队和红一军团通过公路之后，再由红五军团掩护红三军团通过。红五军团的子弹更少，与敌军稍一接触，就垮了下来，拼命向南奔跑，将红三军团的队伍也给冲乱了。

随后，中央红军乘虚占领了贞丰、兴义等滇黔交界的几座县城，摆脱了尾追之敌，我军才得以停下来稍事休整补充。我这时才设法找到了一副眼镜戴上。尽管不大合适，但总比不戴眼镜好得多。

我们离开贞丰、兴义后，即向西进入云南境内。红三军团先占领了沾益、寻甸。在沾益火车站我们缴获到一批待运的宣威火腿，正好解决了部队的给养补充。

蒋介石发现中央红军已进入云南，急忙调集兵力保卫昆明。我军乘虚直抵金沙江畔，兵分三路渡江。刘伯承率中央先遣队和干部团在中间，于5月3日晚偷渡成功。刘伯承过江之后，搞来一批船划到南岸，红一、红三军团才次第渡过金沙江。至此，中央红军终于摆脱了数十万敌军的围追堵截，取得了战略转移中具有决定意义的胜利。

　　中央红军渡过金沙江之后，进入到川南地区。红三军团奉命包围了会理城，发起强攻。结果城未攻下来，我军徒遭不小的伤亡。我军被迫撤围会理，就在会理附近驻下来。5 月 12 日，中央在会理附近召开了一次会议，史称"会理会议"。在这次会议上，毛泽东对刘少奇、林彪、彭德怀进行了严厉的批评。因为在此之前，林彪曾给毛泽东写过一封信，要求由彭德怀来指挥部队。毛泽东批评他们是违背遵义会议决议，企图改变中央的军事指挥。刘少奇则是因为在贵州时，曾向中央提过建议，他认为革命正处于低潮时期，应该改变方针，不能在贵州一带打圈子。我曾经同刘少奇在一起交换过看法，彼此意见颇相吻合。毛泽东批评这种观点是对革命丧失信心，是右倾机会主义。

　　会理会议之后，中央红军继续执行北上计划。当部队进至会理以北的德昌县时，红三军团召开会议，会上不便对彭德怀直接点名批判，便把我拉出来狠批了一通。真正矛头是对着彭德怀的。

　　中央红军继续北上途中，很好地执行了党的民族政策，顺利地通过彝族区，先头部队于 5 月 24 日晚占领了大渡河南岸的安顺场。5 月 25 日，杨得志的红一团选派敢死队抢渡成功。但由于水深流急，缺少渡河工具，大部队迅速过渡已不可能。乃决定留少许部队在安顺场继续渡河，主力则沿大渡河右岸北上，渡过大渡河的部队亦沿左岸前进，两路夹河而上，直取泸定桥。于 5 月 29 日晨占领了泸定桥大渡河右岸桥头。是日下午 4 时，红一军团的红四团选派敢死队，冒着敌人的密集火力，强行越过铁索桥，攻占了左岸桥头堡，并就势攻入泸定城。至 6 月 2 日，中央红军全部胜利地渡过了天险大渡河。

　　渡过大渡河之后，中央红军随即进至雅安，攻占天全，于 6 月

8日突破敌芦山、宝兴防线，占领芦山、宝兴县城。部队准备过雪山。这一带气候寒冷，前一段因天气暖和，我把皮大衣丢掉了，感到非常后悔。这时还有人为了轻装，要丢掉皮大衣，我力劝他们不要丢，过雪山时用得着。

我们爬的第一座雪山是夹金山。这座山看上去并不算高，海拔不过三千多米，但爬起来却感到非常吃力，每移动一步，都相当困难。当地居民对我们讲，这山顶上有神灵，爬山时不能说话，更忌讳高声呼叫云云。由于我们刚刚进入藏民区，吃的东西还算充裕，体力消耗还不太大。所以在过夹金山时，部队并没有受到多少损失。

翻过夹金山之后，就完全是藏民区了。这时，红四方面军正由岷江地区分路西进，其先头部队在红三十军政治委员李先念率领下，攻占懋功（今小金）。6月12日，中央红军和红四方面军之先头部队在达雅附近地区胜利会师。至16日，中央红军全部到达懋功地区，两大主力红军会师。此时中央红军只剩下两万余人，而且装备不整，人疲马乏，个个破衣烂衫。红四方面军见到这种情形，不免大失所望。当时的红四方面军正处于鼎盛时期，兵力有八九万，人强马壮枪多。由此，张国焘便不再把中央红军放在眼里了。

根据当时的形势，中央决定继续执行北上方针。而张国焘却力主向青海、新疆或西康等偏远地区退却。为了统一思想，中央政治局于6月26日在懋功的两河口举行会议，于28日作出了《关于一、四方面军会合后战略方针的决定》。决定指出："我们的战略方针是集中主力向北进攻，在运动中大量歼灭敌人，首先取得甘肃南部，以创造川陕甘苏区根据地。"据此制定了《松潘战役计划》。

张国焘在会议上表示拥护党中央的北上方针，会后却出尔反尔，故意延宕红四方面军的北上行动。中央鉴于当时的实际情况，为了加强两大主力红军的团结，于 7 月 18 日任命张国焘为红军总政治委员。21 日决定以红四方面军总指挥部为红军的前敌总指挥部，由徐向前、陈昌浩分兼前敌总指挥和政治委员，叶剑英任参谋长。同时，将中央红军的红一、红三、红五、红九军团依次改为第一、第三、第五、第三十二军；红四方面军的第四、第九、第三十、第三十一、第三十三军的番号不变，实行统一指挥。但是，张国焘继续阻挠中央的战略方针和战役计划的实施，使红军失去了北出松潘的有利时机，而陷于十分不利的境地。博古当面批评张国焘自恃兵多枪多，目中无人，骄傲自大，无组织无纪律。但张国焘对此根本听不进去。

两河口会议之后，我们又翻过一座雪山，到达卓克基。卓克基是藏民区的一座较大的镇子，镇子上有一座很大的庙宇，却找不见一个老百姓。藏民全跑光了。部队在卓克基未作停留，继续北上，经过梭磨，又翻越了一座雪山，进至黑水、芦花地区。部队在这一带一方面搞粮食，一方面打通芦花与红四方面军之间的通道，以便红四方面军顺利通过。

黑水、芦花地区藏民居住的房子，是用石头砌成的三层小楼，楼下养牲畜，中间一层住人，顶层摆设经堂。藏民纷纷躲到深山密林之中，偶尔还朝我们打冷枪，放冷箭。我费了很大劲才找到一位藏民，通过翻译同他谈话，并招待他吃饭。我再三向他讲道理，解释红军的性质和我们党的民族政策，试图打消他的对立情绪，请他帮助红军筹集粮食以便过境。但是，我费了许多口舌，他就是不通，回答只有两句话："不行！""你们赶快离开这里，否则我们只有打！"

由于得不到当地群众的支持，部队只好找到什么吃什么。我们设法弄到一批青稞，但水磨芯子被藏民破坏掉，无法磨面．就只好发动战士用手搓脱粒，然后把青稞粒炒干了吃。这时候我已经由侦察科调到教导营任政治委员，教导营营长是彭绍辉，吴信泉任特派员。如果抓紧备足干粮，迅速北上过草地，大家的体力还可以坚持，过草地时就不至于那样艰难。但是，由于张国焘闹分裂，我们在这一带滞留了一个多月时间，食物吃尽，体力拖垮。吃了炒青稞，再喝雪水，很难消化，尤其是肠胃不大好的人，吃下去之后，又原样排泄出来。因此，拉肚子的人越来越多。

直到8月初旬，我们才离开黑水、芦花，又翻过了一座较大的雪山，名叫沙窝山。这座雪山与夹金山差不多，山势也不算陡，可就是爬不动。因为大家的体力已相当衰弱，只能勉强挣扎着往上爬。每爬行一步，都相当吃力。谁要是放任自己停下来休息一下，就再也动弹不得了。所以，大家互相勉励，尽量不停留下来。尽管如此，仍然有不少人没能坚持住，倒在路旁。一停留下来就意味着死亡，倒在一旁的人，就再也爬不起来了。一路上死亡相继，惨不忍睹。

翻过沙窝山，就进入毛儿盖。为了贯彻北上的战略方针，中央政治局于8月初在毛儿盖附近的沙窝召开会议（史称"毛儿盖会议"），通过了《中央关于一、四方面军会合后的政治形势与任务的决议》，对张国焘进行了耐心的批评教育，决定中央红军和红四方面军继续经草地北上。但张国焘仍百般加以抵制。中央乃决定将红一、红四方面军混编成左右两路军，兵分两路北上。徐向前、陈昌浩、叶剑英率红四方面军的第四、第三十军和红一方面军的第一、第三军（即红一、红三军团）为右路军，张国焘率领红四方面军的第九、第三十一、第三十三军和红一方面军的第五、第三十二军（即红五、红九军团）为左路军。中央随右路军行动，从毛儿盖地区出发,向巴西、班佑地区前进;红军总司令朱德、总参谋长刘伯承随左路军行动,从毛儿盖南下卓克基再向阿坝地区前进。中央作了这样处置,是煞费苦心的。如果不把红一、红四方面军混合编队,分路北上,红四方面军就可能会被张国焘全部带上错误的道路,给革命造成巨大损失。

我们右路军从毛儿盖出发过草地,徐向前、陈昌浩、叶剑英率红四方面军的两个军走在最前边,红一、红三军团的部队和中央机关随后跟进。在草地里大约共走了个把星期的时间,真是艰苦异常。茫茫草地,一望无垠,遍是水草沼泽,人迹罕至。在草地里行军,不仅格外费气力,而且一不小心,就会陷入泥沼之中,愈陷愈深,人马俱没。草地里的气候变化无常,时而狂风大作,时而暴雨倾盆。休息时,只能就地而卧或坐着打盹。当时有一块油布用树枝架起来遮遮风雨,就算是极好的条件了。进草地的起初几天,吃一把炒青稞,喝一口冷水,还可以填饱肚子。后来食物断绝,只能靠野菜充饥。再后来野菜也难得吃上,饥饿和疾病威胁着每一个人的生命。许多身经百战的英雄好汉,在战场上没有倒下去,却倒在了草地里,默默地死去。在艰难的跋涉中,死亡越来越多,后边的人无需向导,顺着络绎不绝的尸体,就可以准确地找到行军路线。记得有一天晚上休息时,突然风雨交加,气温骤降。用树枝架起的一块油布,既遮不住风雨,也挡不住寒冷,我们只好在暴雨淋浇之下过了一夜。还有一次,部队正在蹚水过一条河,又突降暴雨,河水猛涨,激流滚滚,尚在河中的人不少被大水冲走吞没。就这样,数不清的红军战士陈尸草地,为革命英勇捐躯。

部队好不容易挣扎着出了草地,进入阿西、巴西地区,才找到了吃的东西。但当地藏民悉数跑光,到处找不见一个人。8月29日,徐向前率部在包座与敌人打了一仗,全歼企图堵截我军之敌胡宗南部第四十九师，并攻占了上下包座，打开了通向甘南的门户。张国焘却无理地要求中央及右路军退返草地，回到他所在的阿坝地区。中央急电张国焘速率左路军出阿坝向右路军靠拢，以便继续北上，并告诫他左路军滞留阿坝地区将有危险。张国焘一意孤行，顽固地对抗中央的北上方针，拒绝向右路军靠拢，并提出红军南下川康边的计划。当时还传闻张国焘密令在右路军的陈昌浩扣留毛泽东等中央领导人，以胁迫党中央和右路军南下。当时任右路军参谋长的叶剑英，携带陕甘地图，脱离前敌指挥部，向毛泽东及党中央作了报告。党中央在巴西召开政治局紧急会议研究对策。彭德怀曾主张先发制人，扣留陈昌浩作为人质，以逼使张国焘就范。毛泽东不同意这样做，乃决定中央率红一、红三军团迅速脱离险境，先行北上。陈昌浩听到下面报告，询问是否应派红四方面军部队去追击时，遭到徐向前的坚决抵制。徐向前义正词严地说："哪有红军打红军的道理！"这才避免了一场红军之间的自相残杀。

当时随右路军行动的红军大学校长是红四方面军参谋长李特。李特要红军大学的学员回头南下，脱离右路军。学员中发生了激烈的争吵，有人主张随中央一起北上，有人主张南下去寻找红四方面军部队。当时我们教导营担任后卫，掩护中央和红一、红三军团北上，并负责收容掉队的同志。我见李特鼓动红大学员南返，就劝说他们要跟随中央北上，说明南下没有出路。但李特根本不听，执意要带领红大学员南下。彭德怀得知这一情况之后，赶来进行劝阻。彭德怀指着李特的鼻子大骂他是反革命，并气愤地说要枪毙李特云云。当时毛泽东的态度则非常镇静从容，他对红四方面军的干部说："我们先走一步，你们随后再跟上。"在形势非常严峻困难的情况下，毛泽东表现了一个革命家顾全大局的宽阔胸怀，对张国焘始终采取说服教育、耐心等待的方针，并做到以诚相待，仁至义尽，以求团结红四方面军广大指战员。

我们在川甘边界翻越了最后一座雪山，到达拉界。部队在拉界休息的时候，我看到毛泽东和彭德怀坐在一起，摆弄着一张地图，筹划着下一步的行军路线。最后确定部队沿白龙江前进，红一军团在前，红三军团殿后，次第进到俄界。9月12日，党中央在俄界召开政治局扩大会议，听取了毛泽东《关于与四方面军领导者的争论及今后战略方针》的报告，作出了《关于张国焘同志的错误的决定》。该决定指出，张国焘公开违背中央的指令，分裂红军的行为，是绝对不能容许的。《决定》号召红四方面军中全体忠于党的同志，团结在党中央周围，同张国焘的右倾机会主义和军阀主义倾向作坚决的斗争，以巩固党和红军。中央同时还电示张国焘，要他改正错误，率部北上。但张国焘却顽固地坚持错误主张，并擅自命令左路军和右路军中的第四、第三十军南下川西南，企图在川康少数民族聚居地区建立根据地。

俄界会议之后，中央决定将中央红军主力整编为中国工农红军陕甘支队，彭德怀任司令员，毛泽东兼政治委员，叶剑英任参谋长，王稼祥任政治部主任，杨尚昆任政治部副主任。陕甘支队辖两个纵队。原红一军团改编为第一纵队，由林彪任司令员，聂荣臻任政治委员。原红三军团改编为第二纵队，由彭雪枫任司令员，李富春任政治委员。在这次部队整编中，红三军团的第十三团拨给了红一军团，编入第一纵队建制。我所在的教导营编入军委纵队（亦称第三纵队），由叶剑英兼任司令员，邓发任政治委员。

部队开始整编时，上级拟派我担任第二纵队政治部组织部长，因当时有位领导同志说我反对整顿纪律，历史上一贯右倾，不适宜做领导工作，因而作罢。

说我反对整顿纪律，确有其事。那是在红军出了草地之后，中央派了几位领导干部到红三军团工作。红三军团在彭德怀的言传身教下，始终保持着艰苦朴素的本色，尤其是在长征途中极端困难的条件下，上下一致，官兵平等，共同过着艰苦的生活，领导干部和士兵的伙食完全一样。这次从上面派来的几位领导干部，常聚在一起改善改善伙食，红三军团有些同志就对这种作风看不惯，下边的干部战士也常常发点牢骚，讲些怪话。那时一般伙食条件很差，有的同志饿得受不住，偶尔会发生违反群众纪律，偷吃群众东西的现象。这些本来是属于教育问题，但是，从上面派来的个别领导干部却把这类问题看得过于严重，认为这是对革命丧失信心的表现，因而提出来要在红三军团整顿纪律和审查干部，对那些被认为问题严重的人甚至要采取处死的办法予以惩罚。我当时对这种做法提出了反对意见。我说，某些干部战士表现得情绪不高，发点牢骚，这与领导者平时教育不够有关系。同时，有些领导干部在生活非常艰苦的时候，不能以身作则，对下面有影响，不能够完全责怪下边的同志。下面同志偶尔违反群众纪律，固然是不对的，但还是应以教育为主，不能采取对待敌人的办法来对待自己的同志。何况我们刚刚走出草地，大家已经被拖得精疲力竭，目前的情况仍然很困难，马上进行整顿纪律和审查干部的工作，是很不适宜的，等等。

由于我提了上述意见，有的领导认为我不可靠，不适宜担任政治工作，更不能带兵。在召开各种会议对我批判了几天之后，就安排我去担任军事裁判所所长。

部队离开俄界继续北上，翻越了岷山，向岷县方向前进。彭德怀指挥先头部队赶到天险腊子口，敌鲁大昌第十四师所部在这里据守隘口。9月17日，彭德怀指挥部队一举突破敌军重兵把守的腊子口阵地，为全军打开了北上的通道。毛泽东得悉这一捷报，高兴非常，当即挥笔疾书了"山高路远坑深，大军纵横驰奔，谁敢横刀立马，唯我彭大将军"六言诗一首，电达腊子口前线，高度评价了彭德怀和参战部队的功绩。①

9月18日，我军乘胜占领了哈达铺，进入甘南。至此，我们才最后走出了藏民区。我们自5月中旬进入藏民区以来，就始终见不到一个老百姓，这对于一向同人民群众血肉相连、情同鱼水的红军部队来说，不免有孤独无依之感。到了哈达铺之后，看到遍地都是老百姓，红军战士如鱼得水，高兴的心情实在无法用语言来形容。哈达铺的街上卖东西的很不少。记得当时一个馒头卖到五角大洋一个，虽然是价钱太贵，但我看到经过长期饥饿折磨的红军指战员能够买到吃的东西，可以饱餐一顿，真是高兴得不得了！

尤其令人高兴的是，在哈达铺可以看到报纸。从报纸上得知刘志丹、高岗等在陕北开辟了一块红色根据地，建立了人民政权。正是"山重水复疑无路，柳暗花明又一村"。这真是一个突如其来的大喜讯，大家高兴得都跳了起来。这时，中央政治局在班罗镇召开会议，正式决定以陕北作为领导中国革命的大本营。于是，中央遂率部向陕北挺进。陕甘支队加军委纵队这时只剩下近万人，另外红五、红九军团还有两三千人，正随张国焘的左路军行动。

我们从江西出发长征，艰苦跋涉两万多里，一路上连共产党的支部都很少遇到过，真没有想到会在陕北找到一块革命根据地。这无异于绝处逢生，使大家受到极大的鼓舞。历史是按照其必然规律在发展，但往往表现出许多偶然性。陕北根据地当时并不大，陕北红军也比较弱小，且处于国民党军队的"围剿"之中。要不是中央

① 据《彭德怀传》，毛泽东六言诗并非1935年9月17日打腊子口时所写，而是在10月红军到吴起镇，宁夏马回子带骑兵进攻，彭率我军打败马回子时，毛泽东写此诗赠彭。叙述人记忆有误，原诗依据《毛泽东年谱》上卷，第481页。——整理者

红军长征到此，陕北革命根据地要想坚持下来是很困难的。然而，正是这块不太大的革命根据地，此时却起了关键性的作用，使中央红军得以站住脚跟，休养生息，重整旗鼓，为尔后创建红色的首都、抗日的圣地，奠下了基石。刘志丹的不朽功绩正是在这里。高岗后来犯了严重错误，但他协助刘志丹创建陕北根据地的功劳，也是不应抹杀的。

部队由于在哈达铺休息时间太短，体力消耗尚未得以恢复，所以，在向陕北进军途中，掉队的人一路不断。部队政治保卫机关认为掉队与情绪不振作有关系，怀疑掉队的人会投敌叛变，于是，又采取残酷的惩罚措施。我当时担任军事裁判所所长，上级机关把那些掉队的人抓起来交给我审判处理。我实在不忍心下手处理这些同志。记得有一位姓周的管理科长，以前在战斗中被敌人打掉了一只胳膊，因为在过草地时丢掉了几名伤兵，这时也被抓起来交付审判。我去找纵队司令员彭雪枫讲情，认为这种情况情有可原，不应处死。恰巧碰到政治部门的两位领导同志，他们见我替被交付审判的人讲情，就把我狠狠地训斥了一顿，说："你还当过师政治委员呢，连这点小事情都处理不了，真不中用！"说完，就派人将那位管理科长押走。这样一来，我这个裁判所长自然就不起作用了，以后有关审判处刑的事情就不找我了。

当时被处理的人我能记起名字的还有原第四师管理科长邱湘、曾担任过团长的康声扬、曾担任过卫生部长的曹企贤等。

前次我因为反对整顿纪律和审查干部，已经使某些领导同志对我产生了极不好的印象，这次我又不肯执行审判处理掉队者的指令，更引起了他们的反感。一位领导同志曾毫不客气地说："像黄克诚、吴溉之这样的人，年龄大了，干不了什么工作了，连当个红军战士也不够格。"听了这个评语，我便不敢再讲什么话了，只得小心翼翼地跟着部队行军，生怕掉队而遭到处理。

部队继续向陇东高原前进。蒋介石调集胡宗南所部和东北军、西北军沿路对我军进行堵截，我们只好一边与敌作战，一边行军。10月初在白羊城打了一个胜仗，歼灭了东北军一部。随后，我们翻过六盘山，继续前进。这次行军，走了很远的路才停下来宿营。我虽然疲劳已极，但硬是咬紧牙关挣扎着往前走，直到夜里11点钟赶到宿营地才安下心来。我当时年龄其实并不算大，刚三十出头，在窑洞里休息了一夜，第二天又能随队行军了。

10月19日，我们到达陕北革命根据地的吴起镇（今吴旗县城），看到陕北红军张贴的标语和苏维埃的布告，感到格外亲切，心里又高兴，又激动。这时，敌人的一支骑兵部队追踪而至，我军组织了一次反击，将敌人击退，并抓了一部分俘虏。我第十团团长黄珍于此役牺牲。

至此，中央红军主力历时一年，纵横十一个省，行程两万五千里的长征，宣告胜利结束。到达陕北时，中央红军主力只剩下六千多人。红五、红九军团仍在张国焘的左路军中，后来西渡黄河，成为西路军的一部分，于河西走廊全部损失掉了。

12

在陕北和华北

中央红军长征到达陕北后，得知原鄂豫皖苏区的红二十五军，在徐海东、程子华等率领下，已于 1935 年 9 月到达陕北，与刘志丹领导的陕甘红军会合后，合编为红十五军团。红十五军团以徐海东任军团长，程子华任政治委员，刘志丹任副军团长兼参谋长，高岗任政治部主任。

就在红二十五军与陕甘红军会师不久的 9 月下旬，蒋介石下令成立西北"剿总"，蒋自任总司令，张学良任副总司令，代行总司令职权，统一指挥以东北军为主的陕、甘、宁、青、晋五省的国民党军队，对陕甘苏区进行第三次"围剿"。10 月初，红十五军团在甘泉地区伏击东北军第一〇九师，歼灭该师两个团及直属队。10 月下旬，红十五军团攻克榆林桥，歼敌第一〇七师一部，再次予东北军以重创。正当红十五军团与"围剿"之敌浴血奋战之时，陕甘苏区开始了肃反扩大化，将刘志丹、高岗等一批干部扣押起来，造成了陕甘革命根据地的混乱局面。11 月初，中央决定将陕甘支队与红十五军团合编，恢复红一方面军番号。红一方面军以彭德怀任司令员，毛泽东兼政治委员，叶剑英任参谋长，王稼祥任政治部主

1936年，黄克诚（后排右一）在陕北

任。下辖红一、红十五两个军团。与此同时，中央采取果断措施，纠正了陕甘根据地肃反扩大化错误，释放了刘志丹、高岗等一批被关押干部。

部队整编后，于11月21日进行了著名的直罗镇战役，全歼东北军第一〇九师，彻底粉碎了敌人对陕甘根据地的第三次"围剿"计划，为我党中央把全国革命的大本营放在西北的任务，举行了一个奠基礼。

　　我于部队整编之后，被任命为军委卫生部长。这样，我就离开了部队，来到军委卫生部所在地瓦窑堡。我到任后，首先巡视了后方医疗卫生工作情况，发现后方医疗卫生条件很差，不能适应前方作战需要。我想，红军要在这一带长期立足发展，后方医疗卫生工作一定要跟上去。于是，我们发动后方机关的同志，在群众的协助下，因陋就简地办起了一批医院，并开办了一所卫生学校，专门培训医疗卫生工作人员。当时已是 12 月的隆冬天气，夜里气温最低可达到零下二十度。可我们的被服很单薄，住窑洞，睡冷炕，对于我这个南方人说来，真是太难熬了。夜里冻得睡不着觉，只好爬起来跑步取暖。尽管条件艰苦，但我有了工作做，心情是很舒畅的。

　　我在军委卫生部工作了近三个月的时间，总政治部组织部长李弼廷不幸牺牲，上级调我接任总政组织部长职务。于是，我从后方重新回到前方总部工作。

　　1935 年 12 月，中央在陕北瓦窑堡召开政治局会议，通过了《中央关于目前政治形势与党的任务决议》、《中央关于军事战略问题的决议》，确定了抗日民族统一战线的方针和"以发展求巩固"的军事战略方针。根据瓦窑堡会议的军事决议，中央于 1936 年 2 月组织了东征战役，毛泽东、彭德怀亲率红军由陕北苏区出发，东渡黄河，突破阎锡山的黄河防线，进入山西作战。我亦随前方总政治部到了山西，驻在石楼县。由于阎锡山集中兵力向我军反攻，蒋介石又增派十几个师兵力开入山西参战，还命令驻陕西的东北军、西北军向我陕甘根据地进犯。红军为避免不利决战，保存革命有生力量，遂于 5 月初回师河西，返回陕甘根据地。红军这次东征作战，达到了扩军筹款目的，并在山西二十余县开展了群众工作，扩大了共产党和红军的政治影响。但刘志丹在率红二十八军攻打三交镇时，不幸阵亡。

1936 年，黄克诚（右三）在陕北与罗荣桓（右一）、邓小平（右六）、杨尚昆（右五）、陆定一（右四）、李伯钊（右七）等同志在一起

　　5 月中旬，中央在大相寺召开了一次有军队团以上干部参加的会议，毛泽东在会上批评了红一军团在调人调物支援兄弟部队方面的本位主义。随后，林彪离开部队，调任红军大学校长。中央还决定组织野战军，以彭德怀任司令员兼政治委员，于 5 月中下旬，挥戈西征，以打破国民党对陕甘革命根据地的军事"围剿"，并策应红二、红四方面军北上。这时我奉命离开红军总政治部，到红一军团任第四师政治委员。

　　红军西征打击的主要对象是坚决反共的马鸿逵、马鸿宾等部。5 月底，红一军团进至甘肃东部的环县、庆阳一线，红十五军团则向宁夏出击。6 月初，红一军团的第一、第二师抵曲子，我们第四

159

师则进驻离曲子约五六十华里的阜城地区。曲子镇驻有马家军一个骑兵旅部，旅长诨号"冶骡子"。正当第二师对曲子镇发起攻击之时，敌驰援曲子的骑兵到达阜城地区。我第四师已预先占领山头阵地，阻击敌骑。敌军为夺路增援曲子，疯狂地向我师阵地进攻。当敌骑进至离我阵地前沿只有二三十米处时，我们带领部队突然发起冲锋，出敌不意地将敌骑冲垮，消灭其一部。曲子镇被我军攻破后，敌旅长"冶骡子"被生俘。为执行我党统一战线政策，我军对冶旅长实行优待，当即教育释放。

打完曲子、阜城这一仗之后，我们第四师就驻在曲子镇一带，开展群众工作，开辟新的地区，并建立了曲子县人民政权。彭德怀当时就住在曲子镇。到7月底，为迎接红二、红四方面军北上，野战军全部集结在宁夏豫旺堡地区休整。这时，斯诺从瓦窑堡赶到豫旺堡采访，彭德怀在这里会见了斯诺。

红军西征作战两个月，相继解放陕甘宁边区的环县、豫旺、定边、盐池等十余座城镇，缴获大批军用物资装备，开辟了大片新区，将陕甘苏区扩展为陕甘宁根据地，为接援红二、红四方面军北上创造了有利条件。

张国焘在草地与中央红军分手之后，加紧了分裂党和红军的步骤。1935年8月，张国焘擅自率左路军和右路军一部南下，于10月5日在金川东北的卓木碉宣布另立党中央，自封为"中央主席"和"军委主席"。左路军南下期间，虽歼敌万余，但自己也受到重大伤亡。在敌人集结重兵大举进攻之下，张国焘乃于1936年2月率部退却，4月进入甘孜地区。这时，左路军已由南下时的近十万人锐减至四万人。当时有几个方面的因素凑在一起，促使张国焘不得不同意北上。

首先，中央红军已胜利到达陕北，并连续打了几个胜仗，站稳了脚跟，发展壮大了陕甘革命根据地。这是张国焘所未曾预料到的。

其次，左路军经过连续苦战，本身消耗太大，而且困守草地，军队给养发生极大困难，已陷入进退维谷的困境，不得不另谋出路。

第三，随左路军行动的朱德、刘伯承等同志在处境十分艰难的情况之下，与张国焘的反党分裂主义错误进行了不懈的斗争，并多方面做广大指战员的思想工作，使红四方面军的一些指战员逐渐识破张国焘的真实面目，对其反党、分裂红军的南下方针进行了抵制和斗争，使张国焘感到难于控制。

第四，任弼时、贺龙率红二、红六军团到达甘孜与红四方面军会师后，奉中央电令组成红二方面军，坚持中央北上方针，使张国焘陷于孤立。

第五，这期间，中央对张国焘的反党分裂主义行径，进行了坚决的揭露和斗争，1936年1月13日电令张国焘立即取消另立的中央。公布了俄界会议关于张国焘的错误的决定，号召全党团结一致，同张国焘的反党分裂主义错误作斗争。当时中央已在陕北打通国际路线，张浩以共产国际代表的名义，电令张国焘率部北上。

张国焘被迫表示接受中央决定，并宣布取消其另立的中央，率部离开草地北上。至10月，红二、红四方面军在甘肃会宁地区与红一方面军会师。在三大主力红军会师之后，红四方面军决定西渡黄河，执行中革军委的宁夏战役计划，企图经青海到新疆去。在部队渡河时，遭到胡宗南部的堵截，有一大半部队渡过河去，余下少部部队无法过渡。张国焘当时也没有渡过河去，他只好带着未渡河的第四、第三十一军共万余人，与红一方面军会师。到抗日战争初期，张国焘只身逃离陕甘宁边区，在武汉投靠了国民党。

红四方面军渡河西去的部队两万余人，不久即陷入马步芳、马步青、马鸿逵匪部重围。虽经浴血奋战、英勇斗争，终因寡不敌众，最后兵败祁连山，仅李先念带出几百人辗转新疆，得以保存下来。其余全部被敌人消灭掉了。红四方面军总指挥徐向前脱险后，历尽艰辛，来到陕北。

由于日本帝国主义加紧了其侵华步骤，民族矛盾日益尖锐。为了争取国民党共赴国难，联合抗日，我党已把反蒋抗日政策改为逼蒋抗日政策。但蒋介石仍顽固坚持独裁内战政策，不肯放弃"攘外必先安内"的方针，命令国民党军队继续进攻红军。这期间，国内发生了两起很有影响的事件。一是蒋介石为镇压民主党派的抗日爱国行动，下令逮捕了救国会领袖沈钧儒、章乃器、邹韬奋、李公朴、王造时、沙千里、史良，制造了震惊全国的"七君子事件"。二是广东的陈济棠、广西的李宗仁发表抗日反蒋通电，出兵湖南，爆发了"两广事件"。这说明蒋介石的独裁内战政策不得人心。而当时被蒋介石推向西北反共第一线的东北军、西北军，由于受到蒋介石的歧视，一向与蒋有矛盾。加之他们在内战中屡遭红军沉重打击，深感内战继续打下去毫无前途，因而对内战政策极为不满。尤其是张学良的东北军，多年来备尝家乡沦亡、离乡背井之苦，有着比较强烈的抗日愿望。在此期间，我军对东北军、西北军的统战工作卓有成效，每战所抓获的战俘，包括高级军官，都悉数放回，大力宣传抗日救国的主张。这对东北军、西北军的影响颇深。张学良、杨虎城也从中认识到红军是真正抗日的。我党还先后派代表与东北军、西北军接触，交换意见，达成局部停战协议。其中刘鼎在张学良处积极宣传联合红军共同抗日，起了很重要的作用。

1936 年 10 月，红军三大主力会师后，党中央决心予"剿共"最卖力的敌胡宗南所部以歼灭性打击。彭德怀遂发动并亲自指挥了著名的山城堡战役。于 11 月 17 日至 20 日，在甘肃环县之萌城、山城堡一线，全歼向我进犯的敌胡宗南部第七十八师一个多旅，击溃敌第一师又四个团，并击落敌机一架。

在山城堡歼灭敌第七十八师时，打了一天一夜。当时天气骤冷，夜里气温在摄氏零下十四五度。我军指战员仍身着单衣，脚穿草鞋，冻得浑身发抖。但这些经过千锤百炼的老红军部队，打起仗来照样勇猛顽强。当时彭雄在第四师任作战参谋，他年轻、勇敢，很有些作战经验。当我军与敌第七十八师打得难分难解之时，我让彭雄带领一支部队，爬过后山绕到敌人侧后进行偷袭。彭雄很出色地完成了这个任务。他带领部队出敌不意地出现在敌军背后，一顿手榴弹在敌群中炸开了花，打得敌人晕头转向。彭雄在敌后一打响，我军即从正面发起猛攻，敌军立时大乱，掉头溃逃，遭到惨败。

山城堡之役，是抗日战争之前内战的最后一仗。这一仗虽然只歼灭了敌人一个多旅，但影响很大。因为被我军歼灭的是死心塌地反共的蒋军嫡系部队。张学良从中看到了红军的战斗力不可轻视，只有联合抗日，才会有真正的出路。据说这对张学良后来发动兵谏有很大影响。

1936 年 12 月 4 日，蒋介石亲临西安附近的临潼，严令张学良、杨虎城"剿共"，同时命令蒋军嫡系部队推进到临潼一线集结，准备进攻红军。这时，我军已退到靠近内蒙古边界的盐池、定边一带。盐池、定边一带是大草原，人烟稀少，搞粮食非常困难。当时形势非常严峻，大家都在想如何打开新的局面，以求得生存和发展。

12 日晚上，我从师部赶到彭德怀的前敌司令部开会。当夜在返回师部途中，经过一块大草滩时，我走迷了路，绕了好长时间才摸回师部。刚要躺下歇息，突然接到前敌司令部的电话，说是张学良、杨虎城发动兵谏，扣押了蒋介石。我乍一听到这个消息，高兴得跳了起来，心想这一下子局势将要发生有利的大变化了。

"双十二事变"的消息一经传开，大家在兴奋之余，就是议论如何处置蒋介石。经过十年内战，大家对蒋介石真是恨透了。有的主张杀，有的主张关，却没有想到会放蒋。我开始也和大家的想法一致，但后来从全局得失上反复考虑，又感到处置蒋介石并不是个简单的问题，搞不好会引起混乱，于大局不利。以后听说共产国际郑重坚持和平解决西安事变的主张，要中国共产党积极从中斡旋，促张、杨放蒋。我党中央遂派周恩来为全权代表，到西安直接同蒋介石谈判。由于我党和张、杨共同努力，以及全国人民和世界舆论的压力，使蒋介石初步接受了停止内战、联合抗日的条件。但蒋介石不肯在协议上签字，只作口头承诺。这样，张学良、杨虎城将蒋介石释放，西安事变遂得到和平解决。

西安事变解决之后，红军从盐池、定边南下，进至三原。我们第四师进驻鲁桥镇。不久，上级又调我回红军总政治部任组织部长。红军总政治部当时就设在三原。

蒋介石被释放后，张学良亲自送他回南京。蒋介石一回到南京，就采取报复手段。第一步是整张学良、杨虎城，先囚禁了张学良，将东北军编散；继之送杨虎城出国，将西北军调离西北分散。第二步是整共产党和红军。这次蒋介石不是派军队进攻、"围剿"，而是采取了软办法。蒋介石借口联合抗日，要红军接受统一整编，限定红军只许编为三个师，接受国民党政府统一指挥。同时，还规定红军改编后不许设立总司令部，只设立总政治部。蒋介石提出以周恩来任总政治部主任，由蒋介石派国民党方面人士担任副主任。这实际上是要取消我们党的军事领导权，理所当然地遭到我党

1937 年，时任八路军总政治部组织部部长的黄克诚

的拒绝。这样，国共两党又几经磋商，拖了几个月没有能达成一致意见。

到 1937 年 7 月 7 日，卢沟桥事变发生，日寇大举入侵，全国抗战已既成事实。在这种情况之下，蒋介石才不得不作出让步，答应合作抗日，接受我党提出的国共合作宣言，承认中国共产党的合法地位和陕甘宁边区政府。是年 8 月，我陕甘宁边区的红军改编为国民革命军第八路军（后改称第十八集团军），以朱德、彭德怀分任正副总司令。南方八省的红军游击队则改编为国民革命军新编第四军，以叶挺、项英分任正副军长。

改编时，八路军编为三个主力师：原红一、红十五军团及陕南红军第七十四师编为第一一五师。林彪、聂荣臻为正副师长。

原红二方面军、红九军团及陕北红军一部编为第一二〇师。贺龙、萧克任正副师长。

原红四方面军第四、第三十一军及陕北红军一部编为第一二九师。刘伯承、徐向前任正副师长。

八路军参谋长是叶剑英，副参谋长是左权。总政治部主任是任弼时，副主任是邓小平。我仍留在总政治部任组织部长。

红军开始改编为八路军时，指战员们不少人思想不通，发牢骚、讲怪话、闹情绪的到处都有。尤其是大家都不愿意穿国民党军队的服装，不愿意戴青天白日帽徽。我们反复做工作，说服动员，大家才勉强穿上国民党制发的军装，但还是有不少人把帽徽揪下来扔在地上。有许多人一边穿衣服，一边流泪，场面实在令人感动。

在红军改编问题上，蒋介石虽然不得不作出一点让步，但他仍在暗中打着如意算盘，想借日军之手，消灭八路军。但蒋介石这次又打错了算盘，他只想到八路军会在对日军作战中消耗掉；却没有想到我军会在战斗中越战越强，发展壮大得越快。我们当时是巴不得早日开赴前线，开展游击战争。战场对于我军来说，历来是消灭敌人、发展壮大自己的广阔天地。我们既可以从战场上取得各种军用物资以装备、壮大自己，又可以扩大我党我军的影响。所以，蒋介石要我军马上开赴前线，正中下怀。8月25日八路军正式改编完毕，当月下旬即陆续挺进华北抗日前线。9月25日，八路军一一五师在山西省灵丘县平型关伏击日军第五师团之第二十一旅团，首战告捷。是役歼灭日军精锐一千余人，缴获大量军用物资。这是全国抗战开始后的第一个胜仗。这一胜利，打破了"日军不可战胜"的神话，振奋了全国民心士气，提高了中国共产党和八路军的声威。但平型关战斗打得异常艰苦，我军的伤亡很重。

平型关战斗结束以后，八路军一一五师撤到五台山一带休整。总政治部主任任弼时派我到一一五师去检查部队政治工作情况。我即奉命离开总部，到一一五师师部和所属的两个团里跑了约半个月时间。其间我与师部首长和团营连的指战员进行了座谈，共同探讨我军在新的形势之下，如何加强部队的思想政治工作。在检查和座谈中，我感到部队虽然改编时间不久，但作风却起了很大变化。主要是由于部队中取消了政治委员制度，政治工作显著削弱，吃得开的是副官，军阀习气开始滋长蔓延。在同师部首长商量当中，我建议恢复我军政治委员制度，开展反军阀主义的斗争，以保持我军的光荣传统和优良作风。师部首长很赞成我的想法。于是，我即返回总政治部，向任弼时主任作了汇报。任弼时当即要我将到部队检查的情况及建议，起草一份报告，以便上报。我将报告起草出来后，任弼时以朱德、彭德怀、任弼时三人的名义上报党中央。很快毛泽东就批准了在全军开展反军阀主义的斗争，下令恢复了我军原有的政治委员和政治机关制度。随后，党中央任命聂荣臻为一一五师政治委员；关向应为一二〇师政治委员；张浩为一二九师政治委员。

张浩离开部队回党中央工作后，由邓小平接任一二九师政治委员。各部队所属的政训处均改为政治部，使部队政治工作得到加强。

部队恢复了政治委员制度后，我即奉命离开总政治部，到一一五师三四四旅任政治委员。此后，我就同旅长徐海东一起，率三四四旅转战晋冀豫近两年时间。

根据抗日战争形势的发展，毛泽东及时地为八路军提出了独立自主的山地游击战的战略方针。1937年9月21日，毛泽东在致彭德怀的电报中说："今日红军在决战问题上不起任何决定作用，而有一种自己的拿手好戏，在这种拿手好戏中一定能起决定作用，这

抗日战争初期，黄克诚（左一）同邓小平（左二）、傅钟（左四）等在一起

就是真正独立自主的山地游击战（不是运动战）。要实行这样的方针，就要战略上有有力部队处于敌之侧翼，就要以创造根据地发动群众为主，就要分散兵力，而不是以集中打仗为主。"9月25日，毛泽东又致电北方局，明确指出："整个华北工作，应以游击战争为惟一方向。"抗日战争的实践证明，毛泽东的这一战略方针是非常英明的。我有颇为深刻的切身体会。

1937年10月，八路军一一五师收复了涞源、广灵、蔚县等县城，开创了以五台山为中心的北岳抗日根据地。这时，日军兵分两路向太原进犯。为了保卫太原，国民党集中八万余兵力，以第二战区副司令长官卫立煌为前敌总指挥，组织忻口会战。同时，在晋东娘子关以数万兵力设置防御阵地，阻敌西进。我八路军为配合保卫太原，在敌后开展了阻击、伏击、袭击作战，牵制、消耗敌人兵力。八路军总部则率一一五师主力由五台山地区驰援正太路。10月19日，八路军一二九师第七六九团以一营兵力，夜袭敌阳明堡飞机场，炸毁敌机二十四架。但国民党部队不战自退，望风溃逃，先后放弃了娘子关和忻口，使日军得以长驱直入，太原遂于11月8日陷落。日军继续沿同蒲线南下。同时，在绥远方向的日军已陷包头；沿平汉路南犯之日军已占领安阳；沿津浦路南犯之日军已占领济阳，进抵黄河北岸。至此，华北基本沦入敌手。以国民党军队为主体的阵地防御战陷于崩溃，而以八路军为主体的山地游击战则成为华北敌后的主要斗争形式。

太原失陷后，日军锋芒即移向津浦路方向和长江流域，华北敌兵力减少，为我们发展敌后游击战争造成了有利机会。八路军三大主力遂全面向敌后实行战略展开，配合我地方党，放手发动群众，创建抗日根据地。聂荣臻建立了晋察冀抗日根据地，林彪开辟了晋西抗日根据地。徐海东和我率三四四旅作为总部的机动部队，在五

1937 年 10 月，八路军第一一五师第三四四旅政
治委员黄克诚（右）与何长工在山西五台山

台地区参加了晋察冀根据地反围攻作战之后，12 月，奉命沿滹沱
河岸向冀西靠近晋冀边界一带转移。部队先在太原以北对敌进行袭
击作战，旅部驻在盂县的西烟镇。

　　三四四旅是以红十五军团为基础改编而成的，大部分干部是原
鄂豫皖苏区红二十五军的。他们作战英勇，敢打敢拼，是一支战斗
力很强的部队。但这时还不适应游击战的打法，与日军作战仍沿用

过去打国民党军队的战法，猛打猛扑，因而往往吃亏，尤其是对付抗战初期的日军更是如此。再就是还有点山头主义，对由中央红军来的干部不大欢迎。我刚到这支部队时间不久，由于关系不熟，开展工作困难很大，一些干部对我这个政治委员不大理会，不仅我讲话他们不怎么听，而且平时在生活上也有些故意为难的地方。尽管如此，我仍是耐心做工作，诚恳待人，相信日子久了，会把关系搞好的。关于打仗的事情，开始我一般不多说话。后来见部队在作战中常常吃亏，我就劝说大家研究新战法，避免打被动仗和阵地战。这些话也不大起作用。我也不着急，还是采取耐心做工作，逐渐说服的办法。后来，在整个抗日战争和解放战争中，我一直和这支部队同患难，共生死，结成了最亲密、最深厚的战斗情谊。

1937 年底到 1938 年初，三四四旅奉命开至正太路以北，开展敌后游击战争，发动群众，建立抗日民主政权。这时三四四旅在原来两个团、一个警卫营的基础上，又增编了一个第六八九团，韩先楚任团长，康志强任政治委员。这期间，三四四旅同日军进行了两次较大的战斗。一次是在盂县的牛村，是第六八七团为主打的，由团长张绍东指挥，打的仍是运动战。虽然歼灭了敌人一部，但我军亦有较大伤亡。另一次是在平山县的温汤，是第六八八团为主打的，当时由于旅长徐海东生病，由我指挥。温汤一仗，本来计划将进入温汤之敌五百余全歼，但在实战中，我军各部队没有配合好。激战中，敌人由平山派出援兵五六百，携重炮猛轰我六八八团阵地。我军干部战士缺乏避炮经验，遭到较大伤亡，团长陈锦秀被敌炮弹击中而阵亡，第一营营长也于此役牺牲。

为了打击和削弱进入晋东南地区和占领长治之敌，八路军一二九师根据总部的命令，于 1938 年 3 月上旬南下到邯长大道以北的襄垣、武乡一线。我们三四四旅亦同时奉命南下晋东南，进入太行山区。徐海东和我率第六八八、第六八九团走在前面，第六八七团殿后。这时，第六八七团团长张绍东和参谋长兰国清欲将该团拉走，投敌叛变。但该团所有的政治工作干部坚决不跟张、兰走，并设法稳住了部队。最后，张绍东、兰国清只拉走了一个营长和几个连排长，部队全部由政治工作干部带了回来。全国解放时，张绍东被我军抓获，当即枪毙了。

部队过正太路南下时，我与彭真相遇。当时彭真奉命到晋察冀边区工作，路过这里，晚上我同他住在一起。他因为刚被营救出狱不久，急于了解中央苏区的历史情况。我根据自己的了解和体会，同他谈了一晚上，主要是说王明路线是错误的，应当相信毛泽东。

三四四旅进入太行山区之后，上级任命我兼任太南军政委员会书记，与徐海东一起，指挥三四四旅第六八七、第六八八团以及曾（国华）支队等部，坚持太行山南段抗日游击战争。第六八九团则根据总部命令划归一二九师指挥，由团长韩先楚、政治委员康志强带领随一二九师行动。张绍东叛变后，第六八七团团长由田守尧担任，政治委员改由吴信泉担任。陈锦秀牺牲后，第六八八团团长由韦杰担任，政治委员仍是刘震。

我们在武乡一带活动了约半个月时间，集中对侵入晋东南的日军后方运输线进行破坏。到4月间，日军为解除其后方威胁，集结了三万余兵力，向晋东南地区大举进攻，号称"九路围攻"。当时八路军总部和一二九师师部都驻在太行山。总部决心指挥一二九师、三四四旅和山西决死一、三纵队等部，粉碎日军的围攻。第六八九团随一二九师转移到日军合围圈外作战。徐海东和我率第六八七、第六八八团配合兄弟部队在内线广泛开展游击战，拦截打击日军。并发动群众搞坚壁清野，使敌人处处扑空，陷入饥饿疲惫和被动挨打的境地。4月中旬，第六八九团随第一二九师在武乡

以东的长乐村，同日军主力打了一场恶仗，歼灭日军两千余。至 4
月下旬，各路围攻之敌纷纷撤退，我军即乘机发起反击。这期间，
三四四旅率第六八七、第六八八团同日军打了两次大仗。一次是在
襄垣城西北的虒亭镇，另一次是在长子以南的张店镇。这两仗都是
按照游击战的原则部署进行的，战斗打响后，我军指战员似猛虎下
山一般，猛扑敌群，与敌拼搏在一处。予敌以大量杀伤，但我们自
己亦受到不小伤亡。

　　在总部统一指挥下，反"九路围攻"作战，从 4 月初一直打到
月底，敌人的围攻才被粉碎。此役共歼日军四千余，收复十余座县
城，巩固和扩大了晋东南抗日根据地。此次作战结束之后，三四四
旅奉命率第六八七、第六八八团进至长治一带休整，第六八九团则

1938 年 5 月，黄克诚在山西长子县大关村

开至冀南敌后休整补充。

是年6月底，日军第一〇八师团主力，沿晋城至曲沃大道西进，驰援沿同蒲路继续南犯之日军。八路军总部命令三四四旅在晋城以西地区截击西援日军。徐海东和我受命后，即率第六八七、第六八八团由长治出发，于7月初进抵阳城以北町店地区待敌。7月6日近午时分，日军数十辆汽车满载步兵，到达町店。町店位于沁水河畔。时值盛夏，日军在町店停车大休息，有的下河洗澡，有的在树荫下睡觉。此时我军已占据町店周围制高点，日军的一举一动，尽在我们视线之内。而日军对我军的行动毫无察觉。这种情况，为我军伏击歼灭该敌造成了十分有利的态势。当时我军如果采取周围架设迫击炮和机枪轰击、扫射，予敌以重大杀伤之后再发起冲锋的打法，则完全可以以较小的伤亡获得较大的战果。但我军第六八七、第六八八团都是惯于猛打猛冲的老红军部队。战斗打响不久，就与敌人拼开了刺刀。日军在毫无准备的情况下，突然遭到我军打击，开始有点措手不及，被消灭了不少。但敌人很快就稳住了部队，组织了顽强抵抗，死不缴械。日军的枪法也相当准，他们趴在汽车底下或躲在芦苇中向我军疯狂射击，我军也被杀伤不少。日军边拼命抵抗，边组织撤退，企图突围。但我军紧紧咬住不放，使其无法突围。激战至傍晚，日军援兵到达，终使町店之敌残部逃脱。我军因伤亡太大，亦随即撤出战斗，进驻沁水县端氏镇休整。町店一仗，歼敌五百余，击毁敌汽车二十余辆。此役我军伤亡也有二三百人。

町店一仗没有打好，部队在端氏镇进行学习整训期间，朱总司令亲自到端氏检查三四四旅的工作，对徐海东旅长批评比较严厉。徐海东本来身体就不好，这时更支撑不住了，便请求离开部队去延安治病和学习。后经总部批准，徐海东就去了延安。

徐海东决定要走，旅长一职空缺。第六八七团团长田守尧，是红十五军团的老同志，论资格、能力，由他代理旅长较为合适。朱总司令当时也是这样考虑的。朱总司令征求我意见时，我表示完全赞成由田守尧代理旅长职务。于是朱总司令就找田守尧谈了话，明确告诉田守尧代理三四四旅旅长职务，仍兼第六八七团团长，等候总部任命。但嗣后朱总司令电报打到总部和延安，彭德怀和毛泽东都不同意由田守尧代理三四四旅旅长，回电说要另派人前来任职。我得知这一情况后，就向朱老总建议说："老总，这件事情恐怕不大好办了。你还是再拍一份电报，把详细情况报告延安和总部，说明事先已同田守尧本人谈过话，田代理旅长不好再改变了。否则会影响情绪和今后的工作。"朱总司令不以为然地说："这有什么关系！戏点到谁谁就唱，共产党员嘛！"后来总部从三四三旅调杨得志来任三四四旅代旅长，田守尧就有点不高兴了，旅部为徐海东送行举行的聚餐会他也不参加。朱总司令见田守尧真的闹起情绪来，便对我说："召开个党委会吧，开展批评与自我批评，对田守尧进行帮助。"于是，我就召集党委会，朱总司令也出席了。会议开始之后，沉默了好长时间，谁也不开口讲话。我是旅政治委员，又是党委书记，看到与会同志都闷在那里不吭气，我只好带头发言，对田守尧进行了批评。由于我当时考虑到部队的关系和今后的工作，因而对田守尧的批评比较婉转，不够深刻和尖锐。我发言之后，朱老总就发火了，站起来一个一个指着我们说："你们这是什么鸟党委会？不敢进行批评和自我批评，算什么共产党员！"接着朱总司令就对田守尧进行了严厉的批评。最后又说："戏点到谁谁就唱，没点到你就不能出台。共产党员嘛！我们都要听党中央的，不能闹情绪。"

在这次党委会上，三四四旅的干部中，只我一个人对田守尧提了批评意见，因而引起了不小的误会，甚至以为上级没有批准田代理旅长，也是我从中作梗。我又不能作解释。自此以后，有好长时间没能解开这个疙瘩。后来经过长期相处，直到部队到了苏北，田守尧对我的芥蒂才最后解开。

三四四旅在朱总司令的亲自指导下，经过端氏镇学习整训，总结了抗战以来的作战经验和教训，在战略思想和战术指挥上，实现了以打游击战为主的根本转变。杨得志代旅长到职后，部队即以团、营为单位，深入敌后，开展游击战争。六八七团到豫北焦作一带活动，六八八团到安阳一带活动。旅部则进驻林县。到8月份，六八九团自冀南回到太行山归建，活动于晋冀豫边区之平汉路两侧。9月中旬，六八八团和六八九团在汤阴地区发起彰南战役，歼灭了与我为敌、民愤极大的苏启明、扈全禄部伪军，给予平汉路两侧地区的伪匪势力以沉重打击。此役我军俘获很多，增加了装备，扩大了部队。12月，六八八团一部随陈赓驰援鲁西聊城范筑先部，随即在鲁西和冀南扩大了武装，成立了三四四旅特务团。六八八团政治委员刘震、六八七团政治处主任李雪三分别带领一个营为基础，不久发展成为一个团的规模，后来编为冀鲁豫支队第一大队。

这个时期，我们还组建了许多地方武装，活动区域日益扩大。我遂向总部建议，将三四四旅分成两摊子活动，我和杨得志二人，一人留守旅部，一人过平汉路东开辟新区。总部回电要我在旅部留守，要杨得志过路东。1939年初，杨得志同旅政治部主任崔田民带了一部分干部和部队到了冀鲁豫，不久组建了冀鲁豫支队，辖五个大队，除刘震、李雪三的第一大队外，特务团编为第二大队。第三、四、五大队则是由地方武装为基础发展起来的。

杨得志、崔田民离开旅部到冀鲁豫之后，我带旅部由林县回到太行山区，先驻在长治，后移驻高平。各团分散开活动了一个时期之后，都有很大发展，但同时山头主义倾向又有滋长，甚至有点不大听指挥了。我便将三个团所有部队都集中到太行山进行整训，把各团主要干部召集来开党委扩大会议，批判山头主义，以加强党的领导。党委扩大会议开始时，有些干部就不来参加会议。我不管来的人齐不齐，反正每次都按时开会，该讲什么我就讲，该批评的我就批评，我相信那些不来参加会议的同志总会听得到。有的干部不服气，我就耐心讲道理，做说服工作。朱总司令也常到会讲话，要求大家克服山头主义。党委扩大会议连续开了十几天，几乎把我累垮。以前行军作战不论多么疲劳，晚上睡一觉，就能恢复过来。但这次开会，搞得我精疲力竭，会议结束之后好多天都没有恢复疲劳。

1939年6、7月份，日军先后对我冀鲁豫和晋冀豫抗日根据地进行大扫荡。进攻太南之日军一部，占领了长治及其周围几座县城。我三四四旅为配合一二九师反扫荡作战，进至长治以东及高平一带山区分散游击，旅部则进驻平顺山区。8月下旬，田守尧、吴信泉率六八七团在高平以北两次伏击由河南博爱北犯的日军，歼敌一部，并缴获日军中将司令牛岛的作战命令一份。至8月底，日军对晋冀豫抗日根据地太行区的扫荡被粉碎。12月，三四四旅配合一二九师发起邯长战役，向邯长大道展开破袭，袭击敌据点，伏击敌调防运兵车队和运输队，断敌交通，予敌以沉重打击。冀鲁豫根据地的反扫荡作战，一直坚持到年底。在坚持平原游击战争中，不仅粉碎了日军的连续围攻、扫荡，而且发展壮大了自己。

正当革命力量日益发展壮大之时，国民党顽固派的反共活动也日益加剧起来。反共顽军不断向我抗日根据地军民寻衅挑衅，恣意制造反共磨擦事件。1939年底和1940年初，反共磨擦活动达到了高峰。在西北，胡宗南部向我陕甘宁边区进犯，占我县城，并准备进攻延安。在山西，阎锡山向抗日新军和八路军进攻，杀害我抗日军民，摧毁抗日民主政权。随后，蒋介石又调集十余万军队向我太行、太岳、冀南、冀鲁豫抗日根据地进犯。国民党顽军石友三、朱怀冰等部反共最为卖力，妄图袭击我八路军总部。

这时，彭德怀从延安经西安、洛阳进入晋东南地区。他只带少数警卫和电台，走山路过来了。快到达平顺时，我赶去接他。我与彭德怀一见面，别的什么也顾不上讲，就向他汇报国民党军队向我磨擦进攻的情况，我们两人边走边谈。一到旅部，彭德怀的反磨擦作战方案已成竹在胸，立即下命令调动部队准备打朱怀冰。彭德怀指挥作战历来坚定果断，说干就干。但这次是要打与我们有统战关系的国民党军队，而且是要打个大仗。我就对他说："老总，这么大的事情，你不先请示延安就动手干，怎么行呢？"彭德怀说："来不及了。"于是，他一面发电报调动部队，一面同时报告延安。

在彭德怀和一二九师首长的指挥下，反磨擦战役很快就打起来了。首先是冀鲁豫、冀南我军将石友三部打垮。继之，是晋冀豫我军在磁（县）、武（安）、林（县）、涉（县）地区打垮朱怀冰、鹿钟麟、张荫梧等部，尤其是予朱怀冰部打击最大。鹿钟麟在林县被我三四四旅部队活捉，我让部队将他放走，以保持统战关系。至此，便彻底打退了国民党掀起的第一次反共高潮，巩固了太行革命根据地。

随后，国民党集中范汉杰、孙殿英、庞炳勋、刘戡所部，从晋城、阳城、高平一线向我逼进。八路军一二九师和三四四旅等部，在八路军副总参谋长左权的统一指挥下，准备相机歼灭顽军一路。国民党军队这次进攻采取修筑堡垒的办法，小心翼翼地步步进逼，使我军不容易吃掉其一路。我们与顽军对抗了十几天，也未能抓住合适的战机。于是，我向左权和彭德怀建议，将晋城、高平经陵川到林县的一条大道让开，我军主力分散活动，避免在不利条件下与顽军决战。随即得到批准，我遂率三四四旅转移到打虎村一带山区活动。

在磁、武、林、涉战役期间，三四四旅已奉命扩编为八路军第二纵队。起初八路军总部任命我为纵队司令员兼政治委员。我考虑到自己的实际情况，体质弱，高度近视，这都是作为一个军事指挥员的不利条件。而且，我这个人偏于谨慎，选择战机时，对可能造成较大牺牲的作战行动，有时果断不足，这也是作为一个高级军事指挥员在指挥大兵团作战中的不利条件。于是，我请求总部另行考虑纵队司令员人选，我只担任政治委员一职。不久，总部派左权来兼任第二纵队司令员。

八路军第二纵队组建起来后，统一指挥活动于太行山南段的第三四四旅和晋豫支队、独立游击支队、山西青年抗敌决死第三纵队、河北民军第四团以及稍后成立的冀鲁豫支队等部。后来，将上述各部队统一编成四个旅，除三四四旅外，又编成新编第一、第二、第三三个旅。

过了不长时间，左权同志奉调回到八路军总部工作，第二纵队司令员一职即由杨得志代理。杨得志担任代理纵队司令员后，三四四旅旅长一职又空缺了。我打电报建议总部任命田守尧担任三四四旅旅长。总部批复同意田守尧任三四四旅旅长，韩先楚任副旅长。田在延安学习期间，由韩代理旅长职务。

不久，总部对第二纵队各旅干部又作了如下调整：

三四四旅旅长刘震　　　政治委员康志强
新一旅旅长韦杰　　　　政治委员唐天际
新二旅旅长田守尧　　　政治委员吴信泉

新三旅旅长韩先楚　　　政治委员谭辅仁

1940年4月，我奉命离开太行山赴冀鲁豫。遂将新一旅留下坚持太行山区斗争，我率三四四旅和纵队直属队越过平汉路，到冀鲁豫与新二、新三旅会合。我们刚离开山区，尚无平原作战经验。离开太行山时，韩先楚率主力为一路，我率纵队机关和直属队为一路，分两路向冀鲁豫进发。我们这一路有一天晚上在永年县辛寨宿营，险些吃了大亏。驻永年县城日军侦知我们无主力部队，便于清晨出动向我进攻。我指挥仅有的少量部队与敌人打了起来，战斗打得很激烈。敌人企图攻入村寨将我们消灭，但终未能得逞。傍晚时分，日军向寨内施放毒瓦斯。我们猝不及防，不少人中了毒，我亦被毒昏迷过去。同志们一边在面部围上毛巾，抢救中毒战友，一边继续坚持战斗，敌人数次冲锋都被击退。天黑时，日军害怕我方有增援，便抬着被打死的日军尸体撤回县城。这一仗整整打了一天，敌我双方都有不少伤亡，算是打了个平手。我们离开辛寨，一气走了一百余里，进入冀鲁豫支队活动地区，才停下来休息。

我们到达冀鲁豫与杨得志汇合后，奉命组建了冀鲁豫军区和军政委员会。我兼任军区司令员及军政委员会书记。

这期间，第二纵队已发展到二万余人。我考虑在冀鲁豫集中这么多部队，不利于今后的发展，回旋余地也不大，遂根据中央"巩固华北，发展华中"的战略部署精神，向中央和总部建议，将第二纵队分成两摊子，我与杨得志各带领一摊子，一部分坚持冀鲁豫斗争，另一部分越过陇海路，向华中发展。4月17日，中央电示："新二旅及三四四旅共一万二千人，由太行出发，在冀鲁豫边界设法消灭石友三部后，准备随时调往陇海路南，配合彭雪枫部行动。"起初总部要我留在冀鲁豫，而由杨得志率部分主力过陇海路南下。后来中央电令让我率部分主力南下，要杨得志留在冀鲁豫。中央于5月5日电报中还特别强调："华北敌占领区日益扩大，我之斗争日益艰苦，不入华中不能生存。在可能发生全国性的突变时，我军决不能限死黄河以北不入中原。故华中是我最重要的生命线。"

5月中旬，向我冀鲁豫根据地进犯的叛逆顽军石友三部主力被我军歼灭，我便着手准备离开冀鲁豫南下。5月下旬，三四四旅（辖第六八七、六八八、六八九团）在旅长刘震、政治委员康志强率领下先头出发，我与第二纵队参谋长韩振纪率纵队部、教导营及新二旅于6月初出发。新二旅（辖第四、五、六团）旅长田守尧在延安学习尚未到职，由该旅政治委员吴信泉、副旅长常玉清带领。行进途中，杨得志来电报说留在冀鲁豫的主力部队不足，提出从南进部队中调回一个主力营。我接电报后，即从新二旅抽出一个主力团（第四团）调回冀鲁豫。

第二纵队南下之先头部队于6月20日到达豫皖苏边区新兴集，与彭雪枫率领的新四军第六支队会合。6月27日，中央军委电示我部与彭雪枫部合编为八路军第四纵队，"活动于津浦路西、陇海路以南，以对日寇作战，巩固豫皖根据地，扩大与整训部队为中心任务"。第四纵队由彭雪枫任司令员，我任政治委员，张震任参谋长，肖望东任政治部主任。

6月29日，中原局（1941年5月改为华中局）书记刘少奇来电，要我作东进准备，"二十天后派三个团过津浦路活动"。豫皖苏边区当时面对日军，背后是国民党顽军，是个夹在敌伪顽缝隙间的一块地方。彭雪枫因原来的部队不多，坚决不同意我走。他起草了一份电报略谓：与敌伪顽长期斗争，以向西发展为有利，平原作战须有山地作依托；黄部应留下，培养主力，建立巩固根据地；一旦形势有变，即可西入伏牛山，南进大别山；等等。我刚刚到达豫皖苏，尚不明了毛泽东关于控制陇海路以南、津浦路以东、长江以北、大海以西地区的战略意图，以为我仍受八路军总部和北方局直接指挥。

彭雪枫所起草的电报内容与我自己原来的看法比较一致。我也曾电报中央，提过类似意见，我们遂于7月1日以彭黄联名电复中原局。7月15日和7月17日、18日，刘少奇连续三次来电催我速率所部过津浦路，东进皖东北。我感到刘少奇的电报与中央军委前6月27日电不尽一致。为弄清指挥关系以确定部队的行动，我即打电报请示毛泽东。毛泽东回电指示我服从中原局胡服（即刘少奇）指挥。我拿着毛泽东的回电给彭雪枫看，说我准备立即东进皖东北。此时我对中央的战略意图已经明了，决心遵照中原局指示东进。遂将三四四旅（欠六八七团）由旅长刘震、政治委员康志强率领，留在彭雪枫部，以加强其主力（第三四四旅于"皖南事变"后改编为新四军第四师第十旅），教导营也留下来一半给彭雪枫部，我率新二旅的第五、第六团和三四四旅的第六八七团以及教导营的两个连，离开豫皖苏，越过津浦铁路，向皖东北挺进。此后，我便在中共华中局的直接领导下，开始了开辟、建设苏北抗日根据地的斗争。

13

苏北抗战

会师白驹镇

在我们到达皖东北之前，苏皖区党委已于 1939 年 4 月成立，由金明任区党委书记。当时已有好几支我党领导的抗日武装活动于皖东北地区。张爱萍在这里组建了新四军第六支队第四总队，由张爱萍任总队长兼政治委员。由八路军一一五师第三四三旅六八五团主力改编而成的苏鲁豫支队，在支队司令员彭明治率领下，由苏鲁豫南下。由钟辉、韦国清、孙象涵、李浩然等领导的山东八路军陇海南进支队也到达皖东北，并先期开辟了邳、睢、铜游击根据地。苏皖纵队司令员兼政治委员江华也从山东带过来一批干部和部队到皖东北。由于这几支部队没有形成统一的指挥领导系统，彼此谁也指挥不了谁。后来刘瑞龙奉命到皖东北后，成立了以他为主任的军政委员会，但号令仍不行于军队。1940 年 6 月 6 日，刘少奇给中央的电报中说："我在皖东北之部队，系统指挥不统一，内部外部情况均复杂，请中央及朱、彭令黄克诚同志速来苏皖地区统一指挥，任军区司令。如能多带兵力来为更好，否则不能完成任务。"

我于1940年7月下旬率部离开豫皖苏，于8月7日到达皖东北。8月10日我即赶到盱眙县中原局驻地，与刘少奇会面。遵照中央指示，研究了苏皖地区我军各部队的统一编制、统一指挥问题。确定将淮河以北、津浦路以东所有的我党领导的武装部队，统一整编为八路军第五纵队，任命我为司令员兼政治委员。第五纵队辖三个支队，每个支队辖三个大队（团），共二万余人。

遵照中央关于"八路军到华中后，坚决争取控制全苏北"的指示，我很快地结束了部队的整编工作，即着手部署开辟苏北地区的工作。自8月底开始，除第二支队一部坚持皖东北工作外，其余各部相继挺进淮海、盐阜地区。当时淮海区有一部分与党失去联系的同志，联络知识青年和爱国人士，组织了一支抗日武装。第一支队到达后，淮海区的局面很快就打开了。第三支队进入苏北宿迁、沭阳临近陇海铁路一带开辟工作。我率纵队部和第六八七团于9月中旬进入淮海区。

苏北（包括淮海、盐阜两个地区）地处陇海路以南，运河以东，大海以西。日军侵占苏北后，即抢占交通要道，逐步扩大伪化区。在尚未被日军占领的地区，则是国民党统治区，并建有县、区、乡、保各级政权。江苏省主席兼苏皖战区副总司令韩德勤，拥兵苏北，不思抗日，积极反共，千方百计要消灭新四军，被称为"磨擦专家"。

1940年7月，陈毅、粟裕率部分新四军主力北渡长江后，与先期北上的新四军部队会合，进驻黄桥地区。韩德勤自恃兵多势众，妄图将陈、粟部新四军一举歼灭。当10月2日顽韩军开始向黄桥大举进攻时，陈毅急电我率部驰援。我回电告以即刻出发。10月4日，中共中央就此发出指示："韩德勤又大举压迫我军……八

1940 年，八路军第五纵队司令员兼政治委员黄克诚（前排左四）同部分领导干部在一起

路军不能坐视。""黄克诚部主力决心于本月 4 日开始行动，南下阜宁，并拟向盐城挺进，增援陈毅。""我们的方针是：'韩不攻陈，黄不攻韩；韩若攻陈，黄必攻韩'。"

遵照中央指示和陈毅电令，我于 10 月 4 日率八路军第五纵队主力兼程南下，突破顽军盐河、旧黄河等防线，连克佃湖、东沟、益林、阜宁等城镇，直下盐城。沿途歼灭顽军第十常备旅和独立第三旅等部，切断顽韩军之归路，动摇其侧背，威胁其大本营兴化，在战略上对顽韩军造成南北两面作战之势。

黄桥之战形势发展很快。至 10 月 8 日，陈毅、粟裕率领的新四军即取得黄桥决战的完全胜利，韩德勤遭到惨败后，率部退驻曹甸、兴化、车桥一带。

185

1940 年 10 月初，为支援新四军进行黄桥战役，黄克诚率八路军第五纵队南下盐城。这是黄克诚在干部大会上作战前动员讲话

　　这时，我率八路军第五纵队司令部机关直属队进驻阜宁县东沟、益林一线。10 月 10 日，第五纵队南下之先头部队第一支队所部，与新四军北上之先头部队，在盐城、东台间的白驹镇地区胜利会师，完成了打通华北、华中联系的通道和打开苏北抗战局面的任务，粉碎了国民党妄图把我军限死在黄河以北的阴谋。黄桥决战的胜利和八路军南下与新四军会师，为确立我党我军在华中敌后抗战的领导地位奠定了基础，并对以后抗战形势的发展有重大影响。

　　八路军与新四军会师后，陈毅特地从海安司令部乘汽艇沿串场河北驶盐城，慰问南下的八路军指战员。我从东沟赶到盐城相迎，这是我与陈毅自井冈山分手之后的首次相逢。相见之下，分外亲热。我们在盐城相聚几天，阔叙别情，感慨交集。陈毅就众多老战友久别重逢，即兴赋诗云：

十年征战几人回，

又见同侪并马归。

江淮河汉今谁属？

红旗十月满天飞。

表达了广大指战员共同的喜悦心情。

我回阜宁纵队司令部后，立即给刘少奇打电报，请他进驻盐城。10月下旬，刘少奇率中原局机关由皖东半塔集到达阜宁，随即进驻盐城。11月中旬，陈毅亦率华中新四军、八路军总指挥部移驻盐城。皖南事变后，在此基础上建立了新的新四军军部。

建设苏北抗日根据地

1940年9月10日，中共中央在军事行动总方针的指示中说："苏北运河以东地区，应由陈毅、黄克诚部广泛发展游击战争。由黄克诚部发展阜宁、淮安、盐城以北地区，陈毅部发展泰县、如皋及其以东地区。不仅扩大主力，并且应努力与地方党共同建立无数小游击队，建立政权，把这些地区抗日民主化。"

1941年1月，发生了"皖南事变"，新四军军部及直属部队近万人，在皖南泾县茂林地区，遭受八万余国民党军队的围歼。除傅秋涛率领少数部队突出重围外，其余大部壮烈牺牲。军长叶挺被扣押，政治委员项英、参谋长周子昆遇害，政治部主任袁国平负伤后自杀。如此惨重的损失，是红军改编为八路军、新四军后的第一次。

"皖南事变"的消息传到华中，引起新四军、八路军全体指战员无比愤慨。1月25日，由我领衔，华中八路军将领十八人，致电八路军总部和中共中央，严厉声讨国民党顽固派一手制造的这起反共卖国罪行，建议采取紧急措施，反击国民党顽固派的进攻。电文说：

江南新四军遵令北移，惨遭当局下令围歼。消息传来，全军震愤！此次惨变，实系亲日派阴谋家、反共顽固派有计划地制造内战，实行卖国罪行之开端。阴谋家不仅欲置我共产党和八路军、新四军于死地，且欲将全国一切抗日爱国军民一并出卖，以求得他随时向敌人作投降之勾当。阴谋险恶，罪恶滔天！民族生存危如垒卵，克诚等为国家生存、民族解放计，特提出下列七项建议，请鉴核示遵：

（一）迅（速）撤回八路军、新四军在大后方各地之办事处。

（二）撤回我党在国民参政会之参政员。

（三）调必要的武装加强陕甘宁边区，保卫陕甘宁边区。

（四）我全党全军应紧急动员起来，以应付事变的继续发展。

（五）八路军、新四军全部开回大后方去肃清内奸。

（六）联合抗日党派及军队，准备成立新中央政府来坚持抗战大业。

（七）立即布置全国性的清除内奸的计划。

克诚等谨率全华中八路军，随时准备待命行动，誓在我党中央领导之下奋斗到底。临电悲愤，立候明令。

"皖南事变"发生后不久，中央军委即发布重建新四军军部的命令，任命陈毅为新四军代理军长，刘少奇为政治委员，张云逸为

1941 年 1 月，黄克诚（左）同刘少奇在新四军军直干部大会上

副军长，邓子恢为政治部主任，赖传珠为参谋长。在华中的新四军、八路军各部队，统一改编为新四军，共七个师和一个独立旅。我八路军第五纵队奉命改编为新四军第三师，我任师长兼政治委员，彭雄任参谋长，新四军第三师兼苏北军区，仍由我任军区司令员、政治委员，辖淮海、盐阜两个军分区。

长期以来，苏北广大农村为国民党特务、反动地主武装所把持。当地一般地主均有武装，大者甚至有五百支人枪。这一带土匪众多，封建会道门武装组织遍及各地。民间枪支不计其数。当地的人民群众生活在水深火热之中，对我党我军尚缺乏了解。

我们到苏北后，在中原局（华中局）的领导下，放手发动群众，实行减租减息，加强抗日民族统一战线工作，扩大抗日武装，建立各级抗日民主政权，清剿土匪，消灭反动地主武装叛乱，粉碎日寇的"扫荡"，打破顽军的"磨擦"进攻，发展生产，加紧进行根据地的各项建设。当时我们着力地抓了下列几个方面的工作：

（1）抢修海堤

还在我率八路军第五纵队刚进入苏北的时候，就遇到海啸成灾，疮痍满目，难民遍野。在此之前，国民党政府曾迫于当地群众和士绅的一再呼吁，勉强拨了一点经费，修了一道海堤。但因国民党各级官员层层克扣，偷工减料，海堤修得极不牢固，海啸到来，一冲即垮。我们到了此地，目睹人民群众离乡背井、苦不堪言的凄惨景状，决心重新修筑海堤，帮助群众战胜水灾，渡过难关。在中原局及华中新四军、八路军总指挥部的支持下，我们采取发行修堤公债、以工代赈的办法，动员了上万民工，军民一齐上阵，终于在1941年7月底，将全长九十华里的海堤修成。新海堤竣工的第二天，又遭海啸袭击，且比前次的水位高出六寸。但新修筑起来的大堤屹然不动，保障了沿岸广大人民群众的生命财产安全。与此同时，我们组织人民群众生产自救，初步解决了群众的吃饭问题。我们切实关心群众疾苦的实际行动，恰与国民党横征暴敛、鱼肉百姓的行径形成鲜明对照。人民群众开始认识到："共产党才是真正为老百姓办好事的！"连一些曾对我们抱怀疑或抵触情绪的士绅，也渐渐改变了看法，开始向我们靠拢。当地群众还以领导修堤的我方县长宋乃德之名给海堤命名为"宋公堤"。通过一系列切实的群众工作，我们逐渐赢得了群众的信任，扩大了我党我军的影响，为根据地建设创造了有利条件。

（2）消除匪患，减租减息

苏北在历史上是有名的土匪出没地。我军到后，国民党顽固派更利用土顽、匪特纷起作乱。他们互相勾结，打砸抗日政府，杀害我方干部，抢劫残害群众，为非作歹，无恶不作。我们于1941年上半年开始，抽调主力及地方部队，大力清剿镇压土匪顽劣，迅速将横行苏北地区的股匪予以剿灭，使该地千百年相沿的匪患得以完全平息，人民得以安生。同时，我们发动群众，实行减租减息，合理负担，改善人民生活。刚开始实行减租减息时，有的地方群众心有疑虑，白天减了，晚上又偷偷送回去，形成了明减暗不减的局面。我遂派出一些有地方工作经验的干部下去仔细检查，查清了这一情况后，立即进行了纠正。同时我们的文艺宣传队伍进行了广泛深入的宣传教育，消除群众思想中的疑虑。记得当时文艺工作者曾编演了一出话剧，叫做《照减不误》，在群众中进行演出之后，收到很好的效果。由于减租减息进行得比较彻底，再加上其他各方面工作的深入开展，根据地的面貌大为改观，进一步密切了我党我军与各阶层群众的关系，我们开始在苏北站稳了脚跟。

（3）精兵简政，加强主力

1941年夏，新四军第四师第十旅（即原八路军三四四旅）在豫西反顽斗争中失利，部队受到较大损失。第四师撤离豫皖苏而移驻皖东北地区后，经我建议并得到上级批准，于同年9月将第十旅与建制完整、充实的第三师第九旅互相对调，以利于部队的休整补充和发展。同时我还向军部建议，把第九旅旅长张爱萍调任第三师副师长，第九旅部队则由该旅政治委员韦国清带领归入第四师建制。

遵照我党中央的指示精神，我们自1942年11月起，实行了精兵简政、主力地方化和地方主力化以及一元化领导等措施。为统一全苏北地区党政军的领导，成立了苏北区党委，我任区党委书记，金明任副书记，金明还兼任淮海地委书记，区党委委员向明担任盐阜地委书记（反"扫荡"期间，为便于统一指挥，盐阜地委书记曾由张爱萍同志兼任）。当时的领导机关做了最大限度的精简，基层部队得到了充实。我们在实行主力地方化过程中，先后以四个主力团分散编入地方部队，使地方部队充实了骨干。这样一来，迅速加强和巩固了地方部队，使地方部队主力化。地方部队升级为主力部队后，又重新组建起新的地方部队。主力部队地方化和地方部队主力化的结果，不仅巩固了地方政权，加速了地方建设，同时也使主力和地方部队都得到发展和壮大。第十旅归入第三师建制时，仅有两个团四个营，三千二百人。该旅进入苏北后，兼淮海军区（1942年冬改为军分区），由于实行了主力地方化措施，在群众中生根立足，发展很快。经过两年多的艰苦战斗，该旅由原来的两个团发展为两个旅六个团，由原来的三千二百人扩大为一万五千人。在盐阜区，第七旅和第八旅各有一个团实行地方化，不仅使地方武装大发展，主力部队也都成倍地扩大了。

（4）进行经济文教建设

在与敌伪顽进行残酷的军事斗争的同时，我们在根据地内抓紧进行经济和文化建设，开展大生产运动，军政机关广泛开展增产节约运动，恢复和发展了中小学教育，并且办了公学、冬学，教育规模和质量都超过了国民党统治时期。由于我们采取有效措施，广泛团结和吸收知识分子和青年学生参加抗日救国活动，使得广大知识分子和青年学生纷纷向我党靠拢，对根据地的建设发挥了积极的作用。我们在根据地内统一了税收制度，实行进出口管理，依靠公粮、田赋和盐税、关税，加上厉行节约，使苏北地区能在残酷的战争环境下，做到经济逐渐好转，军民生活有较大改善。我们还发行了自己的货币，逐渐停止法币在根据地内的流通，以与敌伪顽作金融斗争。由于我们发行的货币只作为流通工具，不作为财政开支的来源，又有坚实的物质基础为后盾，因而币值稳定，信誉很高。

（5）发展抗日民族统一战线

在华中局的直接领导下，苏北根据地的抗日民族统一战线工作，取得了很大成绩。刘少奇、陈毅十分重视对各阶层有代表性人士的工作，亲自与国民党地方实力派和开明士绅以及广大知识分子接触，宣传我党团结抗战的政治主张。陈毅还倡议创建了"湖海艺文社"，与各界知名人士诗文交往，团结他们参加我党领导的抗日民族统一战线，发挥他们在抗战救国中的特殊作用。在当地颇具影响的人士，如李明扬、韩紫石、杨芷江、庞友兰、计雨亭等，在我党政策感召下，为抗日救亡做了许多有益的工作。韩紫石先生时年

1943年，黄克诚（左三）在苏北与爱国人士庞友兰、杨芷江、张仲慧等合影

已八十五岁高龄，日寇威逼他出任伪江苏省长，他横眉冷对，坚辞不就，以身死节。盐城县参议长、著名教育家宋泽夫先生被日寇捕去后，面对敌伪的淫威，大义凛然，手指敌酋痛骂不休。他在狱中不食敌人一粒米，不喝敌人一口水，宁死不屈，表现了很高的民族气节，深为各界人士所称道。当时许多著名文化界人士和革命知识分子，如邹韬奋、范长江、钱杏邨（阿英）、沈其震、薛暮桥、贺绿汀等，纷纷来到苏北，参加抗日革命工作，不仅繁荣了苏北根据地内的文艺宣传活动，而且还为我党培养了一大批革命文化战士，为中国革命事业做出了很大贡献。

不搞"抢救"运动

1942年1月，中共华中局书记刘少奇奉调回延安党中央工作。在他临离开华中局之前，主持召开了一次华中局扩大会议，各区党委书记和各部队负责人参加了会议。刘少奇作华中局工作总结报告，陈毅作军事建设报告，让我作政治工作报告。还记得我在那次的报告中，针对当时的具体情况，讲了目前军事建设中的部队政治工作、根据地政治工作、友军政治工作和敌伪军政治工作四个问题。在讲到干部问题时，我特别强调了使用干部和爱护干部两个方面：使用干部应注重德才兼备，注重干部的党性、知识和独立工作能力；对干部要爱护，不仅要关心他们的生活与健康，更重要的是注意从政治上爱护，平时发现干部思想上的不良倾向苗头，要及时进行教育、批评、帮助，不要平时不关心，或者平时看到干部有什么问题当面不说，记在心里，到时候一齐算总账。在谈到审查干部和锄奸问题时，我强调要区别对待，信证据不轻信口供，宁可错放，不可错杀，注意纠正违反政策、刑逼口供的现象等。后来，

1941 年 12 月，时任新四军第三师师长、政治委员的黄克诚

华中局把我的这个报告作为"华中我军政治工作的根据"，发表在《真理》1942 年第 8 期上。

刘少奇离开华中后，即由饶漱石代理中共华中局书记。饶漱石不顾全大局，硬是把陈毅从华中排挤走。陈毅走后，饶漱石还召开华中局扩大会议，大谈陈毅如何如何。我曾对这种做法提出不同意见。我说，不论如何，让陈毅军长离开华中，是个很大的损失，这对华中整个工作，对敌斗争，都很不利。

遵照中共中央的指示，于 1942 年 6 月，在苏北开展了整风运动。我们正确贯彻执行"惩前毖后，治病救人"和"既要弄清思想，又要团结同志"的方针，采取和风细雨和自我批评的方法，帮助干部提高政治觉悟。通过整风，团结教育了广大干部，调动了大家的革命积极性，党政军民形成了空前团结的局面。

1943 年 4、5 月间，华中局和军部召开会议，布置开展"抢救"运动。会议期间，我向华中局和军部建议，华中不要搞"抢救"运动了，以避免发生逼供信、伤害无辜同志之类的事，要接受中央苏区打"AB 团"的教训。但由于"抢救"运动是中央在康生的主持下布置下来的，华中局和军部不能不执行。

从华中局开完会回来之后，我的心情很不平静，久久安稳不下来。想起我们党内历次搞肃反，总是出现扩大化的偏差，有过许多沉痛的教训。眼下大敌当前，开展"抢救"运动，搞不好会给革命事业带来不应有的损失。按我当时的想法，"抢救"运动不应该搞。但是上级有布置，又不能不执行。为了稳妥起见，我先抽调一批干部办训练班，同时在第七旅小范围内试行"抢救失足者"。我亲自到第七旅去实地考察，掌握动向。第七旅被"抢救"的几个人，开始在软逼的情况下就有点表现不正常，后来被抓起来一审讯，就乱供一气了，简直不着边际。我一见这种情况，就知道不对头了，看来老毛病一下子是改变不了的。我让第七旅立即停止搞"抢救"，把被"抢救"的人统统释放，做好善后工作。这时，我的心里反而踏实下来，事实证明了搞"抢救"运动这种做法行不通。我的心里有了底，决心也下定。我从第七旅返回师部（区党委）机关，立即通知苏北各地委和第三师各部队，一律不开展"抢救"运动。如果发现可疑情况，可按照正常工作程序，由主管部门解决处理。在整风运动当中，只搞正面教育，提倡主动反省，不准逼供、诱供。这样，苏北各区和第三师部队在整风中，就没有搞"抢救"运动。以后经过抗日战争和解放战争的考验，证明广大干部确实是好的，没有发现有什么问题。

过了一个时期，华中局召开会议。

会议期间，我同第七师政治委员曾希圣住在一起。我俩是老相识，每次一见面都是无所不谈。可是这次我却发现曾希圣情绪有些不正常，沉闷不乐，很少讲话。我估计他心里可能是有点什么事情，就问他。开始他不肯说，后来，我一再问他，他才说，他的爱人可能是个特务。我问他：你自己相信不相信？他说，人证、供词都有，不相信有什么办法？我问是什么人供出来的？他说是在第二师政治部工作的一个女干部供出的。原来那个女干部与曾希圣的爱人是在上海的同学，当时她们都很年轻，在"抢救"运动中，那个女干部不仅供认了自己是特务，还供出了她的同学。我觉得这件事情不大靠得住，就通过第二师政治委员谭震林，把第二师政治部那个女干部找来，我单独同她谈话，了解详细情况。

开始，我问那个女干部，是如何加入特务组织的？她滔滔不绝地讲了一通，绘声绘色。我又问她都搞了哪些特务活动？她照样又是讲了一大套，神乎其神，我一听就觉得不可信。最后我问她，讲的这些是不是真话？她说是千真万确。我耐心做她的思想工作，打消她的疑虑，对她说，要向组织讲实话，不能有半点虚假，否则，既对革命事业不利，又害了自己和同志。这时，她突然放声大哭起来，说她以前讲的那些话全是编造的假话。我问她为什么要讲那些假话？她说，起初搞"抢救"时，她讲的是真话，但人家不相信，对她进行"抢救"，大会小会斗争、逼供，被整得实在没有办法，只好瞎说一气，问什么就交待什么，还得说得有鼻子有眼。这样一来，反而受到表扬、欢迎和优待。于是，她就索性胡编乱供起来。

我把谈话的情况告诉了谭震林，对他说，这种"抢救"法真是害死人呀！我问谭，第二师搞出来多少特务？谭说每个团都是数以百计。我说："哎呀！你一个团里有那么多特务，部队驻地离敌人那么近，你又在审查他们，部队还不乱了套，都跑光了？"谭说，一个人也没跑。我说："老兄，你快回去给人家平反吧。你那么整人家，人家一个都不跑，哪有这样的特务？"随后，我又向饶漱石谈了我的意见，饶也觉得这样搞法有点问题。我建议对被"抢救"的干部进行甄别平反，饶漱石表示同意。

我开完会回到师部不久，接到华中局电报，让立即将第三师政治部保卫部长杨帆逮捕，押送华中局，并说明是延安有人供出杨是特务，需要逮捕审查。我因情况未经证实，觉得不便贸然执行逮捕，就告诉杨帆说华中局让他去开会，并派部队护送他前往。杨帆一到华中局驻地，就被关押起来。后来查清他确是受了冤枉，饶漱石在释放他时，向他道了歉。解放以后，杨帆任上海市公安局副局长，饶漱石、潘汉年出了问题以后，杨帆再次被捕入狱，一直到党的十一届三中全会后，他与潘汉年才得到平反。康生在中央主持搞的"抢救"运动，真不知害了多少好同志。幸而毛泽东虽支持搞"抢救"，但他吸取了打"AB团"的教训，坚持了"一个不杀，大部不抓"的政策，使许多蒙冤的同志后来还能有机会得到平反。否则，这种"左"得要命的运动方式，不知道要整掉多少人了。

反"扫荡"斗争

苏北根据地的建立和发展以及我军的不断壮大，引起了日军的极大惊恐和仇视。1941年7月，日军一万七千余人，并出动装甲汽艇百余艘，在飞机大炮掩护下，对以盐城为中心的我苏北根据地发动了大规模"扫荡"，妄图消灭我华中局及军部首脑机关，摧毁

1941年粉碎日伪大"扫荡"胜利后，黄克诚（前排中）和部分旅团领导干部合影

我根据地。

　　第三师主力部队在利用河网港汊复杂地形对"扫荡"之敌阻击、侧击歼敌后，即转入日伪军侧后打击敌人，先后攻占敌伪占据的部分市镇，牵制了敌之行动。在苏中新四军第一师部队积极出击支援下，敌兵力开始南移，对苏中进行"扫荡"。我第三师主力部队随即转入全面反击，策应苏中，连续收复阜宁、东沟、建阳等城镇，使敌顾此失彼。至8月下旬，经我苏北、苏中军民协同作战，共歼日伪军三千八百余，击沉敌装甲汽艇三十余艘，粉碎了日寇"扫荡"。

　　1942年底至1943年春，是苏北抗战斗争最艰苦的阶段，日寇集结重兵，先后对我淮海区和盐阜区发动了规模空前的大"扫荡"。

1942年11月，日本华北派遣军调动了日军第十七师团一个旅团及伪军第三十六师等部，开始对我苏北淮海区进行分进合击式的大"扫荡"。我淮海区军民在地委书记金明和军分区司令员刘震的指挥下，以一部主力配合地方武装和民兵，在根据地内开展游击战，消耗、疲惫、迷惑敌人；机关和大部分主力则从敌合围间隙跳到边区，寻机歼敌。经过反复周旋，使敌人处处扑空，被拖得精疲力竭。敌"扫荡"临近结束之际，日伪军在我根据地交通要道构筑碉堡，安设据点，抢修公路，扩大伪化区，企图分割蚕食我根据地。我第十旅兼淮海军分区部队，广泛开展游击战和交通破袭战，并采取袭击、围点打援等战术，先后攻克敌伪据点多处。到1943年，我们发动了春季和夏季攻势，先后拔除敌伪据点三十五

1942年，黄克诚（中排右二）在苏北。中排右一为金明，后排右一为李一氓

处，使根据地基本恢复到"扫荡"前的态势，又一次粉碎了日军的大"扫荡"。

日军在"扫荡"我淮海区之后，紧接着对我盐阜区实行更大规模的"扫荡"。敌此次"扫荡"，由日本中国派遣军总司令部拟定战役计划，调集日军第十七师团、三十五师团、十五师团之独立十二混成旅团万余人及伪军八九千人，以海、空军配合，于1943年2月中旬，对我盐阜区分进合击，自北至南构成一弧形大包围圈，并以舰艇封锁我沿海港口。在飞机掩护下，实行"梳篦式"的反复搜索。

为适应斗争需要，华中局和军部于1942年底转移到淮南路东。敌"扫荡"开始时，我先率师部（区党委机关）跳出敌包围圈外。我军在第三师副师长兼第八旅旅长、盐阜地委书记张爱萍统一指挥下，首先避敌锋芒，采取内线与外线、分散与集中相结合的战法，开展了反"扫荡"斗争。在敌向我合围时，我以一部主力沿途阻击、袭扰，消耗、疲惫敌人，大部主力则转至敌侧后，寻机反击。敌合击扑空后，又实行分区"扫荡"。我各地区相对集中兵力，袭击敌据点，予敌以沉重打击。地方武装和民兵则积极展开袭扰战，陷敌于四处挨打的境地。至3月中旬，敌被迫开始撤退，我军即集中主力进行反击，取得黄营子、单家港等战斗的胜利。旋即我军转入全面反击，连克敌伪据点十余处。我军又乘胜收复滨海县小尖子地区，攻克陈家港。至4月中旬，历时两个月的盐阜区反"扫荡"胜利结束，共毙伤俘日伪军一千八百余，攻克敌伪据点三十余处，并争取一批伪军携枪反正。

在这次反"扫荡"作战中，我新四军第三师指战员英勇作战，涌现出一批可歌可泣的英雄事迹。其中第七旅第十九团第四连血战刘老庄，杀身报国的悲壮事迹，被朱德总司令赞为"我军指战员的

1944 年，黄克诚（左）与张爱萍

英雄主义的最高表现"。3 月 18 日，该连在淮阴以北刘老庄，遭日军千余人合击。全连八十二名指战员激战竟日，反复肉搏，在毙敌一百七十余后，全部壮烈牺牲。他们用自己的生命谱写了人民军队气壮山河的英雄篇章，值得永远怀念。

反"扫荡"斗争的胜利，改善了苏北地区的战略态势，鼓舞了根据地军民的斗争热情，坚定了抗战的胜利信心。由于统一战线的工作扎实有力，在日军"扫荡"期间，根据地内的地主、士绅多能以各种形式帮助和同情我军，为我们掩护干部，保存资料，抵制"伪化"等，没有发现有资敌、通敌等情况。盐阜区士绅在慰军大会上，称颂我军"运用游击战术，不断打击敌人，时分时合，神出鬼没，或攻或守，将卒用命，民族精神发扬无余，民气鼓励，收效甚宏，于此足知中国之不会亡"。阜宁县国民党书记长亦称："敌寇以泰山压顶之兵力，'扫荡'新四军，新四军能保全主力，已属难能可贵。不料又大举反击，恢复阵地，足见抗战必胜之前途。"救国会领袖邹韬奋先生目睹反"扫荡"的胜利，喜不自胜，感慨地说："新四军与士绅朋友密切配合，能于生死之际互相信托，于敌伪高压之下毫无背离，此乃中共统一战线政策之伟大成功，绝非谎言，余不到敌后根据地，余亦不信能做到如此成功之地步。"

反"磨擦"作战

以韩德勤为首的国民党顽固派，始终把我苏北抗日根据地视做眼中钉，不断寻隙挑衅，制造磨擦。因此，对国民党顽固派进行有理、有利、有节的斗争，就成为坚持敌后抗战、巩固和建设根据地的一项重要任务。

1940年10月，新四军黄桥决战胜利后，韩德勤纠集余部二万人退守曹甸、车桥、兴化一线，依托坚固据点继续与我为敌，并与向我皖东进犯的国民党反共军相策应，叫嚣要恢复黄桥战役前的状态。

1941年8月，当日军正对我苏北抗日根据地进行"扫荡"之际，韩德勤指使其部属江苏常备第七旅王光夏等部，乘机向我进攻，并在淮海区构筑据点，企图分割我根据地，策应由豫皖地区东犯的反共顽军汤恩伯部。针对国民党顽固派的阴谋，新四军第三师第八旅第二十二团于 9 月对顽军固守的号称"模范工事"的郑潭口发起攻击，全歼守军六百余，拔除了其插入我根据地内的钉子，取得了苏北攻坚战的首次胜利。是年 10 月，作为军部机动部队的新四军第三师第七旅一部与兄弟部队发起陈道口战役。担任对敌中心据点主攻任务的第七旅第十九团，以勇猛顽强的攻势，突破敌深沟高垒，攻克陈道口据点，王光夏仅率百余人乘乱化装逃跑，其余一千五百余顽军全部就歼。这一胜利，彻底粉碎了顽军对淮海区的进攻，使我淮南、淮北、淮海、盐阜四块抗日根据地联成一片。

1943 年日军对我盐阜区实行"梳篦式"大"扫荡"之前，曾先"扫荡"韩德勤所部。为贯彻抗日民族统一战线政策，应韩德勤所求，我们曾允准韩部和东北军霍守义部官兵转移到我根据地内暂避，并向其供应粮秣，接济经费，掩护其安全转移至淮海区。尤其对东北军霍守义部，自该部南下苏北以来，我始终对其采取团结、忍让态度，晓以团结抗战大义。即使在我军同顽韩军交战，霍部通过我防区增援韩部时，我军亦未消灭它。我们考虑的是，东北军发动"西安事变"，对促成全国抗战局面作出过历史性的贡献，我们不应该伤害他们。及至 1943 年日军"扫荡"时，霍部在我们的协助下，从苏北撤回山东。但韩德勤却背信弃义，当其所部从我淮海区西渡运河进入皖东北后，即强占我淮北区金锁镇、山子头一带，公然宣称要在洪泽湖畔建立反共基地。韩部顽军所到之处，残酷破坏我抗日民主政权，捕杀我抗日干部和群众，并暗中勾结津浦路西国民党反共军王仲廉部，企图夹击淮北新四军第四师，以实现其卷土重来的野心。为了保卫抗日革命根据地，打破国民党顽固派的反共阴谋，在军部统一指挥下，调动第三师第七旅、第二师一部，配合第四师主力，于 1943 年 3 月 18 日，向顽韩军占据的山子头据点发起反击，一举全歼韩德勤总部及保安第三纵队、独立第六旅等部，击毙王光夏，生俘韩德勤。韩被俘后，起初还充硬汉，不吃不喝搞绝食，也不开口讲话，蛮有点"不成功则成仁"的架式。经我方做工作，他很快软了下来，口也开了，饭也吃了。为了表示我军团结抗战的诚意，旋将韩德勤释放，并发还部分人枪。至此，国民党顽固派留置于苏北的这一抗战障碍，始被彻底扫除，为坚持苏北抗战创造了更为有利的条件。

高沟、杨口、阜宁及两淮战役

1944 年后，日军为加强太平洋战场和向正面战场进攻，从苏北抽走部分兵力，为苏北我军开始局部反攻造成有利机会。

是年 4 月，我新四军第三师发起高沟杨口战役，对日伪军展开攻势作战。新四军第三师第十旅主力和第七旅一部，采取各个击破战法，将位于涟水县西北之敌伪高沟、杨口中心据点逐一拔除，并数次击退自新安镇、大伊山等地出援之敌。是役共歼日伪军二千余。攻克大小据点十四处。

5 月至 10 月，我军又发动滨海地区攻势，攻克苏北产盐重地陈家港及合顺昌、通洋港、青龙港等据点，解放了日寇掠夺盐、棉的基地合德，并攻克运河线上敌新设立的重要据点林公渡。随即又乘胜在苏北各地发起一系列攻势作战，将淮海区之敌分割在几个孤立区域内，并将我边沿区推向陇海路，使陇海路百余里地段处于我军打击之下。12 月至翌年 3 月，我军又重创敌从冀鲁豫南调以增援沿海的伪军孙良诚部。1945 年 2 月，我军强攻敌叶圩子据点，全歼守敌。

1945 年 4 月，我军发起阜宁战役。阜宁城是盐阜区的军事要地。三师以第八旅、第十旅各一部及师特务团，在部分地方武装配合下，于 4 月 24 日午夜，对阜宁城守敌发起攻击，于 25 日下午突入阜宁城，与守敌展开巷战。至 26 日，守敌相继就歼和缴械投降，历时三天的阜宁战役胜利结束。此役我军共歼伪副师长以下四千余人，攻克阜宁县城及周围据点二十余处。这是苏北我军从敌人手中解放出来的第一座县城。这次战役锻炼和提高了我军攻坚作战的能力。

经过几年来的艰苦斗争和一年多来的局部反攻，苏北敌伪已被压缩在一些孤立的城镇据点内，解放区进一步扩大，我军壮大了三倍，战斗力有了明显提高。

1945 年 8 月日寇宣布无条件投降后，新四军第三师即集结主力，准备担负机动作战任务，进入战略反攻。我苏北地方武装及民兵先后解放了沭阳、宿迁、泗阳、涟水等县城，迫使敌伪纷纷向主要点线集中。长期盘踞在苏北的伪军潘干臣、吴漱泉等部，此时却受到国民党的加委，摇身一变，分别改编成国民党第六军第二十八师和淮安独立旅，连同伪保安团、常备旅等地方反动武装，据守淮阴、淮安两座县城，拒绝向我抗日军民缴械投降。针对这种情况，我们计划集中新四军第三师主力，首先攻取淮阴、淮安，然后打下盐城，逐个扫清根据地内残余敌伪，解放苏北全境，为尔后自卫作战准备战场。

正在这时，接到军部命令，要我率新四军第三师主力向淮南津浦路西出动，会同新四军第二师部队，狙击桂系顽军东犯。这样，我们原定的扫清苏北残敌的计划遂暂时搁置，对部队作如下部署：我率新四军第三师第七旅、第八旅进至淮南津浦路两侧的定远、盱胎、涧溪等地区，与新四军第二师的部队会合；而将新四军第三师第十旅留置于临近两淮的高良涧、蒋坝地区，以便既能西进作战，又便于回师东返，相机歼灭两淮之敌。在西进途中，考虑肃清苏北敌伪作战的需要，三师参谋长洪学智返回苏北，相机组织准备攻取两淮的作战。

新四军第二、第三师部队集结在津浦路两侧，等候半个多月，未见国民党军队东犯的动静。我估计国民党军队正忙于夺取大城市和交通要道，一时还不大可能向我根据地进攻。而我军主力部队旷日持久集结于津浦路两侧，势成守株待兔，却失去肃清根据地内残敌的有利时机。为此，我和当时共同指挥津浦路作战的第二师政治委员谭震林研究后，于9月3日联名向华中局及军部打电报建议，将第二、第三师主力调回津浦路东，夺取铁路一段，牵制国民党军队；主力一部回师肃清苏北、苏中各城市伪军，创造联成一片的大块根据地，作长期斗争准备。此电报同时报到中央。9月5日，刘少奇从中央电示华中局："顽军进占大城市与交通要道，我欲阻止顽军前进已很困难或不可能，而桂顽进占城市与要道后，暂时亦不会向我根据地深入进攻我军。因此，我欲求歼灭顽军一路，暂时恐无机会，以此配合谈判更不可能。在此情况下，请你们考虑黄、谭意见，将三师部队抽调（或再加二师之一部）向东肃清苏北敌伪据点，造成将来作战的有利条件，似乎是必要的，否则主力部队将陷于无事可做的地位。以前黄克诚主张三师部队首先肃清苏北敌伪后再西调的意见似乎也是对的。"据此，我率第三师主力回师苏北，发起两淮战役。

淮阴、淮安是两座历史名城，又是苏北政治、经济、文化中心，南北水陆交通枢纽。抗战爆发后，国民党江苏省政府曾迁移到淮阴。日寇侵占后，又成为日军屯兵要地，形成分割我苏北、苏中、淮南、淮北各根据地联系的一大障碍，根据地军民早就渴望拔掉这颗钉子。当人民群众听到我军要打两淮的消息后，立即沸腾起来，踊跃支援前线。四面八方汇成了人民战争的海洋。

淮阴城高 8 米，淮安城高 12 米。两淮县城相距 17 公里，面对运河，水深城固。城上有日寇经营几年的工事，城四角和城门上筑有炮楼，城内主要街道路口筑了地堡。城四周在运河及护城河等屏障的基础上，增设了鹿砦、铁丝网。城外围还附设卫星据点。以此构成了以城墙为骨干的防御体系。

根据敌我态势，我们决定采取集中优势兵力，分割包围，各个歼灭的战法。首先以位置距两淮最近的第十旅和地方武装攻取淮阴，然后以相继赶回的第七旅、第八旅和地方武装攻取淮安。

在我于津浦路西东返时，就打电报给师参谋长洪学智和第十旅旅长刘震，要部队提早行动，向两淮开进，并首先攻下淮阴。第十旅及淮海军分区新二团和师特务团，乃于 8 月 26 日由高良涧、蒋坝等地出发，苏北地方武装射阳独立团和淮阴、涟水警卫团，从东、北两面配合，向淮阴逼进。淮安、涟水独立团则担负对淮安的警戒和包围。27 日至 31 日，我军夺取了淮阴外围的全部敌据点，严密包围了淮阴守敌。与此同时，我军向守敌发出通牒，敦促其缴械投降。但守敌以"曲线救国的胜利者"自诩，拒绝投降，并残忍地杀害了为我方送信的张老汉，激起我军指战员的极大义愤。

9 月 6 日下午 2 时正，我军对淮阴守敌发起总攻。我第十旅第二十八团第一营通过地道对城墙实施爆破成功，突击分队仅用五分钟即登上城头，在东门城头插上第一面红旗。旋即与守敌展开激烈搏斗，打退敌人的多次反扑，进入纵深，在观音寺将伪淮阴保安团团部消灭。其他方向的攻击部队也先后突破敌城防，勇猛穿插分割，直捣敌核心。

从南门进攻的我师特务团，因爆破器材在前进中被敌炮火击中，未能按计划实施爆破，便提前五分钟发起攻击。虽遭到很大伤亡，仍前仆后继，奋勇登城。尖刀班长、战斗英雄徐佳标，第一个攀上城墙，把红旗插上城头。他在身负重伤的情况下，仍顽强地与敌搏斗。这时，从敌人一个暗堡内射出的机枪火舌，疯狂地向我军扫来，封锁住我军前进道路。徐佳标奋不顾身地扑上去，用身体堵住了敌人的机枪射孔，为我突击部队开辟了前进的道路。淮阴城解放以后，为了纪念这位战斗英雄，当地人民群众把他献身的地方淮阴城南门，命名为"佳标门"。

在西门，我攻城部队在突破敌城防后，一直冲入敌教导营营部，捉住了敌营长和一名号兵。我突击排长曾当过司号员，他令敌号兵供出号谱，便吹起敌军的集合号，把已经混乱动摇的敌一个营官兵全部俘虏。

至下午3时许，我第十旅第二十八团第二营直捣敌指挥部，歼灭了敌警卫部队，敌伪师长潘干臣被击毙。继之，城内守敌残部先后投降，一小部分敌人企图从西北突围，当即被我新二团和射阳独立团全歼。9月6日下午3时30分，全部战斗胜利结束，淮阴城遂告解放。

淮阴战斗结束后，我第十旅主力即于9月13日开抵淮安城下，紧缩了对淮安城的包围。接着，我率第七、第八旅从淮南东返，先后进至淮安城下，接替了第十旅。针对淮安守敌依托里运河及高大城墙采用一线设防的特点，我军在城外构筑了十几个高于城墙的制高火力点，并挖掘了直通城墙底部的长达一百五十米地下坑道，同时对敌展开政治攻势。9月21日拂晓，守敌组织敢死队百余人，由西城墙坠下，向我军偷袭，企图夺路突围逃跑，被我第八旅第二十四团第一营全歼。

22日上午8时，我对淮安守敌总攻开始，首先实施炮火袭击。我第八旅第二十二团通过地道，隐蔽地进至城根，以预先运去的重磅炸弹，将西南城墙炸开大缺口，我军立即涌入城内。迅速排除各种障碍,发起冲击。我第七旅第十九团、第二十团从城东南和城南方突破敌城墙一线防御,并向敌纵深突击,快速歼灭了敌人。我参战的各地方独立团也分别从各个方向突进城内。经短时间激战,敌依托高大城墙精心设置的防线,全部被我摧毁。我各攻击部队迅即向敌纵深穿插,对敌实施分割包围。战至上午10时,城内守敌大部就歼,残敌被我切割成相互孤立的几块。我展开阵前喊话,瓦解敌军,并发动城内居民搜捕化装隐藏的散敌,迫使残敌大部投降,一部就歼。中午,伪旅长吴漱泉、伪专员李云霈带领残部二百余人,依托钟鼓楼及楚王殿工事继续顽抗。我遂集中主力发起猛烈冲击。经30分钟激战,将其全歼,吴漱泉被击毙。至下午3时,号称"铁打的淮安"即告解放。

同时,我第十旅在部分地方武装配合下,于9月18日对响水口一带伪军徐继泰部发起攻击,歼敌近千,攻克响水口、陈家港、大伊山、新安镇等市镇,控制了灌河两岸,完全解放了苏北盐场。

两淮战役是我军在华中敌后进行的第一个较大战役。此役总计全歼淮阴、淮安守敌伪师长潘干臣、伪旅长吴漱泉以下一万五千余人(淮阴战斗歼敌九千余人,淮安战斗歼敌六千余人),缴获炮十五门,轻重机枪一百八十余挺,长短枪八千八百七十余支,掷弹筒及各种弹药、车辆、马匹、军用物资等一大批。

新四军第三师自开辟苏北抗日根据地至抗战胜利五年中,共作战五千余次,歼敌六万余人,部队由二万余人发展到七万余人(包括主力和地方部队),本身伤亡一万余人。开辟了拥有四万多平方公里土地和八百多万人口的解放区。第三师除完成苏北战斗任务外,还调出两个团(淮河大队和第二十三团)、一个旅(独立旅,后又归建)支援山东和皖江地区作战。第七旅作为军部机动部队,转战苏北、淮北、淮南等地区,屡立战功。当时华中局曾向中央报告说："三师的战斗力较强，部队充实，……基本上保持了过去的优良作风和制度，尤以政治工作能深入与反映部队的问题，保证一切，每一号召能很快地动员起来，自上而下地去推动执行。"新四军第三师就是以这种艰苦奋斗、英勇顽强的作风，打败了敌人，创建了苏北根据地，与苏北广大人民群众结下了深厚的鱼水之情。

14

在东北战场

进军东北

1945 年 9 月上旬，经中央批准，我率新四军第三师第七、第八旅自淮南津浦路西东返，回师苏北。于 9 月 13 日途经华中局驻地时，得知苏联红军已将日本关东军歼灭，占领了我国东北地区。同时，我军也有少量部队进入东北。而国民党军队主力尚在大后方，一时还来不及接管东北。我认为这是我军进军东北，开辟创建东北战略根据地的极好时机。于是，我就请当时任华中局书记的饶漱石给中央发电报，建议中央及军委立即派大部队到东北去，不管苏联红军同意与否，要下决心进军东北，不可错过时机。但饶漱石当时不同意发电报。我即以自己的名义起草了一封电报，向中央及军委提出了我对当前局势及军事方针的意见，并于 14 日用华中局的电台发出。电文主要为：

我对目前局势和我军军事方针，有以下意见和建议：

（一）蒋介石对我党谈判毫无诚意，只以和平谈判作欺骗人民、麻痹我军、拖延时间之手段。……到适当时机，和平压力无效后，即以大军向我进攻，以收各个击破之效。

（二）我军数量虽大，但精干坚强之主力不多，且占领地区大，我主力分散。……很难独立长期支持大规模战争。

……

我们应采取：

政治上仍进行谈判，而军事上应集中主力进行决战。在决战胜利之下，取得联系一片的大战略根据地，有利于进行长期斗争。军事具体部署上，我建议：

1.东北既能派队伍进去，应尽量多派，至少应有五万人，能去十万人为最好。并派有威望的军队领导人去主持工作，迅速创造根据地，支援关内斗争。

2.以晋、绥、察三地为关内第一战略根据地，应集中十万主力，进行消灭傅作义、阎锡山、胡宗南之决战，达到控制整个察、绥与西北部和太行山全部。

3.以山东为关内第二战略根据地，应集中十五万主力，待敌人缴枪之后，在济、徐、胶、海铁路线进行决战，达到控制整个山东。

4.其他各地区，则成为二大战略根据地之卫星，力求争取局部决战之胜利，若不可能时，即以游击战争长期周旋。

（五）为执行上述方针，山东应调三万人到五万人去东北，华中应调三万到六万人去山东。在河南和平原主力的一部，应调山西。江南一师主力应调回江北，只以一部留在江南活动。

一师为新四军之坚强部队，目前向顽作战毫无希望，估计将来被截断之后，会被迫打游击。以坚强主力去打游击，极为不利，故应迅速北调。

（六）我对各方面材料了解甚少，可能有片面之处。但我认为目前我党若没有联系一片的大战略根据地，就不会有大的胜利；若没有大规模决战的胜利，就不会有联系一大片的大战略根据地。故集中兵力进行决战，当为当前之急。如依靠谈判或国际干涉，均带有极大危险性。是否有当，请考虑指示。

电报发出之后，我即离开华中局驻地，率部发动两淮战役。9月22日，当我进入刚刚解放了的淮安城时，只见满城军民载歌载舞，欢腾雀跃，沉浸在抗战胜利的喜悦之中。历经战争创伤的人民群众渴望和平，需要休养生息，这是大家的共同心愿。可是，我心中清楚，国民党反动派无论如何不会允许我根据地人民群众安居乐业。经过八年浴血抗战建立起来的抗日根据地，很快又将成为国民党反动派向我们争夺的战场，已经付出了重大代价的根据地军民，还将作出新的牺牲，全党全军和全国人民正面临着一场新的严峻考验。

我军攻克淮安的第二天，即1945年9月23日，我接到上级命令，要我率新四军第三师主力三万五千人开赴东北。接到命令后，我即刻着手进军东北的部署。当时听说东北武器装备甚多，曾有个说法，要第三师北进部队把武器和装备留下来交给地方，说是到了东北就可以拿到新武器，新装备。但我对此没有轻信。我历来考虑问题，总是把不利因素尽量想得多一点，以便有备无患。我想，目前情况瞬息万变，部队到了东北万一拿不到武器，将怎么打仗？而且千里行军，路上若遇到情况，没有武器又怎么行？所以，我坚持部队现有的武器不能留下，要全副武装上路。同时我还考虑到，到东北之后，即进入冬季，首先将遇到与苏北迥然不同的寒冷气候，解决部队的棉衣问题，亦是当务之急。尽管当时受到一些责难，但我还是坚持这两条：一是要部队带上棉衣，二是要全副武装。多余的武器可以留下来，交给地方使用。这样，我一边安排先头部队即刻出发，一边抓紧筹集棉衣。9月28日，我同副师长兼参谋长洪学智率师部直属队和其余各旅部队从淮阴启程，向山东进发。

临离开苏北之前，华中局和新四军军部曾指示我们到达山东之后，要停留一个时期待命。在行军途中，我一再考虑部队在山东滞留非常不利。军事行动历来强调兵贵神速，捷足先登，我们进军东北更应不失时机、争分夺秒地快速行动。于是，我于10月4日向中央军委发电报，建议部队到山东后，不宜停留，稍事休整立即北进。中央军委于10月6日回电指示："为迅速达成战略任务，三师部队在到达山东后，应兼程北进，不能在山东担负战斗任务。"10月12日，我率部进入山东临沂地区，休整两天，补充了粮食，即向河北进发。在山东临沂地区我见到陈毅，他刚从延安来。陈毅向我介绍了延安的情况以及党的第七次代表大会情况。

10月14日，我率部离开临沂继续北进。过了胶济铁路和黄河，于10月26日到达渤海区。接着，于10月31日在东光以南穿过津浦铁路，进入河北，跨过永定河，在廊坊地区越过平津铁路，于11月10日抵达冀东的三河、玉田一线。适逢连日降雨，道路泥泞难行，部队又无雨具，不得不就地休息两天，并补充粮食，准备出山海关进入东北。

这时，得知国民党汤恩伯部五万余人逼近山海关，已与守卫山海关之我山东部队杨国夫师接触。考虑到我部既然已难按原计划经山海关进东北，我便于 11 月 8 日向中央军委发电报，建议改由山海关以西绕道经冷口出关进入东北。

11 月 11 日，我接到东北局电报，命我率部直趋山海关，配合杨国夫师歼灭进攻之敌。13 日又接东北局电令，要我部暂勿向锦州、义县前进，而改向义院口、驻操营前进，并要我统一指挥新四军第三师及山东梁兴初师集结于抚宁地区，待机歼灭正向山海关西北之石门寨及抚宁延伸并构筑地堡工事的国民党军。

11 月 14 日，我发电报给中央军委并转报东北局，说明新四军第三师与山东梁兴初师全部集结于抚宁，尚需六天时间，且部队极度疲劳。军委前已电令我部迅速向锦州集中，现东北局又电令我部集结抚宁作战，究竟如何行动，请尽快指示。

当日即接到毛泽东以中央军委名义发来的电报，令我部与梁兴初师速分路平行前进，限 24 日到达锦州地区休整。15 日，毛泽东又电示东北局："我黄、梁两部四万二千，远道新到，官兵疲劳，地形不熟，目前开至义院口、驻操营，必无好仗可打；即便歼敌一部，不过战术胜利，而兵力暴露，不得休整，势将处于被动。应令黄、梁两师从冷口、界岭口分路隐蔽开至锦西、兴城三角地区，处于内线，休整部队，恢复疲劳，补充枪弹，熟悉地理民情，创造战场，演习夜战，准备决战。"

根据中央军委和毛泽东的命令，我即率部从玉田出发，由冷口出关，于 11 月 25 日到达锦州附近的江家屯。这样，新四军第三师主力部队三万五千余人，从苏北徒步行军，跨越江苏、山东、河北、热河、辽宁五省，历时两个月，完成了进军东北的战略任务。由于长途跋涉，部队伤病等原因，发生一些减员。到达东北时，部队的人数为三万二千。

创立根据地

在进入东北之前，我已估计到东北是国民党军队必争之地，我党中央决心调大批部队进入东北，目的是为了日后与国民党军队决战。蒋介石也正借助于美国的军舰、飞机，向东北调兵遣将。在目前国民党军队的兵力和装备上都远远优于我军的情况下，我军既不可能马上独占东北，也不可能以速战速决取得东北决战的胜利。必须首先在广大农村和部分中小城市建立巩固的根据地，立住脚跟，然后以根据地作依托，逐步发展壮大，作长期斗争准备。待一旦时机成熟，再进行战略决战。因此，当务之急，不是与国民党军队在铁路沿线作战，而是迅速占领中小城市和广大农村，发动群众，建设根据地。

在新四军第三师主力部队到达东北之前，李运昌所部已先期一个多月由冀东进入东北，并很快收编了大批游杂武装。后来，由于国民党军队陆续进入东北，向铁路沿线和大城市发动进攻，李运昌部被迫从锦州等地撤退。11月26日，锦州被国民党军队占领。我刚刚到达锦州江家屯，就接到东北局的电报，命令我率部负责切断铁路交通，阻止国民党军队进入沈阳。

当时，我们部队经过长途跋涉，非常疲劳，而且面临一系列困难无法解决，很难进行大规模作战。前据中央于9月15日转发曾克林的报告说："在沈阳及各地堆积之各种轻重武器及物资甚多，无人看管，随便可以拿到。"但我们到达东北后，情况并非如此。苏联红军占领东北之后，因为受到苏联与国民党政府签订的《中苏友好同盟条约》之约束，不准我军进入大城市，不准我军接收苏军缴获的日伪军用物资。当时的东北，土匪蜂起，人民群众听信国民党的欺骗宣传，对我们很不了解，也没有地方党和人民政权的支持，部队的给养相当困难，出去搞粮食需要派出整排整连的武装，少数人根本无法通行。部队指战员没有棉鞋、棉帽和手套，从苏北带来的一套薄棉衣，根本抵不住东北零下二三十度的严寒。先头部队及先遣人员，因出发仓促，连薄棉衣也没有穿上，困难更大。加之在冀东三河境内向部队作进军东北动员时，对这些困难估计不足，此时部队的情绪出现了波动。我们只好重新作思想工作，动员大家克服困难，战胜困难。在这种情况之下，要部队同刚出关的国民党精锐部队在铁路沿线打硬仗，其结果可想而知。

有鉴于此，我于11月26日给毛泽东发去一封电报，除报告我部已到达东北及部队所在位置外，着重报告了部队遇到了极为困难的情况。我在电报中讲了"七无"等情况，即"无党（组织）、无群众（支持）、无政权、无粮食、无经费、无医药、无衣服鞋袜等。部队士气受到极大影响。锦州、山海关以西地区土匪极多，少数人不能通行，战场极坏。而敌人已占领锦州，将直达长春。我提议我军暂不作战，进行短期休整，恢复体力，并以一部主力去占领中小城市，建立乡村根据地，作长期斗争之准备"。我在电报中说明，由于我刚到东北，与东北局的同志不熟悉，所以直接给毛泽东发电报请示并提出建议。

11月27日，我又将某些县政权由改编的伪军所控制的情况，电报中央军委，并说明"东北特工、土匪甚多，如不及早着手建立根据地，我主力在东北亦很难应付"。

毛泽东回电指示我直接向东北局请示和提出建议。11月29日，中央军委亦给我回电指示："关于你部编制、干部配备与活动地区和作战意见等，你均可与林彪坦白商谈，并由你与林向中央提出意见解决。"

接到中央军委电报指示的当天，我即给东北局发去急电，提出对目前工作的建议。电文如下（略有删节）：

（一）已进入及将进入东北之主力及新组成之部队，数目特别巨（大），力量强大。但若无党政民之支持，无粮食经费的充分供给，无兵员的源源补充，将大（大）减弱强大力量。……这样下去，不仅影响作战，且有陷入不利地位之危险。因此，运用冬季不能进行大规模作战之五个月期间，发动乡村群众，肃清土匪，建立党与政权，应为当前之急务。求得五个月内建立根据地的初步基础，便利明春之大规模作战。

（二）要发动群众，需要干部。各地干部一时不易赶到，东北局手中无干部，我作如下建议：

1. 立即划分主力师（或旅）的补充熟悉地区，作为该师（旅）之根据地，每师（或旅）划三个县到五个县。

2. 该师（或旅）立即派遣地方工作干部，前往规定地区，开辟工作，建立政权、党委，发动群众，建立地方武装。

3. 该师（或旅）派出必要兵团负责肃清土匪，恢复社会秩序。

4. 该师（或旅）在规定地区内收集粮食资财，建立医院、工厂，扩大新兵，源源补充主力部队。

5. 被规定之地区，如已有党委、军区，则派出干部受党委领导；如无党委，须由军队派得力干部组织临时党委、政权、分区，以领导工作之进行。

6. 主力部队集结作战，伤病员则送该地休养。

（三）上述建议如整个部队不能实施，则请划十个县地区给三师各旅去建立后方，开辟工作，以免除伤病员随队，妨碍主力行动与作战。

　　我认为二十万军队没有千万以上群众支持，是不堪设想的。是否有当，请考虑示复。

　　我先后给东北局发了三封内容类似的电报，提出建立根据地的建议，但始终未见回音。为了执行东北局原来给我部的作战命令，我便与副师长兼参谋长洪学智一道，带领各旅干部去看地形。待回到驻地，恰巧李天佑奉林彪之命来我部联系。通过与李天佑交谈，我才知道中央已派林彪负责组织东北人民自治军（后改称东北民主联军）总司令部，统一指挥我军进入东北的各部队。而林彪的总司令部离我们的驻地大约只有二三十华里。我立即与李天佑一起骑马去见林彪，当面向林彪陈述了我的上述建议。我说，我们是疲惫之师，且无根据地作依托；而敌人是乘坐轮船来的精锐之师。"策疲乏之兵，当新羁之马"，是不可取的。当前最重要的是建立后方，站稳脚跟，逐渐发展壮大自己，以期将来同国民党军队进行决战。

　　林彪采纳了我的意见，并命令部队转移到义县、阜新一线，做发动群众的工作。我则同林彪会合，驻到义县附近的乡下。我就便又向他陈述关于建立根据地、打开东北工作局面的想法和建议。

　　正在这时，毛泽东来电，询问我们对东北工作所拟采取方针的意见。我根据自己的上述想法，拟了一份电报稿，送给林彪看后，即给毛泽东发出。据我所知，当时在东北工作的其他领导同志，也都给毛泽东回电提出了意见和建议。

　　12月28日，毛泽东给东北局发来了《建立巩固的东北根据地》的著名电报指示，指出东北斗争的艰苦性，及时地提出了把东北的工作重心放在距离国民党占领中心较远的城市和广大乡村方面，"让开大路，占领两厢"，以便发动群众，建立巩固的根据地，逐步积蓄力量，准备在将来转入反攻。在电报中还特别提醒说："必须使一切干部明白，国民党在东北一个时期内将强过我党，如果我们不从发动群众斗争、替群众解决问题、一切依靠群众这一点出发，并动员一切力量从事细心的群众工作，在一年之内，特别是在最近几个月的紧急时机内，打下初步的可靠的基础，我们在东北就将陷入孤立，不能建立巩固根据地，不能战胜国民党的进攻，而有遭遇极大困难甚至失败的可能；反之，如果我们紧紧依靠群众，我们就将战胜一切困难，一步一步地达到自己的目的。"

毛泽东的这一指示，指明了东北工作的正确方针，对统一大家的认识，坚定信心，为最后夺取解放东北的胜利，奠定了思想基础。

我率部移驻义县附近期间，就将新四军第三师的部队分散在义县和黑山边境一带，清剿土匪，做发动群众的工作。不久国民党军队进攻义县，我同林彪一起撤到阜新。紧接着国民党军队又向阜新大举进攻，我建议林彪先撤走。林彪遂率山东部队梁兴初、罗华生的两个师以及新四军第三师第七旅，撤到康平、法库一线。待林彪撤走以后，我将新四军第三师的第十旅和独立旅分散在阜新以北、彰武东西地区活动，消灭土匪，发动群众，建立根据地。我率第八旅和三个特务团等部北进通辽，于1946年1月12日攻下通辽城，歼灭了国民党收编的伪军一千余人和地主土匪武装一部。随即，我们就在通辽、开鲁一带开辟工作，发动群众，消灭土匪，建立政权。

根据这一段对东北情况的了解和工作实践，我于1946年1月29日给东北局发了一封电报，提出了我对解决东北我军集中与分散矛盾问题的意见，建议分决战、游击坚持、政治攻势三种地区来部署军事力量。电文如下（有删节）：

（一）我们在东北军事上的一个困难问题，是集中与分散的矛盾。我们没有根据地很难打胜仗，但没有胜仗又建立不起根据地。……二者不可得兼，二者又必须得兼。在东北若不适当解决这个矛盾，军事上有继续遭受挫折，甚至失败的危险。

（二）东北地区辽阔，乡村村落稀少，气候寒冷，没有近代交通工具，运动不灵活，分散之后不易集中，集中之后不易分散。敌人据有铁路、公路，集中分散运动灵活，与内战时代不相同。……必须有新的办法来适应今天之情况。

（三）东北地区广大，土匪众多。蒙汉杂居，无工作基础与革命传统，干部缺乏和与人民尚无联系等条件下，……如现在企图长期全部控制成为根据地，而平均使用力量，则有得到相反结果的可能。

（四）根据上述三项，为解决集中与分散之矛盾，照顾作战与创造根据地两个方面，……我意我们可以西满、东满、南满为单位，划分为下述三种地区来使用力量：

1.决战地区；2.游击坚持地区；3.政治攻势地区。三个单位中确定一个主要决战区。

（五）所谓决战地区，即是预定在该地区与顽进行决战，无论如何不能放弃者。现在即将军队主力和地方干部主力集中该地区，……创造战场，到顽军向该区进攻时，即不顾一切进行决战。目前在顽未进攻前，则分散于三五天行程内之地区，便于集中作战。

（六）所谓游击坚持地区，即不准备在该地区决战，只与顽打游击，消灭顽小部队。这种地区只配备次要部队和地方干部。……顽军进攻时，则以游击战消耗疲惫敌人，达到牵制敌人兵力之目的。

（七）所谓政治攻势地区（即中央指定不作战地区），完全不准备在该地区作战，只进行群众工作，与（向）顽进行政治攻势。……

（八）上述划分地区办法，可能解决集中与分散的矛盾和兼顾创造根据地与作战两个方面的要求。是否得当，供你们考虑之参考。

1946年1月12日，我率部打开通辽城。这时我才得知东北局已有全盘安排，并已在西满建立了分局和军区。我即打电报向东北局建议，把新四军第三师的部队与西满军区合并，使主力部队与地方相结合，亦使地方有主力部队，以便于开展工作。不久，东北局任命我为中共西满分局副书记兼西满军区副政治委员。当时西满分局驻地在郑家屯，分局书记是李富春。我到西满分局工作以后，东北局又任命我为西满军区司令员。我率新四军第三师主力部队来到西满，在李富春的领导主持下，全力以赴建设西满根据地。李富春主管党、政方面的工作，我负责军事方面的工作。中央曾于1945年12月22日来电中说：关于建立根据地，你是有经验的。这对我是很大的鼓励。

这时，新四军第三师主力部队分散到各地开展工作。部队分散到地方活动以后，普遍建立了与群众的联系，先前所遇到的困难即迎刃而解。加之不断用缴获土匪、伪军等反动武装的武器和物资装备自己，使部队的战斗力有了很大提高。

当时，我们在东北已建立了情报工作系统，可以及时地掌握国民党军的动向，相机歼灭其小规模部队。1946年2月13日，林彪在彰武、法库间，指挥山东部队一部和新四军第三师第七旅，歼灭了国民党第十三军第八十九师的四个营及一个山炮连、一个运输连。这就是著名的秀水河子歼灭战。在此稍前,我打电报给新四军第三师独立旅旅长兼政治委员吴信泉,要他统一指挥活动于彰武东西地区的第十旅和独立旅,消灭务欢池和泡子一带国民党军队。吴信泉立即到务欢池指挥作战。先以钟伟的第十旅主攻,独立旅助攻,于 2 月 12 日夜收复了务欢池,歼灭了国民党第十三军石觉部一个营。旋即,又以独立旅主攻,第十旅助攻,于新立屯以北的泡子车站,歼敌一个多营。这些战斗的胜利,锻炼了部队,打击了国民党军队的气焰,大大鼓舞了我军的士气,提高了部队的战斗力。

1946 年 2 月,国民党在南京组织反苏示威,要求苏联红军撤出我国东北,全部移交国民党政府接管。斯大林遂下令苏军从东北各大城市全部撤走。这样一来,反把国民党当局搞得措手不及。因为当时东北国民党军主力集中在沈阳,一时无力去接管其他各大城市,便只好由他们在东北各地收编的伪军、地主土匪武装去接管。我们抓住这一有利时机,放开手脚去夺取各个城市,发展壮大我们的力量,扩大影响。3 月 12 日苏军从沈阳一撤出,我就立即把活动于彰武地区的第十旅调到四平附近待命。3 月 14 日苏军一撤出四平,我第十旅就趁势于 18 日攻下四平,俘虏了几千名伪军,缴获了大量武器装备。四平攻下来后,我又将第十旅部署在开原一线,以阻敌北进。4 月中、下旬,苏军开始从长春、哈尔滨、齐齐哈尔撤退,刘震即率新四军第三师一部和特务一团,在东满部队一部的配合下,于 4 月 18 日攻克长春,歼伪军"铁石"部队一万余,缴获甚众。特务一团乘火车北上,于 4 月 24 日攻克齐齐哈尔,歼灭伪军数千名。在北满的山东部队第七师和三五九旅之一部,于 4 月 28 日攻克哈尔滨,歼敌万余。这一阵连续攻城作战,共毙俘伪军二三万人,缴获的军用物资堆积如山。国民党当局本以为苏军撤出东北会对他们有利,却未料到会促成我军得以进占大城市的局面。我军进占大城市后，装备得到很大改善，给养也不成问题了，给了部队以非常有利的休整、补充时机。从而，加快了军队建设和根据地建设的步伐。

1946年1月5日国共双方在关内达成停战协定之后，马歇尔回到美国。我当时的想法是：东北能否实现停战，要待马歇尔从美国返回以后，视美国政府的态度才好作出判断。不过，我不大相信国民党会真正停战。

建议撤守四平

四平被我攻下后一个月，即4月中旬，马歇尔从美国返回中国，美国政府支持蒋介石打内战的阴谋已经明朗化了。在此情况下，我军再固守据点已无意义，应当把大城市暂时让出来，给国民党军队背上这个包袱。当林彪移驻四平附近时，我向林彪谈了我的想法和建议，并同时把西满的主力部队全部交给林彪直接指挥，以便统一部署大规模作战。

不久，国民党军队开始自沈阳向北推进，在开原一线遇到我军的阻击后，即停止了前进。于是，敌人重新部署进攻，兵分三路攻打四平。林彪曾征询我意见，商讨这一仗怎么打法。我建议选择敌三路中较弱的一路，在西面打敌左翼，可以歼灭一部分敌人有生力量。林彪后来决定集中相对优势兵力，指挥山东部队梁兴初的第一师、罗华生的第二师和新四军第三师彭明治的第七旅、钟伟的第十旅、吴信泉的独立旅以及张天云的第八旅在八面城以南大洼一带，将敌陈明仁的第七十一军第八十七师歼灭，俘敌四五千人，还击落敌机一架。国民党军队组织对四平的第一次分进合击遂被我击退。

旋即，敌人倾其全部主力再度猛攻四平。此次东北国民党军队

集中了八个军的兵力同我作战。其中新一军、新六军和青年军第二
〇七师（相当于军），全是美械化装备。敌其余的五个军也都是半
美械化装备，均有一定的战斗力。相比之下，在四平一线我军的兵
力要少得多。虽然后期又调来山东部队第七师和新四军第三师第八
旅一部参战，但仍未能改变敌我力量相差悬殊的态势。尤其是当时
我军的装备远不如国民党军队。就在这种情况之下，林彪指挥东北
我军约十万人与敌人在四平一线展开激战。

这时西满分局驻地已移到白城子。我在白城子给林彪打电报，
建议适可而止，不能与敌硬拼。敌人一开始进攻的时候，打它一下
子，以挫敌锐气，是完全必要的。现在的情况是敌人倾巢出动，与
我决战，而我军暂时尚不具备进行决战的一切条件。因此，应当把
四平及其他部分大城市让出来，让敌军进来，我们则到中小城市及
广大乡村去建设根据地，积蓄力量。等到敌军背上的包袱沉重得走
不动了的时候，我们再回过头来去逐个消灭它，那时候我们就主动
多了。

我连续给林彪发去好几封电报，建议他从四平撤退。但林彪既
不回电，也不撤兵。于是，我于5月12日给中央发了辰文电，就
四平保卫战提出了我对东北局势的意见。电文如下（有小删节）：

（一）由关内进入东北之部队，经几次大战斗，战斗部队
人员消耗已达一半，连、排、班干部消耗则达一半以上。目前
虽尚能补充一部新兵，但战斗力已减弱。

（二）顽九十三军到达，如搬上大量炮兵及部分坦克用上
来，四平坚持有极大困难。四平不守，长春亦难确保。

（三）如停战短期可以实现，则消耗主力保持四平、长春
亦绝对必要。如长期打下去，则四平、长春固会丧失，主力亦

将消耗到精疲力竭,不能继续战斗。故如停战不能在现状下取得,让出长春可以达到停战时,我意即让出长春,……以求争取时间,休整主力,肃清土匪,巩固北满根据地,来应付将来决战。

(四)东北已不可能停战,应在全国打起来,以牵制国民党军向东北调动。……

(五)我对整个情况不了解。但目前关内不打,关外单独坚持消耗的局势感觉绝(对)不利。故提上面意见,请考虑。

我发给中央的这封电报,也始终未见回音。我军在四平打的这场正规阵地防御战,从4月中旬开始,一直打到5月中旬,整整一个月时间,敌我双方攻夺异常激烈。国民党军队虽被我大量杀伤,但仗恃其兵力雄厚,仍疯狂地轮番向我进攻。我军的伤亡相当严重,最后,不得不被迫放弃阵地后撤。西满分局驻地已在此之前移至齐齐哈尔。当时我方并曾做了撤出齐齐哈尔的准备。但国民党军队进到松花江边,占领了吉林、长春之后,也无力前进了。直到1959年庐山会议期间,一天,毛泽东约我和周小舟、周惠、李锐四人到他住地,我们边谈话边争论问题。当谈起四平保卫战的情况时,毛泽东问我:"难道四平保卫战打错了?"我说:"开始敌人向四平推进,我们打它一下子,以阻敌前进,这并不错。但后来在敌人集结重兵寻我主力决战的情况之下,我们就不应该固守四平了。"毛泽东说:"固守四平当时是我决定的。"我说:"是你决定的也是不对的。"毛泽东说:"那就让历史和后人去评说吧。"通过这次同毛泽东的谈话,我才明白,当初林彪既不撤兵又不给我回电报的原因所在。

巩固后方

国民党军队占领四平、长春之后，为了固守其已占据的地盘，不得不分兵把守，致使其兵力分散，暂时无力向我进攻。这正是我们休整部队，放开手脚建设根据地的极好时机。1946年5月24日，我向中央发了辰敬电，报告了东北我军的情况，并对今后工作和作战意见提出了建议。电文如下（有小删节）：

从我所了解的东北部队部分情况及地方情况和我对今后作战意见，略报如下：

（一）从3月下旬国民党军进攻起，到长春撤退，我军除南满外，总伤亡一万五千人，仅西满四个旅及一部地方部队，伤亡达七千左右，七、十旅连排干部大部换了三次，部分营级亦换三次，团级干部伤亡尚小，有些部队元气受到损伤，不经整训已难作战。

（二）部队从四平撤退尚有计划，长春撤退则已有些混乱。西满四个旅，一个旅到北满，一个旅到东满，两个旅到西满，其他各部情况不明。部队非常疲劳。……

（三）干部中一般情绪不高，特别是营以下干部一般有很大厌战情绪，负伤到后方抢扰打人嫖赌（表现）很坏，伤愈后不愿归队。比较好的则要求到地方工作。坏的很多逃跑、……有些干部则装病到后方。这些现象是抗战八年所未有。……但干部在长春撤退前逃跑的尚少，在战场上一般均积极勇敢。

（四）地方工作在西满只有法库、康平、昌图、通辽几县比较普遍的有初步基础，其他各县除县城外，乡村中有些则有了点工作，有些则完全没有工作。土匪问题尚未解决。……因为集中兵力于四平，亦无较多部队进剿。地方武装有部分尚不巩固。地方工作进展迟缓，是由于时间短，干部少，土匪多及干部恋着城市不肯下乡，工作作风亦有毛病等。分配土地农民情绪很高，但提得较迟，一时难普遍开展。故从西满说，我们尚无广泛的、有组织的群众基础。

（五）整个军队与地方干部，除一部先进者外，一般渴望和平而厌战，希望在城市享乐，……从承德来之干部，几无愿在乡村工作者，都要求到长春、哈尔滨去。军队干部则很多要求休养，做后方工作、做地方工作。一般的战士艰苦精神比之内战与抗战时代都差了很多。

（六）上面是我对东北部队及地方情况的部分了解。我是一个从坏处设想的人，所看到的现象亦是坏的方面较多，故或许有片面之处，但都是事实。顽军占领长春之后，东北停战的可能性更少了。估计敌人要利用我主力一时不集中及疲劳之机会，将继续向我进攻，向哈尔滨及吉林进攻，甚至分一支部队向白城子进攻。在目前情况下，我们作战方针不能死守城市，……应避免被动的守城战，争取主动地歼敌。而目前争取一个时间来整理部队，恢复疲劳，提高士气，肃清土匪，发动乡村群众，为最有利。待敌分散后作战，即失掉一些城市，这样做亦较稳妥。

上述情况与意见供中央参考。

根据中央和东北局指示，我们集中力量建设西满根据地。当时东北各地的土匪依然很猖獗，人民群众深受其害，匪患对我们建设根据地也是一大威胁。那些土匪对地理环境非常熟悉，消息灵通，活动诡秘，出没无常，且全部是马队。我们用大部队进剿，他们就逃窜到深山老林隐蔽起来；把他们包围起来，他们便会很快星散遁去，比较难对付。但是，对于我们这些在各种条件下打过仗的具有光荣革命传统和实战经验的老部队来说，总是有办法的。我们发动指战员出主意想办法，很快摸索出一套打土匪的经验，打得土匪望风披靡。我们组织许多各种规模的骑兵部队，专门对付土匪的马队，咬住不放。没有多久，就将大部土匪消灭掉，其残余匪部无处藏身，一直被我骑兵部队追到中苏边界的黑河、漠河一带，将其全部剿灭。与此同时，我们在西满把境内的伪军、伪警察、特务、地主流氓武装逐一收拾干净。这样，就把当地国民党的社会基础摧垮了。

除了同国民党部队作战和剿匪以外，我军还经受了做群众工作的艰苦考验。我们刚进入东北时，群众对我们还不大了解。国民党特务向东北人民造谣说：“八路军是专门扒铁路的军队，比土匪还坏。”老百姓不明真相，我军一到，他们就纷纷躲藏起来，来不及躲藏的人也是紧闭房门，怎么敲也不开门。部队宿营时想向老百姓借点柴草用，根本借不到。我们部队多系南方人，对东北这冰天雪地从来没见过，更缺乏应付严寒的经验，因而，吃了许多苦头。开始乘坐火车时，不小心用手扶一下车门，手上的皮马上就会被粘掉一层。有的战士脚被冻僵了，以为用热水烫可以缓解，结果脚趾却被烫掉了。至于指战员们挨饿受冻更是常事。事实告诉我们，没有根据地，得不到人民群众的支援，部队不要说打仗，连立足也很困难。从1946年初开始，新四军第三师的部队，就在阜新以北、哈尔套、库伦、彰武东西一带以及扶余、农安、前郭旗、德惠、大莱、甘乾、三肇等地区发动群众，建立各级人民政权，组织清匪反霸和搞土改。我们要求百分之八十至九十的干部下到农村。西满军

区主力兵团也抽调干部下乡。至 1946 年 10 月中旬，西满地区已有
百分之七十的农村开展了土改运动，已有 150 万农民分得了土地。
经过一个时期深入细致的群众工作，人民群众对我党我军有了实际
的了解，认清了共产党与国民党大不一样，是真正为劳苦大众谋利
益的，是来解放东北人民的。这样，党群关系、军政和军民关系就
密切起来了。人民群众把我们的战士看作是自己的子弟兵，问寒问
暖，照顾得非常周到热情。逢年过节，群众杀猪宰羊，拿出陈年老
酒招待我们部队指战员。当时部队还缺医少药，群众主动用土方为
战士治病，真正体现了军民鱼水情。人民群众翻了身，部队的日子
也好过了，生活逐步得到了改善。翻身群众踊跃参军支前，部队得
到发展壮大。我们又通过开展新式整军运动，使部队的士气旺盛起
来，战斗力有了很大提高。总之，建立起巩固的根据地，有了人民
群众的信赖和支援，什么事情都好办了。部队的兵源和我们所需要
的各种物资就得到了保证。

　　此时东北国民党军队的情况则正好与我们相反。国民党军队刚
进东北时，凭借其现代化的装备，又有美国的援助作靠山，进沈
阳，攻四平，占长春，气势汹汹，不可一世。但他们打到松花江边
之后，已是强弩之末，背上的包袱越来越沉重，自顾不暇，占的地
方越来越多，兵力拮据，已经无法继续前进。加之他们到东北后忙
于劫收，争权夺利，相互倾轧，官兵更加腐败，军队的战斗力每况
愈下。国民党反动派的真实面目，已逐渐为东北人民所识破，人们
当初对他们所抱的幻想已完全破灭。1946 年冬在我军连续发动的
"四保临江"、"三下江南"作战和 1947 年夏、秋、冬三个战略攻
势的沉重打击之下，东北国民党军队整师、整军地被我吃掉，并被
我分割包围在长春、沈阳、锦州三个互不联系的狭小地区，被迫处
于守势。国民党军队对于我军向其发动的强大攻势，不仅无还手之

力，连招架之功也逐渐丧失。

1947 年 3 月，李富春调到东北局负责财政经济工作，由我代理中共西满分局书记，全面负责西满地区的工作。在前段工作的基础上，我们发动干部和群众，广泛深入地进行土改扫尾工作和扩军、组建地方武装，发展经济，大力支援前方作战。

主管后勤　支持决战

东北我军于 1946 年进行了统一整编。原新四军第三师第八旅、第十旅、独立旅共同组建为东北民主联军第二纵队（后改称东北野战军第三十九军），由刘震任纵队司令员，吴信泉任副司令员兼参谋长。原新四军第三师第七旅与山东部队第七师合编为东北民主联军第六纵队（后改称东北野战军第四十三军），由洪学智任纵队司令员，杨国夫任副司令员。在西满以原新四军第三师的三个特务团为基础，加上地方部队一部，组建了东北民主联军第七纵队（后改称东北野战军第四十四军），由邓华任纵队司令员，陶铸任政治委员。

1947 年 4 月间，邓华率第七纵队再次打开通辽，歼灭了在通辽一带的国民党军队。到夏季攻势结束以后，整个西满地区完全打通，成为联成一片的巩固的根据地。至此，建设西满根据地的战略任务业已完成。于是，我便向中央和东北局建议，撤销了中共西满分局和西满军区，原来由西满分局领导的各省的工作，全部集中到东北局直接领导。这样，更有利于发挥根据地支援前线作战的作用。

为了着手准备同东北国民党军队的战略决战，进一步加强东北我军的战勤和支前工作被提到了重要议事日程上。1947 年 8 月，中央军委任命我为东北民主联军副司令员兼后勤司令员，统管整个东北我军的战勤工作。我结束了中共西满分局和西满军区的撤销、交接和善后工作之后，即赶到东北民主联军总部所在地哈尔滨，主持后勤司令部的工作。在此期间，我会同原来负责后勤工作的钟赤兵、杨至诚等同志，主持召开了两次后勤党委扩大会议，对我军后勤工作的任务、方针、政策、组织机构等问题，进行了较为深入地讨论和研究，制订了一套规章制度，使后勤保障工作有章可循。其中于1948年4月召开的全军后勤会议是在东北局、军区的直接领导下召开的，罗荣桓政委到会作了重要讲话。我也在会上作了报告，首先分析了当时东北我军作战特别是夏、秋、冬三季攻势的几大特点：战争规模大；战争高度集中；战斗时间连续；战争的运动性和机动性强；战争的消耗大。我指出这对于后勤工作提出了更高的要求。但是，后勤的基础——目前东北的财政和经济是很困难的。因为，现在生产力还很低下，财政的主要来源靠税收和公粮，人民的负担已经约占其全部收入的百分之二十五至三十。而且后勤工作本身也不适应战争的需要。现在从军事上打倒蒋介石是确定了的；但后方的力量：人力财力物力，能否支持到军事上的最后胜利，则是一个问题。如果这方面搞不好，虽然打了很多胜仗，还可能失败的，这是关系到整个战争前途的决定性的问题。今后，我们要建设统一的、正规的后勤工作，提高后勤工作的能力和作用。在现在的物质基础上，保证前线最低的物质需要，保证部队健康，保证伤病员的救护、治疗、归队，这样各方面配合来争取东北解放战争的全部胜利。

要完成这个任务，需要树立研究、创造、进步的思想，要学习科学的组织性和科学的计划性。后勤工作是一种"专门的科学"，光依靠过去一些实践工作经验是不够的，要不断学习和研究，既要学苏联的，还要学习资产阶级一部分，包括国民党的一些好的办法。然后，才能形成我们自己的后勤科学来。

我还着重强调了爱护群众的问题。我说：我们是共产党人，凡事要多为群众想想，要知道群众这个母亲的困难。我们搞一点粮食，领一件衣服，都要考虑到群众的负担。同时，针对一些同志不赞成留用并优待日本博士（战俘）的错误思想，我特别强调要照顾技术人员。我说：我们的国家需要技术，对技术人员，让他们生活待遇好一些，一方面可以培养我们的干部，另一方面还可以提高工作效率，减少浪费。我们在东北的专家大概不够五百人，专门的博士一百人也不到，我们应该尊重他们，爱护他们，对他们的要求只要是"不反革命，能好好替我们工作"两条就行了。至于政治学习，思想信仰，都可以让他们自由些。这次会议对推进改善后勤工作起了很大作用。同时，我们还着手对后勤系统进行了一次较大的整顿，加强了领导，致力于提高工作效率，有力地保证前线作战的需要。当时我们制订的东北民主联军后勤保障工作制度和章程，是全军比较系统的一套规章制度，中央军委曾将这套规章制度印发关内其他各根据地作参考。在此期间，东北我军后勤工作基本走上了正规化，对于保证以后的辽沈决战对后勤的需要起了很关键的作用。

1948年4月，东北局致电中央说：冀热辽是今后作战的要地，需要做好群众工作，负责繁重的补给基地与战勤任务，又要指挥地方兵团作战。因此，我们一再考虑结果，认为派黄克诚到冀热辽任书记兼政委比较适当。4月12日，中央复电同意。这样，为了加强东北战场南线支援作战的工作，决定派我到热河，任中共冀察热辽分局书记兼冀察热辽军区政治委员，同时兼任东北野战军第二兵团政治委员。冀察热辽军区司令员兼第二兵团司令员程子华和参谋长黄志勇都在前线指挥作战,我则在后方做战勤支前工作。

是年8月,毛泽东来电决定要攻打锦州,切断北宁线,断敌退路,以对东北国民党军队造成关门打狗之势。这对于全歼东北国民党军无疑是一个非常英明的决策。当时林彪认为东北国民党军主力尚存,对锦州必以死争。因此,对攻打锦州作战颇有犹豫。后经毛泽东一再电促,于9月底才挥师南下北宁线,留下钟伟的第十二纵队(后改称东北野战军第四十九军)与地方部队继续围困长春,由第一兵团司令员肖劲光统一指挥。林彪则以十一个纵队部署锦州战役,其中以五个纵队直接攻打锦州,其余部队兵分两路打援:一路在黑山、大虎山一线打沈阳援锦之敌,一路在塔山、高桥一线打锦西、葫芦岛援锦之敌。

锦州战役期间,我在冀察热辽动员一切力量支援战争。记得我刚到冀察热辽时,人们一度对困难估计得过于严重,甚至害怕战争。我们经过召开各种会议进行动员,深入做群众的思想工作,号召大家节衣缩食,实行领导干部带头吃粗粮等措施,把广大干部和群众的士气鼓起来了。这时我军形势极好,各战场捷报频传,在整个胜利形势的鼓舞下,局部地区士气一鼓起来,一切困难都容易克服了。这样,冀察热辽地区形成了万众一心,全力以赴支援战争的局面。

10月15日我军攻克锦州,全歼锦州守敌国民党东北"剿总"副总司令兼锦州指挥所主任范汉杰以下十万余人,范汉杰及敌第六兵团司令卢浚泉等被生俘。长春守敌在待援、突围无望的情况下,国民党第六十军军长曾泽生于17日率部起义,国民党东北"剿总"副总司令兼第一兵团司令郑洞国被迫宣布放下武器,于19日率国民党新编第七军等部向我投诚,长春遂告解放。

由沈阳驰援锦州之敌廖耀湘第九兵团十万余人,于10月18日被我军围歼于黑山、大虎山一带,国民党东北"剿总"副总司令兼

1948 年年底，东北华北两军会师将领合影（部分）。

左起：黄克诚、谭政、聂荣臻、萧华、罗荣桓

第九兵团司令廖耀湘被我生俘。廖兵团全军覆灭之后，国民党东北"剿总"司令卫立煌即乘飞机逃离沈阳，躲到了北平，沈阳则由国民党第八兵团司令周福成率部坚守。

我东北民主联军于歼灭廖兵团之后，乘胜向沈阳逼进。由新四军第三师主力改编的第二纵队与第一纵队等兄弟部队一起，很快抵进到沈阳近郊。这时，我围困长春的第十二纵队及若干地方独立师亦挥戈南下，迅速完成了对沈阳守敌的包围。11 月 1 日，我第二

纵队之先头部队首先突破敌铁西城防，进入沈阳市区。在我军的强大攻势下，沈阳守敌迅速土崩瓦解。至 11 月 2 日，沈阳守敌国民党第八兵团司令周福成以下十三万余人被全歼，周福成被我第二纵队生俘。东北第一大城市沈阳遂告解放。历时 52 天的辽沈战役胜利结束，我军解放了东北全境。

15

迎来新中国

辽沈战役结束后，东北野战军遵照中央军委的命令，抓紧进行休整，养精蓄锐，随时准备入关作战，以解放平、津等地。我在冀察热辽地区发动广大干部、群众，恢复发展生产，医治战争创伤，做好各种准备，以随时支援大军入关作战。

12 月中旬，我接到东北局开会通知，要我出席东北局会议。沈阳解放后，东北局和东北野战军总部即移驻沈阳。我即刻赶往沈阳，参加东北局召开的会议。这时我才了解到，中央军委为防止蒋介石将平、津地区之嫡系军队南撤以加强其长江防线，决定提前发起平津战役，将傅作义集团滞留并聚歼于华北地区。为此，中央军委命令我东北野战军立即停止休整，采取夜行晓宿的方法，隐蔽入关，首先隔断平、津和津、塘间国民党军队的联系，将其分割包围，然后各个歼灭之。同时命令华北野战军出击平绥路中段和平张线，以抓住傅系，拖住蒋系，为东北野战军主力前出平、津、塘、唐地区争取时间。为了协调平、津地区的作战行动，中共中央决定由林彪、罗荣桓和聂荣臻三人组成党的总前委，以林彪为书记，统一领导夺取和管理平、津、唐等地的一切事宜。

在东北局开会期间，我向东北局和中央建议，撤销了中共冀察热辽分局和冀察热辽军区领导机构。其时，中央军委已任命我和黄敬为天津市军事管制委员会正副主任，准备进关去接管天津。

我在沈阳开完会，即兼程返回热河，迅速结束了中共冀察热辽分局和军区的工作，尚余善后工作由高自力负责处理，我与黄火青一起带领一批干部，随大军入关，准备去接管即将被我军解放的华北第一座大城市天津。

我与黄火青带领一批干部于 12 月底到达北平附近，在胜芳与黄敬带领的一批华北干部会合。我们在一起研究拟定接管天津的方案、方针以及天津市军管会组成人员名单，以报送总前委审批。

这时，我东北野战军一部配合华北野战军，已将新保安、张家口之国民党守军全歼。为了进一步孤立北平，东北野战军主力正奉命积极准备攻取天津，并组成了以刘亚楼为司令员的攻城司令部。

天津是华北第一大工商业城市，当时有人口二百万，战略地位十分重要。国民党天津警备司令官陈长捷自恃"大天津堡垒化"，率十三万军队负隅顽抗，拒绝向我军投降。我东北野战军集中三十余万人，采取东西对进，拦腰斩断，先分割后围歼的战法，于1949 年 1 月 3 日开始了扫清敌外围据点的战斗，于 14 日发起对天津城垣总攻。经过 29 个小时激战，至 15 日下午 3 时许，全歼天津守敌，活捉陈长捷，解放天津。

我和黄敬带领准备接管天津的干部于 14 日进入刘亚楼攻城司令部指挥所。15 日凌晨，我军即突入天津城内。我们便随攻城部队一起，冒着战火硝烟，进入天津市区。当天夜间，我们接到总前委林彪、罗荣桓、聂荣臻三人署名的电报，略谓：除黄克诚、黄敬已经中央指定为天津市军事管制委员会正副主任外，同意以黄火青、张友渔、李聚奎、钟伟、袁升平、王世英等同志为天津市军事管制委员会委员。

在我们进入天津之前，中央已任命我为中共天津市委书记，黄敬、黄火青为市委副书记。我们一进入天津，就亮出军事管制委员会的牌子，对天津市实行军事管制，由王世英任军事管制委员会参谋长。

我们当时确定的工作方针是："接管建政，安定秩序，恢复生产，进行民主改革。"接管工作紧张而有秩序地进行。我们宣布天津市人民政府正式成立，黄敬就任市长。接管工作进行得比较顺利，社会秩序很快就稳定了下来，工厂、企业迅速恢复了正常生产。

天津市原来有两家颇具影响的大报，一是《大公报》，一是《益世报》，都是日报，天天要出版发行。我们对天津市实行军事管制时，曾研究了对这两家报纸如何办的问题，需要马上做出决定。《益世报》不能允许它再出版发行，这是没有问题的。但对《大公报》怎么办？我考虑在刚刚解放的城市里，对报纸还是控制得严格一点为好，以免出乱子，于是就决定《大公报》也停止出版发行。此事很快被中央察知，为此我受到中央的批评，说我不该不经请示而擅自决定天津《大公报》停刊。经中央批评以后，天津《大公报》即复刊。打这以后，我除了忙于市委和军管会的日常工作之外，还得过问报纸工作。我恐怕报纸出什么差错，要求报社将每天出的报纸大样都要送我审阅，我天天半夜都要起来看报纸大样，搞得相当疲劳。

天津市的社会和生产秩序恢复正常以后，刘少奇同志曾来天津作过两次报告。一次是在党的干部（主要是工会干部）会上，少奇在报告中要求我们的干部对资方不要讲斗争，以团结资方，搞好生产。另一次是召集天津的资本家开会，刘少奇在报告中强调当前一个时期还要发展资本主义生产力。他要求资本家放心大胆地干，一个厂可以发展成几个厂，以对国家贡献更大些。对于刘少奇的这两次报告，我都当面向他提出了不同意见。我认为当前对资方是要团结，但不能放弃斗争，应该是又团结又斗争，在斗争中求团结。解放以后，共产党掌握了政权，首先应该发展社会主义生产力，建立国营经济为主体的国民经济基础。这说明我当时的看法和少奇同志有差距。

继天津解放之后，北平于1月31日和平解放。党的七届二中全会开过之后，毛泽东等中央领导同志由河北平山进入北平城。5月份，毛泽东把我从天津召到北平，向他汇报天津接管和城市民主改革等情况。我将在天津四个月来的工作情况汇报完了之后，毛泽东留我和他一起吃晚饭。毛泽东仍保持俭朴的生活作风，席间只有四菜一汤，菜做得也极简单，我们都是湖南人，都喜欢吃辣子，每盘菜多放些辣椒就是了。我们边吃边聊。突然间，毛泽东停下筷子，问我道："你认为今后工作的主要任务是什么？"我毫不犹豫地回答说："当然是发展生产。"毛泽东很严肃地摇了摇头说："不对！主要任务还是阶级斗争，要解决资产阶级的问题。"我一听此言，方知自己的想法与毛泽东所考虑的问题也有很大差距。在这次当面考试中，我在毛泽东的心目里是不及格的。现在回想起来，毛泽东在解放以后，仍然以阶级斗争为主要矛盾的思想有其一贯性，所以他总是一个接一个地搞运动。而我当时的思想则认为，解放以后，主要应抓生产，搞经济建设；在经济建设中虽然也会有阶级斗争，但这并非主要矛盾。

经过辽沈、淮海、平津三大战役，国民党军队的精锐师团丧失殆尽，中国人民革命战争在全国的胜利已成定局。1949年4月21日，即国民党反动政府拒绝在《国内和平协定》上签字的第二天，毛泽东、朱德向中国人民解放军发布了《向全国进军的命令》，人民解放军百万雄师一举突破国民党军队经营数月的长江防线，胜利地渡过长江，江南半壁江山陆续获得解放，国民党反动统治面临着最后的覆灭。5月份，党中央任命我为中共湖南省委书记兼湖南军区司令员、政治委员，要我准备南下，去主持即将解放的湖南省的工作。想到马上就要回到阔别二十余年的故乡，去建设人民自己的新湖南，心情自然十分高兴。这时，我一边着手组织湖南省的各级班子，一边考虑到湖南后的工作方针问题。经中央批准并正式任命王首道为中共湖南省委副书记兼省人民政府主席，金明、高文华任省委副书记。王首道、金明、高文华即带领一批干部随大军南下向湖南进发。7月，第四野战军和第二野战军进军湖南。8月，程潜、陈明仁率部起义，我军进入长沙，湖南遂告和平解放。我因为要出席即将召开的中国人民政治协商会议，没有马上到湖南赴任，暂留

1949年9月21日，黄克诚（右）在中国人民政治协商会议第一届全体会议开幕式上

在天津。

1949 年 9 月 21 日，中国人民政治协商会议第一届全体会议在北平隆重举行，我以中南代表团负责人的身份出席了会议。我在会议开幕之前几天到达北平，正赶上程潜从湖南赶来北平出席会议，毛泽东邀我同他一起到火车站去迎接程潜。毛泽东告诉我说，中央已决定在湖南组建军政委员会，由程潜任主任，我任副主任，并嘱咐我要善于与党外人士团结共事，建设湖南。

这次政协会议实际上是行使全国人民代表大会职权，讨论并通过了具有临时宪法作用的《共同纲领》，选举了毛泽东为中华人民共和国中央人民政府主席，朱德、刘少奇、宋庆龄、李济深、张澜、高岗为副主席；选举周恩来等 56 人为中央人民政府委员；决定了国名、国旗、国歌和以公元纪年，决议定都北平，将北平改名为北京。

9 月 30 日，全体与会代表齐集天安门广场，举行人民英雄纪念碑奠基典礼。10 月 1 日，当选的中央人民政府委员在首都北京就职，并推举林伯渠为中央人民政府秘书长，任命周恩来为中央人民政府政务院总理，毛泽东为中央人民政府人民革命军事委员会主席，朱德为中国人民解放军总司令，沈钧儒为中央人民政府最高人民法院院长，罗荣桓为中央人民政府最高人民检察署检察长。当日下午 3 时，首都各界三十万群众欢聚天安门广场，举行隆重的开国大典。毛泽东主席亲手升起了第一面五星红旗，庄严宣告中华人民共和国成立，中国人民从此站起来了！我有幸登上天安门城楼，参加了这一具有历史意义的盛典，心中有说不出的高兴和愉快！可以说这是我有生以来最高兴、最欢悦的时刻。

站在天安门城楼上，放眼四望，到处是欢乐的人群，红旗的海洋，呈现出一派生机盎然、欣欣向荣的景象。此时，我感慨系之。

钱毅同志死难纪念

威武不能屈 临难不
苟免是真正的人民
英雄

黄克诚敬题
一九四九年十月

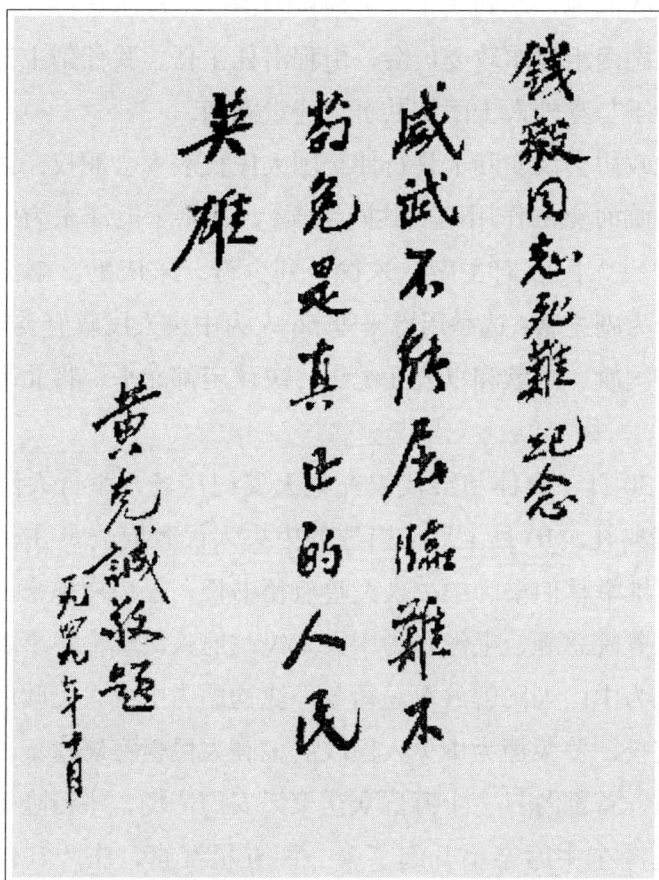

1949 年 10 月，黄克诚为钱毅烈士题词

现在，中国人民在中国共产党的领导下，终于推倒了"三座大山"的压迫，获得了解放，建立了人民自己的国家。这一胜利成果的取得，所付出的代价真是无法估算！有多少革命先烈为此献出了自己的生命！而我能够参加今天的开国盛典，真是何幸如之，何快如之！千千万万为中国人民的解放事业英勇捐躯的烈士们若地下有知，亦当含笑九泉了。

16

调任湖南

中央于 1949 年夏初决定让我去湖南任省委书记。准备先我南下的湖南省委副书记王首道、金明和高文华等先到天津集中，我们一起考虑并讨论了湖南工作的大政方针。

中共中央七届二中全会决议指出：党执政后，工作重心要转移到城市。这当然是完全正确的。但从湖南的具体情况来看，我认为在开头一段时期内，工作重点还应放在农村。因为有下列情况必须考虑：

第一，湖南刚解放，人口近百分之九十在农村，城市人口比例很少。

第二，我方上百万大军要经过湖南去解放华南的广东、广西和大西南四川、云南、贵州等地。湖南必须发动广大农民群众，大力支援前线，解决大军的粮食供应、运输和人力补充等问题。

第三，湖南山区土匪多，湘西是历史上著名的从来没有被肃清过的匪区。还有国民党残余势力与土匪合流勾结。我们急需进行清匪、反霸斗争，必须依靠农民支持。

第四，要发动农民，就必须做好减租、退押和土地改革工作。

这需要花大力量才能完成。农村搞不好，农民积极性起不来，清匪、支前工作都会发生困难。

这些任务都是紧迫的，繁重的。所以我认为进入湖南后，开始一个阶段还应把领导重心放在农村。我在东北时，就发现一些干部有留恋城市倾向，不愿到农村做艰苦工作，省委必须明确方针，才好统一干部认识、思想，以利工作。

会不会因此而放松了城市工作，违背了中央的总方针呢？我认为不会。因为省委、省府、省的各个领导机关都设在长沙，下面地、县领导机关都设在地、县的中心城市。党既成为执政党，城市就必然是贯彻方针政策、行使政府权威的中心。省委提倡重视农村工作，必然形成一种城乡并举、互相促进的局面，不致偏废。

这时，我见到中南局书记林彪，他问起我对新区工作的意见，我就把我的上述意见说了。林彪是奉令率大军南下的统帅之一，又是中南局书记，是湖南等省的直接上级领导。在这个问题上他有发言权。他到湖南后，就以中南局的名义发指示给中南各省。其中说到：中南各省当前工作重点，还应放在农村。

这一下，我如释重负。省委和省里工作干部的思想都容易统一了，工作起来也会比较顺利。后来在 1962 年，邓子恢同志还为此受了批评。到"文化大革命"中林彪叛国身死，中央批判林彪，这件事又被提到，邓子恢又再次受批评。因为邓子恢当时是中南局副书记，分工管地方工作，所以就要他承担责任。其实，这个观点如有错，首先应该批判我。可是我至今还认为这意见没有错，邓子恢同志没有错。我们当时老干部少，又不熟悉情况。大量新干部不懂政策又缺乏经验。把重点放在农村，老干部大力抓农村工作，尚且免不了有很多毛病，使群众有意见。不着重地抓，问题就会更多。

1949 年 10 月 1 日，我在北京参加了开国大典后，1949 年 10

月中旬动身前去长沙。

那时，大军纷纷过境。刘邓大军从江西过来，两个兵团，一个由陈赓、谢富治率领去广东，路过湖南；一个由陈锡联、宋任穷、杨勇、苏振华等率领经湖南入四川、贵州。湖南省委发动沿途群众，欢迎大军，组织支前。当时，林彪在衡阳指挥作战，我曾陪程潜去看过他。衡、宝庆（邵阳）战役打垮了桂系，林彪将率大军入广西。

毛主席高瞻远瞩，决定对两广和西南各敌，均取大迂回动作，迅速插至敌后，先完成包围，再回头歼灭之。四野遵照中央指示精神，不沿铁路线进攻，部队从湘西插下去，绕过桂林、南宁，直插友谊关封口。友谊关原名镇南关，解放后改名睦南关，后又改为友谊关。

二野刘邓大军在广东的部队，一步不停地占领了雷州半岛，封锁敌军退占海南岛的道路。这一路的敌军，全部被陈赓的部队吃掉了。陈赓部又是一步不停地从广西、越南边界插到云南的河口，使敌在云南的军队也不能越境逃往越南。

两路大军封锁了广西、云南的国境线和广东的海上通路，实现了中央军委、毛主席对敌大包围，切断其退路的计划。这样，我军很快地歼灭了全部敌人。零散逃向国境外的残军为数极少。

这时杨勇率军进入贵州，陈锡联率军进入重庆。贺龙亲自率领我十八兵团，经宝鸡进入四川成都。我军战无不胜，所向披靡。毛主席诗曰："宜将剩勇追穷寇"，实际上，简直是"大"勇追穷寇，其势如破竹。国民党军队兵败如山倒。

这一时期内长沙和平解放，干部群众都正在忙于支前。我在"辽沈战役"时期，曾作过这方面的工作，对此比较有经验了。湖南支前的工作比那时条件好得多，因为形势已大大不同了；军队又

1950 年，黄克诚在湖南（工作证上照片）

都是过境的，本地打仗不多。但由于湖南是新解放区，过境军队数量又大；我们动员各地群众，接待各路大军，组织各种运输工具，运送粮食军需，组织补给工作，任务仍是极其繁忙紧张。

我在湖南工作了三年左右。在三年中，除支前外，我们主要搞了："清匪、反霸"、"土地改革"、"支援抗美援朝"、"镇反"和"三反"、"五反"运动。经常工作则是稳定社会秩序，恢复发展生产，调整城乡关系和发展文化、教育事业等。

这里涉及一些重要的政策问题。

（一）关于粮食控制

我一到湖南就碰到了饥荒。那年湖南遭到水灾，讨饭的很多。再加上有些私商垄断粮食、囤积居奇，使得粮价飞涨，市场紊乱，人民生活困难，人心不稳。湖南基本是和平解放的新区，社会情况很复杂。我们忙支前，又要救灾，处处需要粮食。那些不法私商，就以粮食问题和我们作斗争。"民以食为天"，人民一天没有饭吃也不行。老百姓眼睁睁看我们能不能解决这个"民生"问题。而我们却不能用武力逼迫私商平价卖粮。当时社会上流传着一种说法：共产党、解放军是土包子，只会打仗，不会治国。共产党能打天下，而不会治天下。我们必须迅速稳定粮价，才能安定人心。

我们决定采取两个措施来限制私商。

第一，省政府规定：湖南全省任何地方，凡采购粮食者，必须持有政府所发的许可证，否则就是违法私购。违犯者可酌情予以处理，甚至没收。这样就控制了不法私商的粮食来源。

第二，我们控制了粮食加工业。一切粮食加工厂、米厂，只准给政府和政府控制的粮食加工，不准给不法私商加工，违者必究。我们还严禁不法私商经营粮食加工业，不准他们办米厂。

我们知道，要保持粮价稳定，首先必须我们自己手里有粮食，

1950 年，黄克诚在湖南（左三）

能保证军需、民食的供应，否则还是解决不了问题。这方面我们早有估计，而且做了准备。

当省委在天津集议南下时，即已考虑到"支前"要用大批粮食，湖南省人口众多，民食的供应自然需要量也大。省政府主席王首道、省委副书记金明等都懂得粮食的重要性。他们比我早到湖南几个月，政府一直抓紧征粮征税。金明亲率大批干部，下去进行征集、采购粮食。所以那时我们手中已握有相当数量的粮食，一时不至发生什么困难。这时我们将上述措施和办法报告中央。那时，陈云担任中央财经委员会主任，他很快批准了我们的措施。我们就照这个办法实行，效果很显著。粮食被私商操纵、囤积的状况立即改变。党和人民政府在粮食的购、销两方面，都掌握了主动权。市场供应没有问题，粮价稳定，人心稳定。对于新解放区取得社会安定

251

局面，这是至关重要的一着。

我们经受住了这个考验，证明共产党并不是只会打仗，而且能够治国安民。

（二）关于工会工作

当时全国工会主席是李立三同志。他在全国范围提出"工会代表工人，政府代表国家"的说法。

这个观点传达到湖南，我即感到不妥。我认为"工会代表工人，政府代表国家"是一种可以导致"两个立场"的提法。尽管提者并无此意，是想说明分工，但表达得不清楚，不确切，容易导致偏差，甚至形成对立。

我们的国家是共产党领导的国家，共产党是无产阶级也即工人阶级的先锋队。政府是共产党领导的政府，工会是共产党领导的工人组织，政府和工会当然不会有两个立场。工会代表工人利益，难道工会就可以不管国家的利益么？政府代表国家，难道工人阶级先锋队所领导的国家会不顾工人的利益么？简单地把政府和工会分为双方，这个概念是不准确的。即使在眼前和局部利益上，工人和政府出现矛盾，也应该在党的领导下，从长远和全局利益着眼，互相协商，取得一致意见，求得妥善解决。

我认为，做任何工作都必须有明确的指导思想，才不会出大偏差。我于是找了湖南省工会的负责人谈话，针对他们传达的提法，提出我自己的意见。我说：工人和国家的利益是一致的，政府和工会的立场也是一致的，相互间只有分工的不同。政府的任务是搞好生产，工会的主要任务也是搞好生产。工会要特别关心工人的福利，深入了解工人的意见、要求，解决一切可能解决的问题，这还是帮助工人安心和关心生产，搞好生产。只有搞好了生产，才能更好地为工人谋福利。如果工厂生产下降，甚至停止生产，首先吃亏的将是工人自己。

我对这个问题如此重视，不仅因为省委有责任领导好工会工作，更重要的是，我们必须保证工业生产的顺利发展。工农业的发展、上升，标志着社会的安定和繁荣。但实际工作中，我们对组织教育工人，救济失业等工作，仍然是抓得较晚，抓得不够。只交给专门机构来抓，是不够的，应动员全党来抓。不过当时实际情况做不到这样，也只得看到这些缺点的存在，逐渐改正了。

（三）关于湘西剿匪

湖南的剿匪工作，主要在于湘西。湘西多山，在历史上土匪从未被肃清过，是有名的匪患区。我军在湘西剿匪，开始由于摸不清情况，缺乏有效的对策，虽然部队用了很大力量，成效却不显著。

省委副书记金明深入湘西，检查了剿匪的情况。他回来向省委报告说：我军兵力分散，没有重点。土匪到处跑，我军随后追。军队来，匪就走；军队走，匪又来。所以军队很疲劳而收效不大。于是省委专门研究了剿匪问题，决定了新的方针、对策；发指示给全省剿匪部队。省委要求：集中兵力打歼灭仗；先剿重点，围而后剿；断其逃路，彻底歼灭。对土匪实行一点点地吃，一块块地吃，吃一块就吃光，搞得干干净净，然后再吃另一块。这都是毛泽东的战争思想，用于剿匪也是战无不胜。我们要求湘西剿匪部队，由东到西，由南到北，照上述方针，认真执行。

这以后，剿匪工作的收效日益显著。部队也越打越有经验，剿匪的效果越好，部队的情绪也越高。我们终于把湘西这个土匪窝打扫得干干净净，解决了这个历史上从来未曾解决的问题。

（四）"镇反"和"三反"、"五反"运动

对于新解放的地区来说，镇压反革命本是立即要做的工作。因为湖南基本是和平解放的地区，情况就又复杂一些，反革命潜伏势

力很大，尤以湘西为甚。有和土匪合流的，有在地方称霸的，也有以合法身份掩护，待机而动的。建国之初，国家首先要安定人心，稳定社会秩序，政令尚于宽大，没有立即提出"镇反"问题。湖南当然也是如此。

但反革命势力错会了意，以为我们被军事胜利陶醉了，不注意他们了。于是一有机会就活动起来，而且越来越猖狂，形势逼人，非镇压不可了。于是省委开始考虑镇压，要开杀戒。和一些有关领导同志商量时，许多同志已习惯于从宽大方面考虑问题，或许还有点轻视这些反动势力，以为他们是小残余，不足为大患。所以对镇压思想不通，认为开杀戒不符合中央精神。

抗美援朝开始，中国人民志愿军决定入朝参战，与美军正面为敌，打硬仗。这个形势，使所有潜伏的反动势力都大喜若狂。认为他们的时机到来，反攻有望；解放军怎么会打得过美国军队呢？他们活动得更肆无忌惮了。社会上谣言满天飞，什么"国民党马上要反攻大陆"啦，"第三次世界大战即将爆发"啦，等等，弄得社会上又有点人心不稳。许多群众都反映：共产党怎么这样宽大无边呢？连这样公开叫嚣的反革命言行都不管、不杀，不是要酿成大乱吗？基层干部也感到形势严重。赞成镇压反革命的人就多起来了。但一些中层负责同志仍然顾虑颇多，下不得手，怕犯错误。此刻问题的关键在于中央下决心。

这时全国的情况都是一样，反革命势力都在"抗美援朝"的形势下，蠢蠢欲动。中央早看到这点，于1950年10月作出决定，要开展"镇反"运动。但湖南有个别同志仍迟疑不决，不相信中央有这个决定。湘西的负责人周赤萍就是这样。我到湘西去督促他镇反，对他说：湖南反革命最多的地方就是湘西，开杀戒的命令是中央决定的；根据湘西情况，我估计总得杀掉相当数量的反革命，才

1950 年，黄克诚在湖南长沙湘江边

能控制住局面。你下决心干吧！周赤萍听说要杀人，顾虑更大了。他亲自跑到武汉中南局，找到邓子恢问这事，经邓子恢证实以后，才相信确实是中央的决定。这才决心严厉打击反动势力，打开了湘西镇反的局面。真开了杀戒后，20 天里就处死了不少人，这时我认为必须加以控制了，否则就会搞得扩大化。

1951 年 3 月下旬，我发电报给邓子恢并报中央，说：湖南执行中央决议以来，杀的反革命人数已不少；目前已个别出现了逮捕范围扩大，处理方式简单的情况；我们拟即收缩，停止大捕杀，转入经常工作；限制范围，更有计划、有步骤地进行斗争。中央很快同意了我们的意见。

毛主席在 1951 年 3 月 30 日电报中说：我认为黄克诚 3 月 23 日的意见是正确的。镇压反革命无论何时，都应是准确地、精细地、有计划、有步骤地并且完全应由上面控制。……各地如有"逮捕范围扩大，处理方式简单"的情况者，应立即加以收缩。……运动尚未开展者，则应当推动其开展。……

在向中央发电的同时，我们已决定在省内加强控制，收缩范围。下令不许随便杀人，没有省委批准，一个人也不许杀。可是收缩也不是那么容易的。杀戒已开，又有点停不住了。惯性是客观规律；物质运动还能精确计算，群众运动则是很多人的运动，人又不同于物，各有各的主观能动性。所以领导者就更得认真、仔细地注意观察及掌握运动的发展、变化，及时地给予指导和控制。否则就会出现推不动、展不开，或展开后收缩不住、控制不了、造成扩大化的情况。湖南省委决定停杀，已严令下达，还是过了个把星期才完全停下来；那还是我们下力气狠抓的结果。我们化了很大力气，才刹住了车。

停杀后，计算总数，已经超过我的估计。我原估计时，就倾向于保守一些，因为运动展开后必然会突破原来的估计。保守些可留点余地；但如估计过头，就一定会扩大化了。由于控制及时，湖南杀的反革命，绝大多数是该杀的，是人民赞成杀的；可杀、可不杀而杀了的，为数很少。"镇反"打下了敌人的气焰，鼓舞了群众的斗志，清醒了干部的头脑。

中央决定"镇反"是完全正确的。湖南下决心这么一镇压，杀了一大批反革命，治安情况完全改观。肃清了土匪，镇压了反革命，湖南就太平了。连湘西这个历史上最不太平的地方，也从此平安无事；政府可正常工作，法令通行无阻，人民可以安居乐业了。

总起来看，湖南"镇反"运动，起先是推不动；后来慢慢动了，以后越动就越快。真正动手开杀戒，不过二十天左右，杀的数字已超过估计甚多。我们密切注视着运动，一看有过头迹象，立即刹车，这才免于发生扩大化。这又一次教育了我们，对发动群众运动，决不可掉以轻心。领导一定要紧紧掌握对运动的控制权，始终保持主动。

以后又开展了"三反"、"五反"运动。

"五反"运动，清除了工商业者的五毒行为。由于湖南工商业不太发达，较易处理，这方面问题不多。问题较多的是"三反"运动。"三反"运动主要是整肃党和政府内部的贪污腐败分子。毛主席早在二中全会就警惕过我们要警惕糖衣炮弹。自我党成为执政党后，他特别注意资本主义通过和平演变的方式，在我国搞复辟，特别注意他们在政治上、经济上、文化上、思想上、生活上，影响、腐蚀我们的党员，特别是领导干部。所以他一个运动接一个运动地来打击他认为危险的倾向。防右、反右成为他的主导思想。

反贪污运动被称为"打老虎"，大老虎即指大贪污犯。这个运动比"镇反"还要难于开展。镇反的对象是反革命，难在"开杀戒"这个政策问题上。中央下了决心就好办了。"三反"则是在内部清除贪污分子。一是难于找准对象；二是难于下手打击自己的同志。中央决心很大，为了避免下面走过场、敷衍了事，一方面惩治贪污从严，枪毙了两个地级党员领导干部刘青山、张子善以示范；另一方面下达了数字指标，以便督促各地，认真查找，进行斗争，把贪污分子挖出来。

湖南试行几天以后，我就感到有问题。"镇反"是敌我矛盾，目标明确，根据情况可以估计一个大约数字。在国家和党的内部"打老虎"，目标和数字都不易搞清楚；采用限定数字的办法，会使一些单位，一些群众，为了完成任务，而硬找对象，为了完成任务，而搞变相的逼、供、信。这样就会搞得扩大化，搞出冤、假、错案。于是我召开省委会研究，决定县里不搞"三反"，以免控制不了，搞出许多错误来。我们报告中央，中央批准，我们就这样办了。县里和区、乡不搞运动，基层就稳定了。稳定基层，十分重要。基层稳定，大面上就不乱了。"三反"只在上层搞，省委比较容易控制。

湖南省工业厅副厅长陈钧，是上海的工人出身。我一向认为，他为人正派，是个好同志。在"三反"运动中，他被告发为贪污分子，省里决定他离职审查。审查结果证明告发不实，完全是个冤案。本人虽在查清后宣告无罪，但一经离职审查，他就难于回原单位工作了。这给我们的教训是：对政府和党内干部被揭发时，应不忙于令其离职审查。要先进行调查，掌握一定的根据、证据后，再停职，进行审讯，否则就有可能伤害一些无辜的好同志。这对我们的事业是一种损失。

我这时正奉命调离湖南，行前匆匆，未顾上向陈钧同志赔礼道歉。他不能回原职工作，完全由于我们失于慎重，行动轻率的过失。我是书记，首先负这责任；理当面见陈钧，认错、道歉。此事未办，心中颇有不安。到北京后，我曾就此事向中央组织部长安子文说及：过失在我，希望中组部在给陈钧分配工作时，照正常调动处理，将弄错了的所谓"贪污"问题，不存档案，不留痕迹，以免影响他的将来。

许多年以后，在"文化大革命"后期，我被解除监护审查，又从山西回到北京治病时，才打听到：陈钧当时工作分配未受影响，仍在纺织部或轻工部任局长职务。后来他死于"文化大革命"期间。我最后也未能见到他一面，没有表示歉意的机会，至今思及，还感到遗憾。

（五）土地改革

在土地改革政策问题上，我和某些同志有过争论。1950 年春，新区土改开始前，刘少奇曾召集华东的饶漱石、江西的陈正人和湖南的我，参加讨论"土改法"，准备写一个土地改革工作报告。会议上，为了如何处理富农的土地问题，我和饶漱石发生了争论。我主张湖南要征收富农多余的土地，饶漱石反对，刘少奇当时未作结论。

我认为，过去康生在土改问题上过"左"，得到一些同志支持，实行了"贫雇农"路线、"搬石头"等等错误作法。那时我在东北，我坚决反对这样做，跟他们争得很激烈。但现在我认为饶漱石右了，因为政策必须从实际情况出发。像湖南这样的地方和那些土地非常集中的地方差别很大。这里大小地主一共也没有多少土地，而贫下中农人数却很多。只靠分地主的土地，解决不了问题，达不到土地改革的目的。所以我对饶漱石说：你主张土改法怎么写，我不管，但湖南必须征收富农的多余的土地，否则，贫雇农就分不到什么土地了。

后来，"土地法"定了，我们先试点。试点结果，发现用"土地法"进行和平土改，不能解决问题。我们就写报告给中央，经中央同意后，采取发动群众斗争的方式，征收富农多余的土地。这样才把湖南的土地改革搞成了。

但我们在土改前的减租、退押中，对中立富农的工作却做得很不够。富农在生产上是个重要力量，不但劳动力强，而且在特种作物的经营上，在城乡贸易的沟通上，都有重要作用。在减租退押时，中立富农对发展生产有好处。就是对待地主，开明的和反动的，大的和小的，也应有区别。这样才能尽量团结大多数。征收富农的多余土地，应特别注意"多余"二字，掌握政策。更不得损害中农的利益，注意把富裕中农与富农界限划清。但我们的干部，在运动中常不免有点"左"的情绪，以致损害了党和群众的关系。不管有什么客观原因，领导者必须清醒地认识这方面的问题。

（六）工业建设

在上述种种紧张的工作中，稍有余力，我们就着力抓工业。原有的工业早已恢复。这时我们决定自筹资金扩建和新建一些工矿企业；提出"从无到有，从小到大，从落后到先进"的口号；动员各级都干，量力而行，半年后整顿；有利的继续，不利的就停办。这样，湖南各地多少建立了一点工业基础。

那时，财政尚未完全统上去，省里的工业收入大部分上缴国家，剩下的一点就用来自主经营。省里对财政开支抓得很紧，不搞机关建房，不许任何浪费，把每个可以节省的钱都集中起来，用以投资办工业。

长沙电厂原来只有1200千瓦电力，三年中增加到5000千瓦。又新建了一个机械厂，一个自来水厂。原来的裕湘纱厂只有一万二千纱锭，一年后扩建到四万纱锭。此外还筹建了湘潭纱厂。本来，按我们照原样兴建的办法，一两年即可建成。但这时提倡学习苏联的先进经验，要先做设计、预算，经上面审查批准。这办法当然是科学的，先进的；可是我们的干部都不懂得搞设计这一套，现在实行新法，就得请专家重做设计，湘潭纱厂的建设就推迟了，直到我调走时，仍未建成。此外，我们还自力筹办了资兴煤矿，并为这个矿修建了运输铁路，投资一百余万。在当时看来，就是不小的一笔钱。修建成功后，上交国家统管了。

这些厂矿，现在看来规模极小，技术也很落后。但在当年，我们精打细算，辛苦经营，却颇不容易。当时要办的事很多，处处需

1951 年，中共湖南省委书记黄克诚在衡阳铁路局视察时留影

要钱，建这点工矿企业，国家不投资，都是我们自力更生办的。所以不免有点沾沾自喜，敝帚自珍。但另一方面，我们对扶持原有的某些工厂，使之扭亏为盈，则做得不够。从经济上说，扶植旧厂更节省资金，扭亏为盈则必须改进经营、管理，取得这方面的经验。我们忽视扶植旧厂，更没有注意扶助那些有利于人民生计的私营工商业；还不大懂得商业、贸易对生产力的促进作用。这就说明我们在经济工作上还缺乏知识；我们要建设好国家，就必须学会自己原来不懂的东西。

　　各级干部都存在一个学习的问题。在基层工作，尤其是农村工作中，干部的政策水平和他们的工作作风，极为重要。党执政后，极易产生官僚主义，机构多、文件多、会议多，基层干部无法完成任务，就常常对上级敷衍应付，对群众强迫命令。有的甚至很严重、很恶劣。基层干部的作风直接影响党和人民群众的关系，搞得不好，就会使我们脱离群众，孤立自己。

　　因此，省委决定：建立定期整风制度，实行轮训干部。要求

1952 年，黄克诚在湖南长沙群众集会上讲话

为人民利益
奋斗到底
黄克诚

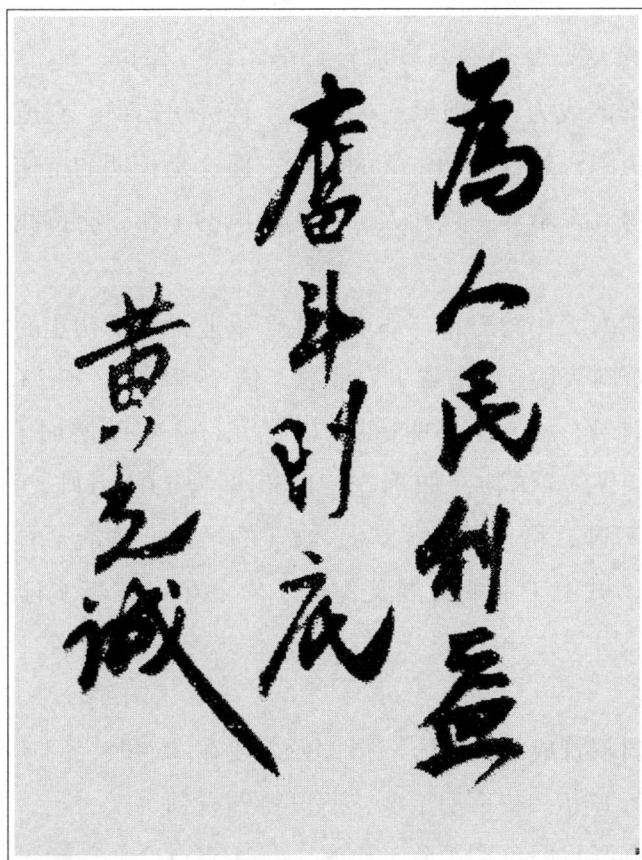

黄克诚题词（时间不详）

省、地、县各级领导，克服官僚主义，组织要精干，减少文牍和会议，多作调查研究，对基层多检查，多进行具体指导帮助。对违反政策、作风恶劣者要处分，对混入党内的坏分子要清除。

当然，最根本的问题还是要普遍提高干部和人民的素质。通过培训、普及教育和普遍养成良好的习惯、作风，使广大干部和人民群众都能成为：有理想、有文化、有科学知识、有道德、有纪律、热爱祖国、热爱社会主义的公民。但这是长期的工作，十年树木，百年树人，培养一代新人、一代新风的工作，有待我党的长期努力。

我在湖南工作约三年，那里的生产事业得到了初步的恢复和发展。统计资料表明：湖南省工农业总产值1950年为23.33亿元（按现行币值计算），1951年即达27.73亿元，一年就增加了约18%。农村的大宗经济作物，如棉花，1950年为1.09万吨，1951年增加到2.93万吨，增加了168.8%。农业的增产，搞活了农村，也搞活了城市。城市工业的发展又促进了农业生产。事实证明，抓好农业、工业生产，再抓紧恢复商业，使城乡贸易畅通，就百业俱兴了。

我一向不赞成中央"统"得太死。我在湖南时，因还有条件允许我们自行筹办一些小型工业，所以特别有劲头。

当中央调我回京到军队工作时，我还有点恋恋地舍不得离去。

17

在中央军委、总参、总后工作

　　1952 年春夏之间，我奉中央调令，交代了湖南省委的工作，仍回军队任职。这年 8、9 月间，我到北京报到。于 10 月奉令担任第三副总参谋长和总后勤部长兼政委。

　　我先到总后工作。那是一个铺开不久的大摊子。除抗美援朝的战勤工作仍需继续进行外，已面对着统一全军后勤的重担。每天都有许许多多亟待解决的问题潮涌而来，应接不暇。原来的总后负责人是杨立三同志，他那时最繁重的任务就是战勤。抗美援朝虽有整个东北地区的支援，总后的任务仍极繁重。那时邓华、洪学智的兵团是首先入朝的主力。他们二人都是彭德怀志愿军司令部的副司令员，洪学智还负担了志愿军后勤工作的总责。洪学智是一个头脑清楚、精力充沛、能干实事的人。抗美援朝战争激烈时期，战勤工作非常艰苦。他和杨立三同志以及前后方千千万万的后勤人员，为此作出了极大的努力和贡献。特别是那些司机同志，在没有空防的条件下，不惧敌机频繁轰炸的危险，千方百计克服困难，坚持运输，保证前方供应，真是不容易。

　　我到总后时，朝鲜战争已近尾声，我们仍不敢对之有所松懈。

但全面组织建设全军后勤工作的任务已迫在眉睫。我看到工作那么忙乱，就和杨立三及其他领导成员研究，要迅速改变这种情况。我一向认为：领导任何工作，都必须掌握主动，决不能被工作推着走；搞成被动应付局面，就办不好事情。无论事情有多么杂乱、困难，也得把局面打开。当时我们已有条件把主要力量放在建设总后的工作上，我们就应尽早做出全面规划、统一安排；对各方面来的问题分出主次、轻重、缓急；对难办的事要找出有效的解决对策。

我们很快就召开了后勤党委扩大会议。经过充分地交换意见，明确了后勤工作的方针、任务，制定了一系列规章制度，作出了工作部署安排等等。我们将会议决定写成报告，送军委和毛主席审阅。此件后经中央批转全军。

关于总后的工作方针，根据当时的情况，我们特别强调：对国家负责和对军队负责的一致性；强调全局观点，强调局部利益要服从全局利益。我说：过去我们是军事财政，一切为了保证战争的胜利。现在我们已由军事第一让位给国家第一。毛主席提出：目前全部的国家行政费用，包括军费，不得超过国家总支出的30%。我们要坚决执行这个指示，决不向国家多要钱。

国家是大全局，军队还有军队的全局，后勤本身也有自己的全局；小局要服从大局，一切从全局出发，不能头痛医头，脚痛医脚。这是个政治立场、观点问题，决定着我们的工作方法。我们要在这个方针的指导下，决定经费的分配，处理好各部门工作的关系，把这个方针落在实处。

在经费的使用上，我们强调反浪费。提倡少花钱，多办事。

我军正在统一建军的开始，各军、兵种的建设，军事院校、训练基地的建设，边防、海防和空军基地的建设，军队的新式装备和营房的建设，还要修医院、仓库等等设施。处处要建设，处处要用钱。经费有限而需求甚多，就必须善于安排，学会动脑筋、想办法，克服困难，自力更生。

总后任务很多。除当时还有战勤外，总的可概括为一句话：提供一切后勤保障，为把我军尽快建设成为一支正规化、现代化的革命大军而努力。军队愈是正规化、现代化，对后勤的要求也愈高。我军过去一直在作战（分散作战）的环境中、在没有任何物资保障的战争条件下生存成长。武器装备主要靠缴获，供应、补充主要靠根据地人民的支援。那时后勤的担子较轻，后勤显示的重要性较小。领导多把优秀干部派到军、政岗位上工作，而对后勤干部要求较低。因此，有些后勤干部不安心，要求调动；有的人产生自卑感。一直到解放战争大决战时期，才有点改变。到抗美援朝时，后勤的这种状况就大大地跟不上形势要求了。形势逼迫我们改变看法，改进工作。现代战争物资消耗之巨大，运输之重要、艰难，为我军历史所未见。因此，彭总在谈到后勤工作时，曾强调要总结抗美援朝的经验。

建国以后，情况起了根本变化。主要是：（一）全军的一切需要，都由国家统一供应，总后主管其事，担子十分重大。（二）后勤工作搞得好不好，对战争胜负的关系，日益密切，越是现代化战争，关系就越大，后勤的责任也就越重。（三）军队正规化、现代化的水平愈高，对后勤干部的管理水平、政治、文化、技术、业务水平，要求也愈高。为了适应工作的需要，必须迅速提拔、培养大批优秀的、高水平的后勤干部。

因此，就需要动员全军各级领导都重视后勤工作，要选调优秀的、有水平、有能力的干部去从事后勤工作。还必须及早建立各级、各种后勤院校，培养专业的后勤人才、后勤专家。在职人员也要采取各种办法，不断地培养提高。要使大家懂得：后勤是一门科学、一门专业。建立干部对后勤工作的事业心，建立高度的责任感和荣誉感。

因此，我到后勤不久，就筹备开办后勤学院，筹建颇具规模的陆军总医院等等，认为经费用在这里是必要的。

因此，彭总在军队高干会议的报告中，专门讲了后勤工作的重要性，要求各级领导重视后勤，选派优秀干部抓这个工作。

在具体工作中，总后也有一道难题，就是修建营房的问题。全国战争结束时，数百万计的军队借住了许多民房，时间长了，群众有意见，军队也不方便。建设营房成为急务，而实际上却进展缓慢、麻烦甚多。当时，我们正学习先进经验，一切建筑都要先做设计，批准预算后才能动工。当时，设计是个新事物，得请工程技术人员来做，又没有一定标准，这就差异甚大，不好平衡。预算要列举大大小小各项建筑材料、设备、工价等等，很难审查。审查没有力量，不审又是失职；不批下面要骂，批了大家又吵不公平。本来好办的事，弄得非常难办，下面不满，上面头痛。

我了解情况后，认为：建设营房和农村建设民房，并无很大区别，没有很特殊的技术要求。农民盖房都是自己动手，请个有经验的师傅指导就行。我军战士多是农民出身，又是年轻力壮，又有组织领导，条件优越，何不自力更生？

我们提出"包干"的办法，得到军委同意就实行下去。我们按不同情况，规定营房每平方米造价，提倡自烧砖瓦、自出人工；造价包干后，超过不补，节余归己。为保证质量，包干除包造价外，还要包质量、包使用年限。

这样一办，问题就简单了。部队自力造营房的积极性很高，盖得又快、又好、又节省。军队住进营房，退还民房，群众也高兴了。

　　我在总后工作没几个月，大约在 1952 年 12 月，聂荣臻代总长要我到总参去上班，帮助处理日常工作。我就奉命前往，但那时仍兼总后的工作。到 1953 年，总后实际工作交给了洪学智；我向中央作了总后工作的报告，正式结束了我在总后的工作，全力放在军委、总参日常工作上。

　　1952 年末，我刚到总参时，正赶上彭德怀从朝鲜前线回来，在他的住处，召集军队有关负责人开会，研究军队的改革和建设工作。参加这个会的，我记得有：朱德、彭德怀、聂荣臻、粟裕、陈赓、萧华、肖克、肖向荣、赖传珠、徐立清、杨立三等人，我也参加了这个会。以后，这个会就形成常会，开过很多次。当时也被称为军委会，因为它实际上是做这个工作，再向上就是报中央、毛主席批示了。但它却不是中央任命的军委会，只是个适应急需的工作组织。

　　1953 年 7 月，朝、中、美三方在朝鲜板门店签署停战协定，彭德怀代表中国签字。这以后，彭德怀正式回国。1954 年 9 月，全国人民代表大会任命彭德怀为国务院副总理兼国防部长。聂荣臻离开了总参。粟裕任总参谋长。我也被任命为国防部副部长，仍兼副总长，仍负责军委、总参的日常工作。当时总参和军委是一个办公厅，没有以后那样详细的分工。

　　1954 年 11 月，中央正式任命以毛泽东、邓小平和后来授衔的十位元帅，共十二人组成军委会；毛泽东为军委主席。毛主席召开了第一次军委会议；正式把军队工作交给彭德怀主持，彭德怀成了常务副主席；重大问题则由军委开会决定，报中央及主席批示。我虽不是军委委员，因工作需要，实际早就担负了秘书长的责任，帮助彭德怀做经常工作，成为彭德怀抓军事的主要日常助手。1954 年 10 月我被正式任命为军委秘书长。1956 年 11 月才被正式任命

1954 年，时任中央军委秘书长的黄克诚被中南军区选为
第一届全国人民代表大会代表

为军委委员。

毛主席在 1958 年 6 月的军委扩大会上讲话曾说：我四年未管军事，一切推给彭德怀同志，……不是军事工作都搞坏了，基本上搞得好。……讲责任，第一是我，第二是彭德怀，第三是黄老（黄老的称呼是当时一般对我的习惯叫法），因为他是秘书长，还有各总部……。主席的话即指上述情况而言。实际上，军队的一切大政、方针都是要交军委讨论，经主席批准的。

处于开创时期的军委、总参，工作问题多得不得了。首先是明确方针、任务。我国是爱好和平的国家，我们的战略方针是"防御"，但不是单纯防御，消极防御，而是"积极防御"。

中央军委决定我国采取"积极防御"的战略方针，即是要我军在防御中，仍需处于积极主动的地位。我们必须拥有强大的武装力量，争取制止侵略战争于未发，使敌人不敢冒险来犯。如敌人悍然发动侵略的战争，我们就坚决回击，把敌人打出去，打得它不敢再来。毛主席早就说过：人不犯我，我不犯人；人若犯我，我必犯人。彭总 1957 年在国防委员会的报告中，曾专门论述过这个战略方针。我们军队的任务是：对外抵抗帝国主义的侵犯，对内巩固人民民主专政，保卫社会主义祖国；还要准备在时机成熟时，解放我国的领土台湾。我们的建军任务是：把原来单一的陆军，建设成为现代化诸兵种合成的强大陆军；要从无到有地建设一支强大的空军和强大的海军；要尽力加快各种军事建设的步伐，加强空防、海防、边防；加强各种军事训练；加强各种军事设施、军事装备；规定一系列统一的军事条令、军事法规和各种制度。我们要尽快把我军建设成为一支优良的、现代化的强大的革命军队。

明确了方针、任务，我们的工作就有了方向，但遇到具体问题，还是很难办。我刚到总参工作时感到最伤脑筋的问题，是军费

1955 年，黄克诚（左四）同邓小平（左三）、贺龙（左二）、陈毅（左一）观看全军射击运动会

分配问题。时当国家初建，财力有限而百事待举。国家要现代化，就必须工业化，就首先要建设重工业，就需要大量投资。军事建设虽然重要，也不能多拨经费。我们只能在有限的军费中想办法，尽量把钱用在最重要的地方。同时还得照顾全局，平衡各方面的需要。我们不但要会省钱，更得要会用钱。同样的钱使用得当，便可更好地发挥效益。

那时，我们的各军、兵种都在初建，领导者都是身经百战的将军，魄力大、个性强、工作积极性非常高，都要在新岗位上作出新贡献。他们都向军委、总参、总后强调自己这个部门的重要性，争取多拨一些经费。他们要钱、要物资、要外汇，争论得不可开交。这只能由军委、总参会同总后来解决，总后主要是执行者。

　　在军委、总长的领导下，我们采取的方针、办法是：第一，不向国家伸手，矛盾不上交，只在国家批准的范围内，自行调节、安排、处理。第二，先做政治思想工作，先讲国家的困难，讲顾全大局的重要性，鼓舞大家要有克服困难的决心，把过去艰苦奋斗的精神拿出来，千方百计，打一个"少花钱、多办事"的胜仗、好仗。第三，把经费分配的情况摆出来，全部公开，使大家都了解全貌，才便于从全局着想。同时，向大家讲明这样分配的理由，求得理解和谅解。

　　我说：我们也要顾军队全局，只强调某个局部是不行的，平均主义的分配也是不行的。我们都是高级将领，都懂得战时不能平均

1955 年 11 月，黄克诚（右）与粟裕在旅大军事演习的看台上

使用兵力，必须从全局考虑，有主次，善配合，才能打胜仗。现在建设也一样，要全面考虑，区别缓急，先抓重点、急需的工作。比如：海军要建设舰队，当然是合理要求，但费用大、时间长，不是我们目前的力所能及，就应把它当做长期任务来考虑。海军目前重点是海防，可以先抓急需，搞那些既能加强海防、又能建设较快、费用较低的，如潜艇部队、快艇、小型舰艇等，就实际可行些，又能较快发挥作用。空军在建军中是当务之急，我国因没有空防，抗美援朝时牺牲极大；建设空军队伍比海军舰队费用要少一些，而需要更急一些。所以我们应考虑重点先建空军。……

像这样摆情况、讲道理，同时虚心倾听并吸收大家的合理意见，一般就比较容易解决问题些。即使有个别坚持己见，仍然争论不休者，我们也不妥协，坚持说服，慢慢就解决了。这时重要的在于保持冷静，不怕吵、骂，坚不动摇。如对吵骂凶狠者稍有退让，那就只会鼓励大家都来吵骂，弄得更乱、更无法处理了。

当然这样做要得罪不少人，使一些军队高级干部不满，也只得听之任之了。总后有些干部，常常被不留情面地斥责，感到很苦恼，甚至不愿干这个工作。我劝他们说：我们不要怕挨骂，当面骂就和他讲道理，背后骂就只当不知道。共产党员只要做的事对国家、对党有利，就要能任劳任怨，挨骂、受委屈都是光荣的。对工作要从党性原则出发，不要计较个人的得失。

为了军队的逐步现代化，我国在这样的困难情况下很快地建立了一套军事工业体系，建立了各种军事工厂，建立了国防工办，并建立了军事工业学院。我国不但自制先进的常规武器，自制飞机、舰艇；而且设立了国防科研系统，开始研制国际上先进的尖端武器。为此，军委决定建立国防科委，由聂荣臻元帅负责领导国防科委工作。我国有许多热爱祖国的、高水平的科学技术专家，为了建

1955 年 11 月，黄克诚（右）同粟裕（左）在旅大观看抗登陆军事演习

设新中国，不少人抛弃了国外的良好条件和优厚待遇，甘愿在祖国的困难条件下，从事国防科研工作。他们和一大批从事这方面工作的同志作出了巨大的贡献，使我国在短期内就能屹立于两个超级大国之间，这方面的成就曾使世界震惊。

50 年代里我军刚从战争转入和平建设时期，许多方面要迅速改革。我记忆较深的有这样几件事：

（一）我军过去由于战争需要而形成的庞大队伍，各地建立的许多军事机构，应如何整编裁减，以适应从战争到和平，从落后到先进的转变？

黄克诚（左三）与邓小平（右一）、罗荣桓（左二）、聂荣臻（左一）参观防空部队器材展览（时间不详）

　　为此，我们先规定了总定额。层层动员精简。预拟 1954 年裁军百万，以后逐年继续精简。1956 年，彭德怀在党的第八次全国代表大会上作的军事报告中说：我军已实行了有计划的整编，先后集体转入生产建设部门的部队，有 31 个师零 8 个团。转业干部、复员士兵已达 500 万人。目前我军员额，包括征集的新兵在内，比解放初已减少 270 余万人。我军已在原来步兵的基础上，建立了空军、海军、防空军、公安军，以及炮兵、装甲兵、工程兵、铁道兵、通讯兵、防化兵等诸军兵种。……

　　改革进行得不慢，但我们仍没有达到预定要求，精简、整编工作继续进行。1956 年 10 月，军委又责成我研究裁军方案，在 1957年 1 月的军委扩大会议上，作出裁减和整编军队的报告。此后，1958 年的军委扩大会仍把精简整编作为议题之一。这说明了：精简、整编工作的繁重性和经常性。和平时期，机构、人员总有一种不断扩大的趋势，这种趋势不但导致机构臃肿，军费膨胀，而且导致官僚主义、文牍主义，使工作效率低下，办事不灵，互相推诿，无人负责。所以精简、整编是个做不完的工作。

（二）与精简、整编密切联系的是兵役制的改革问题。我军历来实行志愿兵制度。全国统一后，就不能这么做了，必须适应新情况有所改变。因为现代化战争往往规模极大，技术要求又高，国家不能在平时保持过于庞大的军队，那不但人民负担不起，而且真到战时，兵力还是不够用。必须平时常备军有定员，战时又能源源不断地补充，而且补充的还得是经过训练的预备人员。这只有实行义务兵役制才能解决。

实行义务兵役制，合格青年适龄入伍，定期退伍为预备役。这样，可使国家积蓄大量的、受过军事和技术训练的预备役兵员，战时不愁没有补充。

义务兵役制还可以培养青年人的爱国主义精神，体现"保卫祖国、人人有责"的观念。适龄青年入伍受训，不但可以获得军事、技术知识，而且可以在严格的集体生活中，得到组织性、纪律性的锻炼，得到平时得不到的良好素养。

中央军委决定 1954 年试行"义务兵役法"，取得经验；1955年我国正式颁布"兵役法"，实行"义务兵役制"。同时颁布了"军官服役条例"，使我军的战士与军官都有预备役人员储备，而我常备军则经常保持着年轻的朝气。

（三）过去因战争需要，各战区因地制宜，自行规定一套制度、办法。现在我们已经是统一的国家，应制定统一的、合乎现代要求的条令、规章、制度，使军队走向正规化；完成从分散到统一的转变。

在这些方面，我们向苏联学习了不少东西。我们借鉴了苏军的各种条令、规章，结合自身的经验，发布了一系列的规定，如："纪律条令"、"战斗条令"、"政工条令"、"战备训练规定"、"军衔条令"、"军队的薪金制度"等。

我们实行了五统一：统一指挥、统一制度、统一编制、统一纪律、统一训练。"统一"并不等于首长决定一切、命令决定一切。集中和民主、统一和因地制宜是辩证的统一。因为我们实行的是：党委集体领导下的首长负责制，是以民主为基础的集中、统一。

（四）过去我们是在战争中学习战争，提高自己的军事水平。现在和平时期，就必须得依靠正规化的军事训练。何况我军还必须迅速适应现代化战争所需要的水平，这就更必须加紧现代化军事训练。

在 1954 年初的军事高干会议上，彭德怀在报告中提出：以军事训练工作为全军军事工作的长期的、经常的中心，以培养、训练干部为中心的中心，争取迅速提高我军战略、战术、军事技术的现代化素养。军委并已颁发了一整套的训练计划。我军建立了军事学院、政治学院、军事工程学院，以及各军种的专业军事学院。各兵种也建立了各种专业学校，以培养各种军官和军事技术人员。甚至把培养干部的重要性提到"干部决定一切"的高度。

1955 年 4 月，经军委批准，以总参军事训练部、军事学校管理部和军事出版局为基础，建立了训练总监部，由刘伯承元帅主持。

（五）我军（包括根据地地方工作人员）一向实行供给制。但

现在全国解放，全国职工都实行工资制。从长远考虑，我们也必须
实行工资制。地方干部首先改革了。军队在实行义务兵役制后，除
义务兵定期退伍，仍实行供给制外，职业军人就必须改行薪金制。

　　研究军人的薪金制时，我们发现了一个问题，就是：世界各国
军官待遇均高于地方甚多，而我们的传统却是同等待遇。这就不大
好办了。我们虽再三强调不要学人家的样子，尽量减少军队和地方
的差别，但职业军人的待遇，仍不能不较高于地方，这就不免引起
一些人的意见。从军人方面说，与世界一些国家比，待遇差别已经
是低的。事难两全，这就需要使人民理解军人这个职业的特殊性。
军人得随时准备上前线，得随时准备流血牺牲，而且平时边防、海
防、空防、训练以及试验基地的任务、生活条件，往往十分艰苦。
作为军人自己，则应严格自律，不可脱离群众，时时注意军人的

1955 年 9 月 27 日，周恩来在北京为黄克诚（右二）等颁发授予中国人民解
放军大将军衔的命令状。右一为粟裕

声誉。

薪金似乎是个具体的小问题，但又是个最容易引起意见的大问题。所以决定这个薪金制的办法（先是暂行办法），也颇费了些斟酌。

（六）我军过去从来不设军衔，军人只有职务的区别，没有军阶的差异。但军衔却是世界各国普遍实行的制度。以致当我们与外国军官接触时，党中央不得不临时授给我方代表以适当军衔，使便于和对方以对等之礼相待。于是我们以苏联的制度作参考，由军委颁布军衔制，并授予全体军官以适当军衔。这也是很费斟酌、平衡的工作。

颁发勋章也是世界上通行的办法。若论战功，敢说没有一个国家能和我军相比。军委从我国实际情况出发，决定颁发勋章，以表

1955 年 9 月 27 日，黄克诚（左二）同粟裕、谭政、萧劲光、王树声等在授军衔仪式上

彰我军在土地革命战争、抗日战争、解放战争这三大阶段战争中，参战有功的将领。纪念过去，以励将来。

奖章则是着眼于现在和将来，立功者受奖不但公平合理，而且表彰先进，正是鼓励更多的人学习先进。

我国于1955年举行了授衔、授勋仪式。

（七）当时，西方发达国家对我国敌视、封锁。苏联为帮助我国建设，在建国初期给了我们很大的支援，在各方面派了大批顾问、专家。我国早期重工业基础的建立，早期军事工业基础的建立，从设计到施工，从提供技术、设备，到指导施工及试生产，都得到他们国家和专家的助力。在建军方面，苏联派了总顾问和一批专业顾问，提供了他们的经验和各种资料给我们借鉴。

毛主席号召我们学习苏联先进经验。我们很懂得不学习科学的、先进的经验，就不可能实现"军队现代化"。

但对如何学习苏联经验，我们还是有自己的考虑，并不一律照搬。我们不会不考虑自己的国情和历史，决不轻易丢掉自己的好经验、好传统。对苏联的经验我们从实际出发，或采用、或不用、或修改后再采用。我们的方针是：以我为主、学习先进。

这正是毛泽东一贯的思想方针。我们党已经30岁了，在政治和军事斗争方面可说已很有经验了。学习人家，而丢掉了自己，如何能自立于世界？如何能在学习中有发展和创造，而赶超先进？

我们没有学习苏联的"一长制"。中央军委于1953年9月，正式确定我军的领导体制为：党委领导下的首长分工负责制。司令员和政委有分工之别，无上下之差；意见有分歧，特别是对待关系重大的问题，由党委会作决定。有的还需报上级党委请示。军队的政治工作，保证我军永远是党领导的人民军队、革命军队，决定着我们军队的性质。政治工作是不可以削弱的。我军的上下级关系、

1955 年 10 月 1 日，黄克诚（右）同宋任穷在天安门城楼上

官兵关系、军民关系都有非常优良的传统，决不可以丢掉。长期艰苦斗争中创造、总结出来的宝贵经验，应当世代相传，并不断地充实提高。

到 1956 年，军委工作已稍稍就绪。虽然许多工作离做好和完成还有很大距离，问题仍然很多，但大体有了安排，已不像开始那样忙乱了。彭德怀下去视察，或出国进行对外活动，就让我负责日常工作，并授权我可以召集联席会议，商讨问题，重大事情则请示军委处理。

1958年2月，黄克诚（左二）、谭政（左一）、陈明仁（左三）在第一届全国人大五次会议军队代表小组讨论会上

1956年底，军委责成我于1957年初，在军委扩大会议上作整编、裁军的报告。彭德怀在这次会上提出交班、退休问题，要求大家做思想准备。我认为这是有远见的提法。当时我军干部平均还不算老，高干年龄在50岁以下者甚多。但和平岁月易过，而功业有成就的同志容易忘掉自己的年纪，忽视这个培养接班人的问题。及时、及早提醒颇为必要。

1958年是大跃进的一年，毛主席信心十足地到各地视察、开会，鼓舞生产、建设的干劲。毛主席在八大二次会议上提出"破除迷信、解放思想"。随之，"总路线"、"大跃进"搞得轰轰烈烈。接着又出现了"人民公社"，被总称为三面红旗。举国上下，热气腾腾。

主席在地方上的讲话，传到了军队。军队中早就有人提过：我军仍有教条主义。到这时一些同志就更忍不住了。首先在军事院校

283

1958 年 10 月，总参谋长黄克诚（左）出席庆祝匈牙利人民军建军节招待会

中，不断有人提出"反教条主义"问题。毛主席认为军队落后于形势，落后于地方。他在成都会议上提出，军队应开一次整风会。

　　1958 年 5 月，军委召开扩大会议。彭德怀在开幕发言中说：会议主要任务是整风、整编，方式是大鸣放、大争辩。彭并检查了自己思想落后于实际。我在小型会议上传达了毛主席的号召："把火线扯开，挑起战来，以便更好地解决问题。"彭德怀说：苏联那一套大都为了巩固"一长制"。我们虽然实行党委领导下的分工负责制，没有抄袭他们的"一长制"，但还是有些东西照搬了，所以要严肃批判"教条主义"，维护军队的优良传统，否则老干部死后，可能会像匈牙利那样出问题。

　　中央委托邓小平召集各位元帅开会，认为军委扩大会议温度不够高，决定采用整风方式开会，会议发言与大小字报相结合，一周内使空气紧张起来。

毛主席召集主席团和组长座谈，指出：这次会议主要是打倒奴隶思想，埋葬教条主义，大鸣大放，破除迷信，解放思想，吸取教训，着眼于团结全党、全军。会议中，整风、反教条声势日大，整编已提不上日程。这次会议，实际是中央领导军委整风，为彭德怀始料不及。我们未能领会中央精神，所以主持会议显得很被动。这可能是：毛主席在匈牙利事件之后，开始担心我军领导出问题。也许这就是庐山会议的先兆。

这次会后，粟裕总长心情不快。他本来身体不好，就请假休息。军委决定让我继任总长，我也只以为是要我填补一时的空缺。

1959 年 5 月，黄克诚（左）在国防委员会全体会议上作报告

1959 年 5 月 3 日，黄克诚（前排左二）同罗荣桓（前排左三）、聂荣臻（前排左五）、谭政（前排右一）与应邀到国防部和总参谋部作客的西藏自治区筹备委员会代理主任班禅额尔德尼·确吉坚赞（前排左四）等合影

　　1959 年春，彭德怀出国访问东欧，我仍照常工作，一直到中央通知我到庐山开会时，我还带了两个一般工作问题，准备到会上去解决，真是"当局者迷"。

　　庐山会议后，彭德怀和我就都罢官、离职，长期离开军队了。

　　1952—1959 这七年间，我除开头几个月完全在总后工作外，就一直在总参和军委工作，和彭德怀的关系也以这个时期为最密切。以前我虽多年是他的老部下，但从未这样日常共过事。经过这一段相处，相互了解深了，彼此都信得过。有一次，彭德怀曾口头答应了某个领导同志的要求，问题正式提出时，我觉得不妥，给否定了。和彭讲清了道理，彭同意支持我的意见。不满意的人就说我是"秘书长专政"。这话颇有刺激性，但彭并不在意，他说：我服

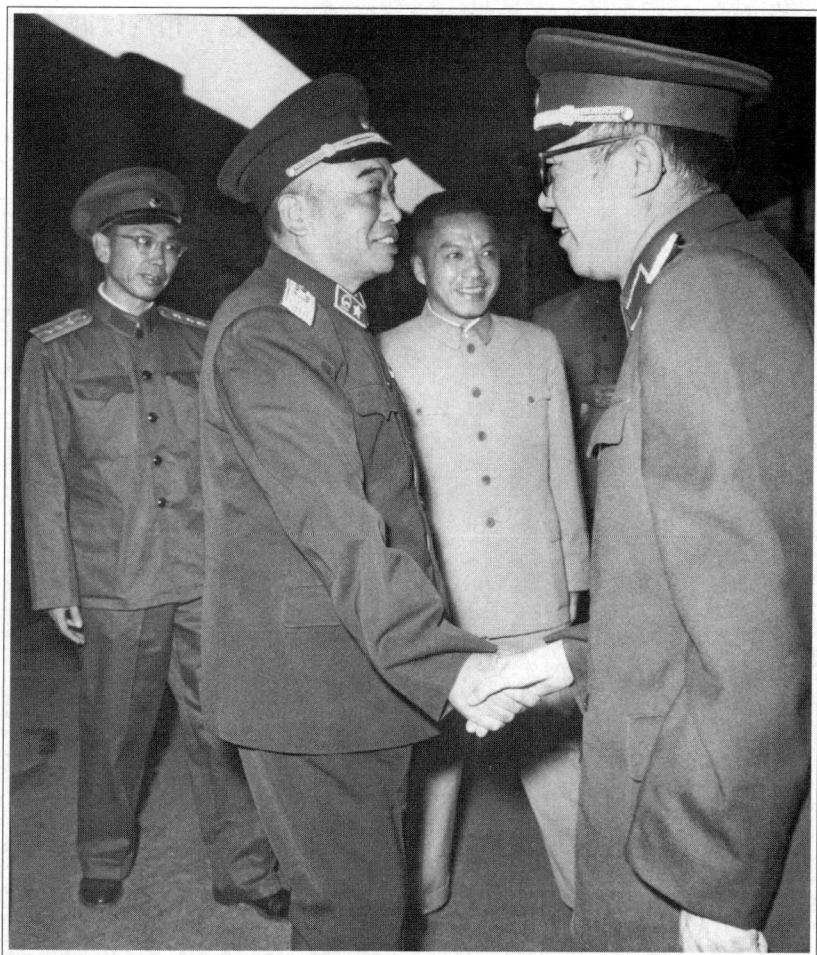

1959 年 6 月，彭德怀出国访问回京，黄克诚到车站迎接

从道理，谁更有理就听谁的。彭逐渐让我负较多责任，出去时让我代他管理日常工作，曾引起某种猜疑，以为我们有什么特殊关系。其实我们都不是那样的人。我们之间，言不及私，相待以诚，相争以理，性格、作风比较合得来，如此而已！一直到庐山会议，我们因观点相同，同受冤枉，同被惩处，这才成了患难之交。据说彭德怀临死时，曾说我是他最好的朋友。我也曾经几度梦见他。

18

庐山风云

1959 年的庐山会议已成为我党、我国历史上著名的重大事件，载入史册，影响深远。

彭德怀于 6 月底收到庐山开会的通知。在此以前，他在上海会议上受过毛主席的批评，心中不快。当大跃进刚刚开始时，他也曾兴高采烈，积极得很。但他在接触实际以后，几个月就改变了看法。而我则是从一开始就持保守态度，对大跃进有怀疑、有保留。

后来彭出国访问，回国后非常认真地看了内部参考消息，把自己认为严重的情况都圈出来，送给主席看，数量颇多。他在会前去了一趟湖南，和周小舟、周惠谈了不少话，他们的看法基本相同。我也和他谈过一些国内情况，可能加重了他的忧虑情绪。彭德怀收到庐山会议的通知后，他不想去，让我替他去。我说：中央通知你去，没通知我，我怎能替你去呢？我又问他：是不是受了批评，心里不舒服。彭说：也不是不服气，就是感情上觉得别扭。他后来还是去开会了。在会议中他对就事论事不满，对没有尖锐的意见不满，认为纠"左"的措施不力，因而写出了那份有名的"意见书"。

庐山会议开了半个月，我还在北京守摊子。彭真和林彪也未去庐山，似乎都没想到会出什么大问题。我还是把这个会当成一般的政治局扩大会议，研究当前工作问题的会议。还在北京准备了两个有关工业工作的文件，打算送给中央考虑。一个文件是关于钢铁工业的，主要说：我国现已有一千万吨钢的产量，目前应着重质量，不要追求数量；并举了苏联和日本作例子。苏、日这两个国家在第二次世界大战时期，钢的年产量都不甚高，但在战争中都显示了很大的威力。这说明有一定的数量时，就应特别重视质量。第二个文件则是关于无线电工业的，现称电子工业，但当时尚无此称谓。军委非常重视军事工业，国家设二机部专管军工。开军委会时陈毅、聂荣臻、贺龙等几位元帅都主张不能削弱对军事工业的领导，我就根据会议精神起草了一个加强对无线电工业领导的文件。

此时，国内经济情况已有些乱了。河北、山东都有饥馑发生，青海也在闹饥荒，云南逃向缅甸的人相当多。我感到问题严重，心里非常不安。庐山会议开了半个月后，中央通知我去开会，我有点意识到会议上分歧严重。彭德怀7月14日写给毛主席的"意见书"已打印出来，看来可能要受批评。但我对有关党和国家命运的重大问题，确有很多意见，和彭德怀的看法基本相同，很希望有机会向党中央提出。彭真打电话给我，让我和他一起去。

我记得是7月17日到达庐山。上山后刚进住房，彭德怀就拿着他写给毛主席的信给我看。我仔仔细细看了一遍，说：这封信提的意见我赞成，但信的写法不好，语言中有些提法有刺激性，你那样干什么？他说：实际情况那么严重，会上没有人敢说尖锐的话，我就是要提得引起重视。我说：你总是感情用事，你和主席共事多年，应该互相了解较深，这些话何不与主席当面交谈，何必写信。

当天晚上或第二天早晨，周小舟、周惠、李锐三人到我住处看我。谈起来，他们意见一致，都认为：不改变"左"的方针不行，而且感到会议有压力，不能畅所欲言。我因刚来，不了解情况，就说：不要急，先看一看。随后我又和李先念谈了谈，先念也认为当时的做法太过了，一定要改变才行。

接着，我又和谭震林谈，他是激进派，意见就完全相反了。而且他还问我：你为什么先去看先念，不先来找我，你受先念影响了。我说：我和先念有些看法相同，不能说是受他影响。我就阐述了自己的意见，因而和谭震林吵起来。我和谭一向关系很好，知道他性格直爽、态度鲜明，有话当面争吵，不会存在心里，所以丝毫没有顾虑，和他争论得非常激烈。谭发火说：你是不是吃了狗肉，发热了，这样来劲！你要知道，我们找你上山来，是搬救兵，想你支持我们的。我说：那你就想错了，我不是你的救兵，是反兵。这"反兵"二字，是针对谭震林说的"搬救兵"而言，说明我和他意见相反，后来却被人引为我"蓄意反党"的证明。

18日到19日开小组会，讨论彭德怀的那封信，不少人发言同意彭的意见。我也在19日发言，比较全面地阐述了自己的观点，支持了彭德怀的意见。当时组里除罗瑞卿、谭震林二人外，其他同志似乎都对我表示有同感。谭、罗发言批评我，我又反驳他们，争论了一通。这篇发言本应有详细记录在简报上印发，但因我乡音太重、说得太快，记录同志记不下来，整理时感到为难，就要求我自己整一个书面发言给他们。但形势变化很快，几天就形成了斗争局面，我已无时间和精力来整理这个材料。所以简报中就只有一个简单的发言记录。致使有些同志后来感到诧异，怎么庐山会议被斗争的主要角色之一，连个较全面的发言都没有呢？

我最担心的是粮食问题，几亿人民缺粮吃可不得了。会议上把粮食产量数字调整为7000亿斤，说是：6亿人口，人均产量超过千斤，粮食过了关。我说：不对，这个数字不符合实际情况。有人质问：这话是谁说的？我说：是我说的，而且你也说过。我那时态度还是很强硬。

7月23日，毛主席召开大会讲话，这个讲话造成极大的震动，扭转了会议的方向。

我记得主席讲话的内容主要是：一、现在党内外都在刮风。有些人发言讲话，无非是说：现在搞得一塌糊涂。好呵！越讲得一塌糊涂越好！我们要硬着头皮顶住；天不会塌下来，神州不会陆沉。因为有多数人的支持，腰杆子硬；我们多数派同志，腰杆子就是要硬起来。二、说有"小资产阶级狂热性"。我有两条罪状：一是大炼钢铁，1070万吨是我下的决心；一条是搞人民公社，我无发明权，但有推广权。1070万吨钢，九千万人上阵，乱子大了，自己负责。其他一些大炮，别人也要分担一点。各人的责任都要分析一下，第一个责任者是我。出了些差错，付了代价，大家受了教育。对群众想早点搞共产主义的热情，不能说全是小资产阶级狂热性，不能泼冷水。对"刮共产风"、"一平二调三提款"也要分析，其中有小资产阶级狂热性，主要是县、社两级，特别是公社干部。但我们说服了他们，坚决纠正。今年3、4月间就把风压下去，几个月就说通了，不办了。三、我劝另一部分同志，在紧急关头，不要动摇。做工作总会有错误，几十万个生产队的错误，都拿来说，都登报，一年到头也登不完。这样，国家必定垮台，帝国主义不来，我们也要被打倒。我劝一些同志，要注意讲话的"方向"，要坚定，别动摇。现在，有的同志动摇了，他们不是右派，却滑到右派边缘了，离右派只有30公里了。

主席的讲话，支持了左派，劝告了中间派，警告了"右派"，表明主席已经把会上意见的争论，作为党内路线斗争来看待了。

主席这样做不是偶然的。当时党内外的确是意见很多，甚至很激烈。主席在讲话中就曾提到：江西党校的反应是一个集中表现。
7 月 26 日批发的《李云仲的意见书》，更是直言不讳地批评了党的
错误。李是搞计划工作的司局级干部，熟悉情况，信中列举了许多
事实和数字材料，说明问题的严重性。这信是在 6 月上旬直接寄给
主席的。主席对这封信写了长达两三千字的批示。批示中肯定了他
敢于直言，对计划工作的缺点，批评得很中肯；但又说，李云仲认
为从 1958 年第四季度以来，……党犯了"左倾冒险主义"、"机会
主义"的错误，这一基本观点是错误的，几乎否定了一切。

这些在毛主席心里留下了阴影。由于党中央在这个时期一直和
主席一致，从第一次郑州会议以来，开了许多会议，不断纠正错
误，情况有所好转；主席颇有信心，认为照这样做下去，不要很长
时间就能够解决问题。所以庐山会议前半个月被称为神仙会，提了
十几个问题来讨论研究，发言虽有分歧，却无重大交锋，气氛并不
紧张。但在表面的平静下，却隐藏着"左"、"右"之争。"左"的
方面气势高，不愿听人谈问题严重，有人甚至在会上打断别人的发
言。"右"的方面则想把缺点、错误谈够，要求对情况的严重性有
充分认识，认为不如此不能真正解决问题，同时对会上不能畅所欲
言，感到压抑。这种情况主席是知道的，但也认为是正常的。这
时，讨论已近结束，《会议纪要》已在起草讨论，准备通过《议定
记录》，会议就结束了。

就在此时，彭德怀写了他的意见书，于 14 日送给主席。他正
是因为会议即将结束，而又感觉并未真正解决问题，自己的意见亦
未能畅述而写的。这封信对毛主席起了强刺激作用，免不掉又要亢
奋失眠。主席自己在会上说，吃了三次安眠药睡不着。在神经过度
兴奋的状态下，仔细琢磨的结果，就把这封信和党内外各种尖锐的
反对意见，都联系起来；把彭总当作了代表人物，而且是在中央政

治局里的代表人物。认为他的矛头是指向中央政治局和主席的，于是认为路线斗争不可避免。7 月 23 日的讲话宣告了会议的性质已经改变，会议将扩大延长。

主席的讲话对我们是当头一棒，大家都十分震惊。彭德怀会后还曾向主席说，他的信是供主席参考，不应印发。但事已至此，彭的解释还能有什么用？我对主席的讲话，思想不通，心情沉重；彭德怀负担更重，我们两人都吃不下晚饭；虽然住在同一栋房子里，但却避免交谈。我不明白主席为什么忽然来一个大转弯，把"纠左"的会议，变成了"反右"；反复思索，不得其解。

当晚，周小舟打电话来说：他们想和我谈谈。我觉得这时应谨慎一些，不同意他们来，但小舟很坚持，我也就让步了，来就来吧。三人中，小舟最激动，李锐已意识到在这个时间来我处不好，可是未能阻住小舟。谁想得到，这次谈话竟成了"反党集团"活动的罪证呢？

小舟、周惠、李锐到来后，表现非常激动，说：我们都快成了右派了。我劝他们说：别着急，主席支持左的，也不会不要右的。小舟问：主席这样突变，有没有经过政治局常委讨论？又问：主席有没有斯大林晚年的危险？我说：我认为不会。又说：有意见还是应直接向主席提出，我们现在这样谈论，不好。小舟才平静下来，又谈了些湖南的情况。他们正准备走时，彭德怀拿一份军事电报走过来，小舟又说：老总，我们离右派只 30 公里了。彭说：着急有什么用。李锐催着小舟走，说太晚了。实际上，他大概是觉得，这些人还是早点离开这里为好。周惠一向比较谨慎，没说什么话，他们就走了。他们出门时，正巧碰见罗瑞卿，罗持反"右"的观点，自然就注意了这件事。后来，这天晚上的谈话就成了逼我们交代的一个重要问题。

23 日主席讲话后，各小组下午就开始讨论主席讲话。那时发言尚较缓和，对彭信的批判虽轻重不同，均未离开信的内容，有人说得厉害些，有人则还作些自我检讨。

7 月 26 日传达了主席的指示：要对事，也要对人。这成了会议的另一个转折点。批评的火力大大加强，而且目标集中在人了。除了对彭总外，所谓"军事俱乐部"、"湖南集团"的提法也都出来了。"左"派柯庆施等人气势很凶，温和派也被迫提高了调子。彭德怀和我们这些人就只有作检讨的份。我在 26 日作了检讨，谈到 19 日的发言是嗅觉不灵，谈到自己思想方法上有多考虑困难和不利因素的老毛病；也谈到自己只认为彭信有些地方用词不妥，而认识不到问题的严重性等等。这当然也有违心之论，但还不算太过。

7 月 26 日除传达了主席说的"对事也要对人"的指示外，还印发了主席对李云仲信的批示，说的就更严重了：党内外出现了右倾思想，右倾活动，大有猖狂进攻之势。这样一说，谁还敢当中间派呢？自此，批判、斗争不断加热。既然对人，那就得追查组织、追查目的，还要追查历史地来进行斗争了。

7 月 30 日，主席通知我、小舟、周惠、李锐四个人去谈话。谈话时主席显得火气不大，所以我们也较敢说话。这次谈话，主席给我戴了几顶帽子。说我：一是彭德怀的政治参谋长，二是湖南集团的首要人物，三是"军事俱乐部"的主要成员。还说我与彭德怀的观点基本一致，与彭德怀是"父子关系"。又谈到过去的三军团的历史问题，说不了解我的历史情况等。

我答辩说：我和彭德怀观点基本一致，只能就庐山会议这次的意见而言。过去我和彭德怀争论很多，有不同意见就争，几乎争论了半辈子，不能说我们的观点都是基本一致，但我们的争论不伤感情，过去打"AB 团"时，有人要打我，彭还帮我说过话，不然我那次就可能被整掉了。我认为我们的关系是正常的，谈不上什么父子关系。

主席说：理性和感情是一致的东西，我自己总是一致的。看来我不了解你和彭的关系，也不了解你这个人，还得解开疙瘩。

我又说：我当彭的参谋长，是毛主席你要我来当的。我那时在湖南工作，并不想来；是你一定要我来。既然当了参谋长，政治和军事如何分得开？彭德怀的信是在山上写的，我那时还没有上山，怎么能在写"意见书"一事上当他的参谋长？我在湖南工作过多年，和湖南的负责同志多见几次面，多谈几次话，多关心一点湖南的工作，如何就能成为"湖南集团"？至于"军事俱乐部"，更是从何谈起呢？

谈话还涉及到当年东北战场"保卫四平"问题和长时期炮打金门、马祖的问题，我都表示了反对的意见。主席说："保卫四平"是我的决定，难道这也错了？我说：即使是你的决定，我认为那场消耗战也是不该打的。至于炮轰金门、马祖，稍打一阵示示威也就行了。既然我们并不准备真打，炮轰的意义就不大，打大炮花很多钱，搞得到处都紧张，何必呢？

主席笑笑，说：看来，让你当个"右"的参谋，还不错。

周小舟、周惠、李锐都说：会议上空气太紧张，叫人不能说话，一些问题不能辩论清楚。

主席说：要容许辩论、交锋，让大家把话说出来、说完讲透。小舟等又说："湖南集团"的提法，有压力，希望能给以澄清。主席说：可能是有点误会。又说：我和你们湖南几个人，好像还不通心，尤其和周小舟有隔阂。

主席又把话引到他在遵义会议前，怎样争取张闻天、王稼祥等。主席要小舟"不远而复"。主席谈遵义会议，分明是要我们回头，与彭德怀划清界限，希望我们"实迷途其未远，觉今是而昨非"。但我们的思想问题没解决，又都不会作伪，所以我们的表现可能使主席失望。

这次谈话，尽管主席对我的指责颇重，但空气不紧张，能让我们说话感不到压力；即使说的话让主席不满，他表示不同意时，态度也不严厉。所以我们的心情较好。我甚至还有点轻松感：到底有个机会，把话直接向主席说了。

7月31日和8月1日两天，毛主席在他住处的楼上，召开政治局常委会议，批判彭德怀。连中午都不休息，午饭就是吃包子充饥。参加的人员有少奇、恩来、朱总、彭总、林彪、贺帅、彭真等同志，又通知我和二周及李锐四人列席。

主席主持会议，讲话最多，从历史到理论，长篇大套，我无法记述。讲理论，主要是说彭不是马列主义者，思想中有不少封建的、资本主义的东西，是个经验主义者。其中也提到：彭是劳动人民出身，对革命有感情；要革命还是好的，寄以希望。讲历史则是批彭德怀在几次路线斗争中所犯的路线错误，说彭和他的关系是三分合作，七分不合作。彭说是一半对一半。主席仍说是三七开。

谈到彭的"意见书"时，主席说：信上说："有失有得"，把"失"放在"得"的前面，反映了彭的灵魂深处。又说：我们没有经验，没有"失"如何能"得"，胜败兵家常事，要保护群众的革命积极性，不能泼冷水，气可鼓不可泄，要反右倾。又说彭：你讲"小资产阶级狂热性"，主要锋芒是向着中央领导，你是反中央、攻击中央。你的信是准备发表的，目的是用来争取群众、组织队伍。你要按照你的面貌改造党和世界。以前历史上许多重要问题，你都没写信，这次写那么长。对你那些挑拨的话要顶回去。

彭说：我过去在江西也给中央写过长信提意见，这次信是供你

1956 年，黄克诚与朱德元帅在一起

考虑，并没想发表。

主席又说：你过去挨了批评，心里怀恨。我们同在北京，连电话都难得打，打几次，没打通，就"老子跟你不往来"。在香山你找我，因我睡觉习惯特殊，警卫员说未起床，你就拂袖而去，不谈了。高、饶事件你陷得很深，你以后会怎样，也难说。

彭说：我过去追随王明、博古路线，1934 年 1、2 月间就转过来了，曾和黄克诚谈过，还得请主席来领导。我今年 61 岁，以后还能有什么呢？

朱总司令发言温和，主席说是"隔靴搔痒"。

林彪发言说彭是"野心家"、"阴谋家"、"伪君子"；说彭自己有一套纲领、路线，独断专行，攻击主席，用心很深等。这个发言很厉害，以后成了定性的基调。

其他同志多是举个例子，说明彭德怀有问题，表示同意主席意见。

毛主席还说：整人就是要整得他睡不着觉，要触及灵魂深处。说彭：你组织性、纪律性很差，你有个说法，"只要有利于革命，专之可也。"打朱怀冰等，时机紧迫，还可说"专之可也"，打百团大战，为何也不先报告请示一下？人们说你是伪君子，你历来就有野心。我 66 岁，你 61 岁，我会死在你前头，许多同志都对你有顾虑，怕难于团结你。

主席最重要的话是说：你们这回是站在右倾的立场上，有组织、有准备的进攻，其目的是动摇总路线、攻击中央领导。毛主席甚至还提到解放军跟不跟他走的问题。

我不能不表态说几句话，我说：我和彭相处久了，许多事都看不清楚。中央苏区后期，他说过还是要请主席来领导，我认为他不是不能辨别正确和错误。他的个人英雄主义我有感觉，今天的会使我认识更全面。希望彭能冷静地听取批评，常委领导同志讲的话，都是好意帮助，等等。

会后，主席把我们四个列席的人留下，又谈了一阵，要我们别再受彭的影响。特别对周小舟寄以希望，要他"迷途知返"。这一串的会议给我的感觉是：主席要教育和争取我们回头。虽然我被认为是彭的亲信，绝对脱不了身，但那时似还没有要定为"反党集团"的迹象。

8月2日开中央全会。

主席讲话着重谈路线问题，谈党内有分裂倾向，右倾机会主义向党猖狂进攻。谈允许犯错误的人改正错误，一看二帮，批评、改正、团结等。

接着就是各组开批斗会，批"军事俱乐部"进入高潮。康生是批斗中最积极的人，又是发言、又是插话，又是整理材料送主席，拼命地表现他自己。林彪的作用也越来越重要。8月4日由少奇同志主持一个会，向新上山的中央委员通气，林彪第一个发言，长篇大论地指责彭，占了一大半时间。

原来小组会是按地区分组，后来就扩大了。我原在西北张德生负责的那个组，以后薄一波、罗瑞卿、谭震林、乌兰夫、蒋南翔、田家英等十几个人都参加了这个组。到中央全会时期，又合编两个大区的人为一个组，人数很多，林伯渠、吴玉章等也都到这个组来了。我平生受过无数次斗争，感到最严重、使我难以支持的，还是庐山会议这一次。我一向有失眠症，经常吃安眠药，但最多不过两粒，这时每晚吃到六粒，还是不能入睡。

开始我的态度还很强硬，有人说我是彭的走狗，我气得要命，说：你杀了我的头，我也不承认。对不合理的批评，就和批评者辩论。慢慢地，我意识到讲理、辩论都没用，就尽可能多听少说，多沉默，少争论。但我的检讨总是不能令人满意。

这时，有位中央领导同志找我谈话，谈了两次。他以帮助我摆脱困境的善意，劝我对彭德怀"反戈一击"。我说："落井下石"得有石头，可是我一块石头也没有。我决不做诬陷别人、解脱自己的事。

但人们总以为我知道彭德怀的许多秘密，不满足于我只给自己戴帽子，逼着我交代彭的问题。我实在没办法，只好找彭的秘书来帮我回忆，还是搞不出什么东西。彭还在碰巧能单独说话时，劝我别那么紧张。我说：右倾机会主义还不要紧，"反党"可就要紧了，我确实是很紧张。彭说：我这个人一辈子就想搞"富国强兵"，没什么别的想头。又劝我别悲观，似乎他还比我乐观些。但也不便多说，马上就走开了。

大约在 8 月 10 日，组里正在追问 7 月 23 日晚上周小舟、周惠、李锐到我那里到底谈论些什么。这时罗瑞卿带着李锐到我这组来参加会议。我马上紧张起来，心想一定是那天晚上他们说的话被揭露了①。这里最关键问题是议论毛主席像"斯大林晚年"那句话。我深知他们当时很冲动，又都是一贯忠于革命事业的正直诚实的人，所以并不认为这话有什么了不起。但后来会议情况变得紧张、严重，我也明白这话必被误解。早些时，我曾劝过周小舟：23 日晚你们出门便碰见罗瑞卿，定会引起注意，你们说过的这句话很容易被认为是反对毛主席，最好你们自己先向主席坦白说明情况。小舟说：不行了，晚了，现在去说，只会惹出祸来。因此，我也只能保持缄默。但这件事在我心里是个疙瘩。说不得，说了会加害无辜；

① 平反后才知道罗瑞卿带李锐来组里，是为的高岗的事，黄克诚当时是误会了。——整理者

不说又是在隐瞒，作为一个中央委员，也觉得良心上不安。而且，越拖得久，不是越显得"心虚"，显得事情严重么？组里正在穷追此事，我想，人家指明问那天晚上的事，我是中央委员，怎么能对组织隐瞒，只好如实说了那晚的前后经过，并说明我认为说话人并无不良用心，只是一时的冲动失言。

这就像爆发了一颗炸弹，全组立时哗然。我的解说毫无用处。他们又追问是谁说的？我当时并没对这话特别在意，实在记不清哪一个讲的。这时看到李锐，以为他说了此事，心想以他的为人，一定会自己承担责任，于是就说：可能是李锐说的，但也记不准了。后来周小舟自己承认是他说的。

这个"斯大林晚年"问题一出，会议就像烧开了的水一样，沸腾起米，似乎"反党集团"、"湖南集团"等均由此得到了确证。我前一段在小组会上那么理直气壮地辩论，现在看来，都成了瞪着眼睛说谎话，证明我这个人非常不老实，完全不可信任。于是，"阴谋家"、"野心家"、"伪君子"的帽子都给我戴上了。身处此境，真是百口莫辩，跳进黄河洗不清，心里的那种痛苦，实在没法形容。可是还得开会，还得检讨，一次又一次，总是被认为不老实。

其他几个人也和我处于同样境地。听说彭德怀和张闻天也这么议论过毛主席，同样被揭露了。这就使参加会的同志都愤慨起来。

毛主席在党内的威信崇高，得到大家衷心拥护。到此时，那些在批"右倾"时内心里还对我们抱有同情的人，也改变了态度。毛主席当然更加重了"党内有阶级斗争"的看法。他以前着重在批斗彭德怀的右倾，还对我们做了许多争取工作。到这时，就完全认定我们是个"反党"集团了，只把周惠区别出来，说是沾了点边。按党内地位，我应排在张闻天之后，但我既是"军事俱乐部"的主要成员，又是联结"湖南集团"的纽带，罪状严重，所以把我名列第二，放在张闻天之前，说成是"彭、黄、张、周反党集团"。李锐是毛主席的兼职秘书，因而参加了庐山会议，又因和我们观点相同，也陷入此案，但由于不是中央委员，没有和我们一道并列点名。

主席这时已确认我们是有组织、有目的、有计划地进行反党活动。常委也同意这个判断。于是在作决议之前，主要任务就是要我们认罪。

为此，请了几位老帅做彭的工作，又让陶铸来做我的工作。我相信陶能理解我们，于是对陶毫无隐瞒，把上山前后的种种情况都和他讲了。我说：我们只是对当前情况看法相同；对主席23日讲话感到震惊；个别人在冲动中说了错话，又因怕被误解而不敢坦白交待；根本不存在反党活动，我无法认账。陶铸第一次没有完成任务，第二次又来和我谈，说：不管你们主观上怎么想，但客观上表现出来的是有组织的反党活动；大家看法一致，你否定有什么用呢？我仍然不服地说：如果形迹可疑，就能定罪，那何必要我承认？陶铸又没有解决问题，于是第三次来谈。这次他对我责以大义，说：你总得为党、为国家大局着想才是。现在中央领导、各部门、各地区的主要领导都聚集在此，7月开了一个月政治局扩大会议，8月开中央全会也半个月了。再拖下去，对工作大大不利。目前事已至此，你不承认，大家通不过，最后还是得承认，何必再拖下去呢？我反复思考，现在处境确实困难，主席性格之强，我所深知。而且中央全体，除我们几个人外，都站在主席一边。个人受委屈、背冤枉毕竟是小事。听说彭德怀表示：他想通了，要什么，就给什么。我也只好照陶铸说的，"顾大局"吧。

冤枉自己也是不容易的事。叫我承认右倾，我可以心甘情愿，因为我心里从没有赞成过总路线、大跃进、人民公社运动。但要我承认反党，而且是有组织、有目的、有计划的反党，可太难了。实逼处此，硬着头皮违心地认账后，心中耿耿，无日得安。

彭、黄、张一个个被劝认账后，在大会上都做了检查，只有小舟没做。于是，八届八中全会在总理、彭真主持下，写出了决议草案。写成后又要我们签字承认。这字好难签，但我们已经是不得不签了。

我们这样违心认罪，除了听从一些与我们关系好的同志劝告，要我们顾大局，暗示应牺牲自我外，还有一个因素，这因素不仅影响我们，而且还影响许多中央政治局的领导同志和与会的成员。许多年来，在内战、长征中，主席的英明、正确已为全党所公认。抗日战争、解放战争和抗美援朝更使全党钦服主席的领导高明。他不时力排众议，而结果常常证明他正确。所以我们已习惯于认为：主席比我们都高明，习惯于服从主席的决定，习惯于接受主席的批评，尽管心里有不同意见，也接受了。虽然这一次实在不能接受，也不应该接受，也强迫自己接受了。

等我冷静下来时，我认识到：违心地作检查，违心地同意"决议草案"，这才是我在庐山会议上真正的错误。使我后来一想起就非常痛苦。

中央领导多数仍希望只限于批评这几个人，不要扩大。

彭德怀出身于贫苦的劳动人民家庭，全心全意地要改造旧社会，军功极大、地位很高，而从不忘本。他从小就是反抗性极强的人，而且总是带头为首。说他有个人英雄主义，入党后已改得很多了。说他桀骜不驯、好犯上，那也只是在他认为不对的时候。他耿直，讨厌捧场，建国后对歌功颂德看不惯。看不惯就要说，而且说得很难听，从不怕得罪人。这样的性格，如何能不遭疑忌？

早有一次，主席对彭开玩笑似地说：老总，咱们定个协议，我死以后，你别造反，行不行？可见主席对彭顾忌之深，而彭并未因此稍增警惕，依然我行我素，想说就说。他性格刚烈，遇事不能容忍，不大能适应人类社会的复杂性。水至清则无鱼，人至察则无徒，所以不易和领导及周围同志搞好关系。从主席批评彭的话中，可以看出他们两人在生活方式上也是格格不入，相处得不很愉快，多有误会。

毛主席建党、建军、建国的伟业，彭德怀身经百战的功勋，都是昭昭卓著的。两个人都十分忠诚于革命事业。谁能料到：他们竟因为某些观点的分歧和性格的差异，发生了一系列的矛盾，形成颇深的成见。加以庐山会议时，上述种种因素，以至发展到不能相容的地步。庐山会议这一场悲剧有偶然的因素，但实非偶然。这个事件对我国历史发展的影响巨大深远。这不是一个人或几个人的悲剧，而是我党的悲剧。从此，党内失了敢言之士，而迁就、逢迎之风日盛。

8月16日，全会通过了公报和决议，其中主要的当然是《中国共产党八届八中全会关于以彭德怀同志为首的反党集团错误的决议》。这个决议当时没有公开发表，只在党内传达。《决议》宣布了对我们的处理，说："把彭德怀同志和黄克诚、张闻天、周小舟等同志调离国防、外交、省委第一书记等工作岗位是必要的，但他们的中央委员会委员、中央委员会候补委员、中央政治局委员、中央政治局候补委员的职务，仍然可以保留，以观后效。"《决议》通过后，全会就闭幕了。

我于7月17日上山，主席23日讲话。从7月23日到8月16日，被斗二十余天。这时抱着一肚子冤枉，戴着"右倾反党"的帽子回到北京；真是没有面目见人了。

回京后的第二天，军委就开会。这头一次会议，人数不多。第二次大会在怀仁堂开，两千余人到会，声势浩大。彭德怀和我一起被批斗。对中央的决议，我们只能认账。但对会上许多"揭"、"批"的不实之辞，我们就不认了。彭答辩，我也答辩。我已记不清彭在会场上的情况，只记得自己仍是一件、一件的和人们争论，甚至于吵起来。会场上显得很乱，开不下去。于是主持会议者决定：将彭、黄分成两个会场来批斗。

彭德怀可能仍在怀仁堂，我却改到紫光阁去开会了。但我的态度依旧，于是又批判我放毒。会议调整了对策，集中了所有和我关系多的人，要求他们揭发、批判我。为了避免包庇"反党分子"之嫌，许多人都得表现一下。于是这个说我是怕死鬼，那个说我是杀人犯。我明白，除了个别的人另有个人目的，大多数人是迫于形势不能不批我。他们即使说得重些，我也能谅解，反正我的罪名已经够大的了，不在乎别人再多说一句两句，能少牵累一些人，也是好事。也有几位和我共事很久、了解我的为人的同志，在会上一直没有发言。这样做是要担风险的，连我都担心他们会受连累。

彭德怀被斗的情况，我不清楚；只听说，逼他交待军事俱乐部的人员时，他气极了，大叫：谁是军事俱乐部的成员，你们自己报名吧！这样，当然只能被认为是不老实。他又是反党集团的为首者，当然斗他更厉害。这样开了二十几天会，搞得人精疲力尽。连彭德怀这样的硬汉也吃不消。据说他打电话给毛主席，主席就通知军委，不要再开斗争会了。

斗争会上对我的揭发中最耸人听闻的是莫须有的"黄金"问题。提出此事的是空军的吴法宪。这一来又像是爆发了一颗炸弹，会上一片哗然。我一向被认为是清廉、克己的人，忽然间似乎成了大贪污犯，人们都感到意外。但了解我的同志都不信。

所谓"黄金问题"，是指新四军三师奉令从苏北开到东北时所带的一部分经费。当时数万大军千里出动，当然不能不带钱。但当地的抗币只能在本地使用，一离开根据地就不能用了。三师在苏北根据地经营了好几年，经济情况较好，大军出动时，除换了些法币外，还设法换了些黄金，备紧急情况之用。由于用得节省，一直到东北根据地建立、部队改编时，师部所带的金子还有一些剩余。我取得组织同意，将这一部分经费，带到西满军区。东北解放后我出任天津市军管会主任及市委书记。那时这剩余的黄金，仍在负责保管它的翁徐文之手。翁问我怎么办？我当时已知将到湖南任省委书记。湖南的烈士很多，从前是老革命地区，现在又是新解放地区。我一向多考虑困难，怕有特殊需要，就让翁徐文请示并取得李富春批准，把这笔钱又带到湖南。到湖南后，开始还用过少许救济军属、烈属。但省的经济情况较快好转，问题均能解决，这笔钱就用不着了。于是我让翁徐文将这笔钱上交给湖南省财政部门。这笔款项由始至终，均由翁徐文经管。我虽有批用权，但从没有直接经手过。

翁徐文为人十分老实，从不谋私，又十分谨慎。他为革命队伍经管这笔钱财，兢兢业业，手续、账目都很清楚完备。钱上交以后，他仍保存着账目收据，不敢销毁。当我调北京回军队时，他仍留湖南工作，曾为此问我，这些账目是否仍由他保存？我一向都是个谨慎的人，这一次却由于问心无愧，十分自信，信口回答他说：这是你经手的账，交给谁呢？要是你嫌它累赘，这陈年老账就销毁了它也可以。

军委斗争会揭发了这个问题以后，我真担心起来了。我怕的是翁徐文年纪大了记不清来龙去脉，又怕他已经将账目销毁。而万一翁徐文死去，我就是百口难辩了。我尽管已经背上"右倾反党"的罪过，但实在耻于"贪污"的名声。为此，我写信给代替彭主持军委工作的林彪，要求迅速派人查清此案。

为查清此事，听说罗瑞卿率领一批人员亲赴湖南，把当年曾担任过财会工作的人员均召到长沙去查对，把多年前的老账都翻出来，一天一天的查看追问。幸亏翁徐文比我还小心，事关钱财，怕有非议，账簿、单据都完好无损地保存着，连富春批准的字据也在。（富春自己已忘了此事，人们问他，他说不记得了。）这样一直查了半年，什么问题也没查出来，最后不了了之，不再提这事了。我由此得以解脱被诬陷的罪名。这真得感谢翁徐文的谨慎作风。

军委斗争会停止后，我就在家闲住。彭德怀在庐山曾表态说：不管如何处理，我一不自杀，二不叛党……。我当然也是这样。因此，不管心里感受如何，还得把日子过下去。这段时间里，我读了不少书，主要是读马列主义经典著作，读中国的历史和第二次世界大战的许多名人回忆录等等。

这时中央转发了一封张闻天给主席的信，主席批字鼓励。我看后没有表示。我老伴就使劲催我也写一封认罪悔过的信给主席。我说难写，空话无用。老伴不死心，就替我起草了一封，说些什么"罪过深重，寝食不安，痛悔莫及"之类的话。我向来不喜欢空话，这信虽言词甚切而无实际内容，我也不愿写。但我老伴在庐山会后吃了不少苦，被人批斗，几乎也戴了右倾机会主义的帽子，最后受了党内严重警告处分。她无故受害，又没有经历过党内斗争的实际锻炼，有一段时间精神都有点失常。我看她把写这封信看得那么重，为了照顾她的情绪，就照抄一遍，把信发了出去。想不到，主席竟亲笔回了一信，意思是：1.欢迎认罪改过；2.要求有实际表现。主席一眼就看出了问题所在。说空话是不中用的，但我无法有什么实际表现，也就没有再写信。

春节以后，对这种赋闲生活稍稍习惯了一些。我开始写点诗词。我青少年读书时重史论而轻文艺，本身既无这方面的灵感、才气，又不曾在这方面用过功，但我更不喜新诗，因此只能效旧诗的形式，表达一点自己的心情。直说无文，也不讲求格律。

一、七律（自况）

少无雄心老何求，
摘掉纱帽更自由。
蛰居矮屋看世界，
漫步小园度白头。
书报诗棋能消遣，
吃喝穿住不发愁。
但愿天公勿作恶，
五湖四海庆丰收。

二、七律（有感）

居近北海偶一行，
景物依旧时势新。
花木枯荣犹有律，
人事起伏竟无凭。
仰望高天百感集，
俯视残躯一叶轻。
欲访故人行复止，
无言相见何为情。

这两首诗都写于1959—1960 年之间。其中第二首中的"故人"指的是当时住在北海照管文史馆的刘老。他是我棋友，自我到北京工作以来，周末常常去他那里下棋。此时我有了很多的闲暇，却过门而不敢入，怕连累这位老人。何况，他见我为难，我见他亦难——不能说真心话，又不能不说话，实在无从举措，不见也罢！

到了1960—1961年，大跃进等政策的恶果已全部显露。经济上比例失调，生产下降，供应匮乏，尤其是缺粮严重，城市减量供应，农村死于饥荒者甚多。这年，我大哥从老家来看我。我们兄弟多年未见，见了面很高兴。他对我说：这些年来，你作了大官，我一直在替你担心，现在你不作官了，好得很。我大哥是个本分的农民，识不得几个字；但他的见识一向是令我佩服的。他还告诉我，我们家乡村子里，饿死了不少人。我问：农村有土地可以耕种，为什么还会饿死人？他说：前些时大家都不干农活了，哪里会有粮食！等到挨饿时再想干，就来不及了，而且也没力气干了。

1961年下半年，八届九中全会在北京召开，这一次我也参加了，会议只开了几天，在会上提出了"调整、巩固、充实、提高"的方针，以解决工业上出现的问题。陶铸见到我，再三劝我给主席写封有点内容的检讨信。我仔细琢磨他的用意：是不是他认为毛主席要转弯了，我们在这个时候写封适当的检讨信，可以使主席对庐山会议的事放松，促进他转弯？陶比较了解毛主席的性格。主席决不会认为自己的路线有错误，但可能承认工作有偏差，现实情况严重。此外，他是否会觉得庐山会议对我们猜疑有点过度、处理有些过分了呢？毛若要转弯，得由他自己主动转弯，决不肯被别人逼着转弯。

我这两年罢职闲居，虚度岁月，也希望能做点工作。我基本上同意陶铸的劝告，但感到这信又实在不好写。正在为难，不知从哪一位同志的发言或什么文件中得到启示。于是写成一信，着重检查犯错误的思想、认识根源，谈我过去对阶级、政党、群众、领袖的看法，检查自己没能从马列主义理论高度上来认识问题，等等。

那时主席正在开广州会议，要解决农业问题，决定不搞农村大食堂，实行评工计分等等。我听到也很高兴，认为早该这样做了。

1961年的国庆节，让我上天安门观礼，气氛缓和，确实像是有转机。我坐在休息室时，毛主席自己坐过来和我谈话。他告诉我，他收到我的信，很高兴。又说，蒙哥马利和斯诺来华谈了什么话等等。我乘机问主席，可以给我分配一点工作么？主席说：可以、可以。他又问：还想回军队么？我说：不回军队了，做点调查研究工作，供领导作参考吧！

以后，中央决定召开七千人大会。正式开会是在1962年初。七千人大会对扭转形势起了极大的作用，得到广大干部和群众的拥护。会后，除了八届八中全会《决议》中点了名的彭、黄、张、周及李锐等关连密切的少数人外，其他被戴上右倾帽子的及被株连的人，纷纷平反。

正是在这种气氛下，彭德怀忍不住要替自己申诉，写了一份八万言的《自述》，送给中央和主席。我却在3、4月间，向中央提出，请求允许到外地走走，并得到了许可。我原意想回湖南家乡看看，夏如爱同志却劝我避嫌。夏如爱曾在苏北、湖南工作过，后来与我没有什么工作关系。庐山会议后，他不怕牵累，仍常来看我。我接受了他的意见，改为去浙江走走。我在浙江跑了一大圈，看了十几个县，觉得农村情况均大有好转，心中很是欣慰。当时浙江省调出的粮食比较多，农民有意见。我劝他们说：你们支援国家，克服困难，是光荣的事情。农民说：光荣、光荣，就是自己肚子吃不饱了。我深有感触，觉得我们的人民群众真是太好了。经过三年困难，尽管不免有点怨言，但仍能照顾大局、克服困难，多么难能可贵呵！

有同志劝我到灵岩寺看看，晚上在那里住了一夜。这时心情较好。晨起，得《临江仙》一首：

临江仙（游灵岩寺）

石峰如笋环寺立，
两涧合抱东行。
春水隆隆如雷鸣，
扰人惊夜梦，
倚枕听涛声。

壮丽江山人民有，
亿众锐意经营。
但祈国泰民安平，
从此皆盛世，
再无巨变生。

随后，又到新安江水电站参观，又住了一晚。有一个山东渤海区的干部来看我，谈起三年灾难、死了不少人等等。对我说话毫无顾忌。反而是我怕给他惹是非，只是听他说，自己不说什么。最后说了一句：我们吸取过去的经验教训，更好地做工作吧。

到温州看了看雁荡山，又到天台山看了天台庙。这是个有名的庙宇，只见烧香拜佛求神者甚众，络绎不绝。人们纷纷祈求赐福、赐子，增禄、增寿，迷信思想的市场一时大有扩展。这恐怕与党犯了错误、人民生活发生困难、党的威信下降有关。后来再到绍兴、杭州后返回北京。此时已到 4 月下旬，快到"五一"劳动节了。我出门在外，全不知政治风云又已变化。

回京后，王世英来看我。他自 1961 年后，曾来看我几次。这一次他郑重地告诉我说：情况变了，我不能再来看你了，你要做点思想准备。果然，"五一"节的纪念大会就不让我参加了。听说毛看到彭的《自述》，认为他要翻案，加上其他一些事，决定召开八届十中全会。

不久，中央召开八届十中全会，开头通知我参加，因我还是八届中委。我到会后，彭德怀的《自述》、《刘志丹传》（被认为是替高岗翻案的小说）和有关邓子恢的材料均已印发，自然是供批判用的。会议开到一半，就不让我参加了。这虽然使我从不得不发言表态的困境中解脱，但也表明我们此后的处境将更恶化。中央决定组织专案组审查彭德怀、黄克诚、张闻天三人。这个专案组以贺龙元帅为主任。另外一个专案组以康生为主任，审查习仲勋、贾拓夫、刘景范等人，情况我不大清楚。

这一次专案审查，不再搞过去那样的斗争，因而我的日子比较好过。只是依旧闭门家居，读书看报，不时与政治部派来的一位保卫干部下围棋。我的围棋是 20 年代末"打流"时，在旅店里看人下棋学会的。这位同志是新学，但他的工作就是陪我，所以天天能下，可消长日。听候审查，一候就是几年，也不知审成什么样子。直到"文化大革命"中，才听说：主席对审查情况，批了八个字的两句话，说：不作结论，寄予希望。

这次八届十中全会是一个极为重要的会议，"过渡时期的总路线"、"阶级斗争要年年讲、月月讲、天天讲"等都是在这次会上提出的。国内形势又变得紧张了。

19

在"文化大革命"期间

1965年9月,杨尚昆代表主席来看我,安子文则代表中央组织部找我谈话,说是毛主席决定派我到山西省去当副省长。同时听说彭德怀也被派到四川,去当三线建设副总指挥。我长期无所事事,渴望工作,只要允许做工作,干什么都是高兴的。他们要我快走,尽快离开北京。因国庆节将到,我问:可以过了节走么?答:不行,节前就得去山西。这样急使得我略感奇怪。

去山西前很高兴,写一首七律抒怀。

七律（抒怀）

京华荏苒十三年,
半是辛劳半是闲。
愧无建树对祖国,
却有遗恨留史篇。
回思往事皆成梦,
纵观万物尽争妍。
衔命西去无别念,

愿尽余生效薄绵。

于是立即准备动身，收拾东西，交出公物住房等等。以前有人送我几幅字画，还有我保存的一点革命文物，如苏区的货币之类，这时都分别送给了有关的博物馆保存。这些年余下的一千多斤军用粮票，也都交给公家。唐棣华的工作准备过一年再调动，孩子们仍在京读书，我一人先迁居山西，但做的是在那里长期工作、安居的打算。

到达太原后，省政府分工让我管农业，我立即提出要到各县去看看，熟悉一下情况。于是先去晋南，跑了曲沃、临汾、洪洞、安泽、绛县、浮山、翼城、闻喜等十一个县，进行参观访问，了解农业情况和农民生活。我感到农村已从前几年的灾难中恢复，而且干部群众得到了教训，知道生产是万万放松不得的。回到太原时，已到了年底。山西省召开省人代会，我参加了。会上由省委提名，补选我为副省长。

会后，我又到下面去跑，这次到晋西南运城地区，走了新绛、稷山、河津、万荣、临猗、永济、芮城、平陆、夏县，再回到运城。这一带是山西比较富裕的地方，号称"粮仓"。来回走了一个多月，回到太原，就要过春节了。这两趟一共走了21个县。我已是60岁出头的人，但并不觉疲劳，因为我一心急于投入工作。

记不清是过新年还是过春节时，听到彭（彭真）、罗（罗瑞卿）、陆（陆定一）、杨（杨尚昆）犯错误的消息，感到很诧异。春节后天旱，我又到县里去做抗旱工作，这一次去的是太行山区。到高平县时，想到1939年，彭德怀从延安到晋东南，我到平顺去接他，正是在高平地区接到了彭德怀。那时我们在一起研究部署反（国民党搞的）磨擦，他是何等地意气风发！此时念及，不胜怅惘，作《江城子》一首：

忆彭德怀（调寄江城子）

久共患难自难忘。

不思量，又思量；

山水阻隔，

无从话短长。

两地关怀当一样，

太行顶，峨嵋冈。

犹得相逢在梦乡，

宛当年，上战场；

军号频吹，

声震山河壮。

富国强兵愿必偿，

且共勉，莫忧伤。

　　我在高平地区搞抗旱工作，从2月一直住到5月底；走了沁水、阳城、晋城、平顺、长治、壶关等县。一路去了不少基层社队，有时翻山越岭，汽车不通，就骑毛驴。这期间我去平顺看了李顺达，还到河南看了红旗渠，觉得红旗渠修得甚好，县委书记杨贵实在是做了一件好事。

　　这时"5.16通知"已经下达。省委传达了中央关于彭、罗、陆、杨问题的文件，高平县王副书记对我讲：黄老，我思想不通啊！这些都算是错误，我们天天犯错误，不知有多少错误呢！对此我难以回答，唯有默然。

此后我回到太原。那时我已移住省府大院宿舍。随便出门走走，街上已经有大字报了。有一天在街上竟碰到了杨尚昆，又觉高兴，又觉意外。我和他拉拉手，谈了几句一般的话，得知他那时住在太原饭店。他叫我不要去看他，我也知道他的处境定有为难之处，我去看望恐怕只会给他添麻烦，就依照他的话办了。

那时还没有揪斗我，也没有批我的大字报，我自以为和彭的问题已经受过长期审查，这次可能不再搞我们了。大约6月上旬，老伴唐棣华从北京来看我，在太原住了三天。她认为这次还是不会放过我们，颇为担忧，说：文化革命首先抓了"海瑞罢官"这篇文章，说那是为彭德怀翻案，你们还跑得了吗？她刚从江西参加"四清"回来，只有几天假期，不敢多留，匆匆忙忙地又回北京去了。听说到了8月，她就成了被揪斗对象，戴上了黑帮的帽子，挨整的时间比我还早。

我后来还到晋西离石、中阳、临县、方山几个县去看农业工作的情况，在离石还看了贺昌烈士的老家。这次往返又是个把月，回来时是7月份，已经满街都是大字报了。我看这情形，已不便再去外地，就天天上街去看大字报。有时和同院的刘副省长下下棋，也不议论什么，因为实在闹不清楚，没法说。当时山西省委的负责同志我都不熟，我认识的陶鲁笳那时已经离开了。国庆节开会时，省委特别通知我不要去参加。周围气氛显得越来越令人不安。我虽经过无数次运动、斗争，但对"文化大革命"还是摸不清头脑，只觉得奇怪，对它会发展成什么样子，心中完全无底。

就这样过了1966年。1967年1月刚过新年，一天早饭后，北京地质学院、清华大学以及北航的学生一共二十几人，冲进我的宿舍。当时恰只我一人在家。我问：你们要干什么？他们说：要你黄克诚跟我们走。我说：为什么？他们说：你自己难道不明白？我又说：那得通知我的秘书，报告省委、省政府一下。我抓起电话机要打电话；他们就动手阻拦，不许我打。我故意发脾气，重重地摔了电话机，又大声喊叫：你们怎么不讲理？这一吵闹，就引来大院里许多人看热闹。我想：有这么多人看见，就不会没人知道我的去向了。再和他们争吵无益。于是回头和这些学生说：现在，我可以跟你们走了。

这些学生在太原关了我一天，那地方估计是社会主义学院。就在这天，照顾我生活的小李给我送来了毛巾、牙刷之类的日用品。秘书也来看过一次，我更加放心了。晚上，他们让我睡在地板上。他们大概想叫我们这做"官"的吃点苦，可这些青年哪能体会到我们当年在革命战争中的艰苦？睡地板又算什么？但我对"文化大革命"实在无法理解：打击面那么大，方式又那么混乱，于国于民会有什么样的后果呢？

第二天我被押上火车，没有卧铺。他们总算客气，让我住进列车员房里；大约还是为了不让我和乘客混杂，便于监管之故。车行一夜，便到了北京。总计我到太原，不过一年多一点，就又回来了，可笑我当初还打算在山西长久住下去呢。前后想想，不免也生些感慨。

在北京车站停留了一下，我就看了看大字报，看到江青、陈伯达关于陶铸的讲话，知道陶也垮台了。他本是中央特意从南方调来担任中央文革顾问的人，却这么快就倒了。另外，还有许多各种"打倒"、"火烧"、"炮轰"的大字报，我也记不清是针对谁的了。

此后我被带到地质学院，有不少学生监视我。我就和他们聊天、谈话，了解情况。有个学生说：薄一波也给抓起来了，是我们抓的。言下颇有得意之色。我本很想通过闲谈，劝他们清醒一点，但他们正陶醉在这种"革命"的举动中，自然没有我这大黑帮说话的余地。

又过了一天，他们议论着：上面不肯收容我。这下抓人的人们似乎也伤了一阵脑筋。后来终于得到了北京卫戍区对我实行"监护"的决定。于是我又被送到一个简朴的营房里，改由北京卫戍区"监护"了。当时我不知身在何处，有一次从一张买东西的发票上，看到五棵松某店字样，才知住处是在五棵松附近。记得那时在关押的地方，曾听到薄一波的声音。我虽然辨别声音的能力颇强，但再也听不出其他熟人的说话声。

这以后，我常常和看守我的人吵架；他们对我有侮辱行为时，我就也还手。我明知自己年老体衰，和年轻小伙子打架是自找倒霉，但打不过也要打，不能白受侮辱。这一来，他们反感到为难了，说：这老家伙找死，动不动就拼命，难办！

1967年1月26日，我发作了前列腺急性炎症，痛苦异常。军营里找个军医给我在尿道里插了一根很粗的管子导尿，十分难受而又不能治病，长此下去总不是办法。我就写信给中央文革负责人陈伯达，说我病情严重，要求住院治疗。这以后才让我住进了267医院。我住在医院侧面平房里，听说是传染病房，也不知确否？我住的单人房间，对外完全保密，不接触外人。现在记不清是哪一位同志，可能是刘少文，这期间曾奉命来看过我一次。我问：为什么抓我？他说：在卫戍区是监护，对你有保护作用。我当时不了解情况，以为这不过是借口。后来听说张闻天在外面不断被各造反派组织揪斗，实在吃不消，自己请求要"监护"。果真如此，这"监护"就确有几分保护作用了。谈话中我还向他提出，我的情况要通知家属，他答应了。到了3月我病情基本得到了控制，准备要出院了。这时管我的专案组人员带了唐棣华来看我。在这种情况下相见，真不知该说什么。我们于是握握手，相对一笑，然后坐下来谈我的病情，谈家中孩子们的情况等等。给我看病的张医生一向对我很关心、很和气。他仔细向我老伴介绍病情，反复说明我的病是前列腺炎症，不是癌症，让家属放心。其情可感。不过，我们见面那一笑也引起了别人注意，甚至传到了唐棣华的单位。据她说，后来她单位的造反派还曾追问：你们笑什么？有什么名堂？

我3月10日出院，监护地点转移到玉渊潭一带，在那里北边八里庄附近，地名叫唐家庄。我们住处坐落在一个小山坡上，不知是什么单位的房子。在这里被监护者每人住一间小屋，相互隔离。送我来京的秘书等二人已经返回山西。我就此单独关押，过着失去自由的孤独日子。开始，在我门外放哨的战士还和我说说话。这个战士是冀鲁豫人，我告诉他，我在冀鲁豫打过游击等等，我们不时谈谈天。不久他就被调走了。新来的哨兵大约是受到了告诫，不进屋门，也不和我说话，只从门上的小孔里，时时窥视。

我的住房只有9平方米，除一张板床外，只有一个小桌，一只小凳；此外一无所有，再有也放不下。这时山西那边我的秘书把我订的报纸参考资料等按我的要求寄到这里，家里知我在卫戍区，也通过专案组送些衣服、食物和书籍来。马列主义和毛泽东著作当然是允许读的。有了书报，我的日子就好过多了。虽然房间很小，我仍坚持每天散步、走动的习惯，尽可能保持健康。

我又写了一首《七律》：

七律（纪实）

无端入狱亦寻常，
且把牢房作学房。
日习楷书百余字，
细研经典两三章。

粗粮淡菜情偏好，

板床薄褥睡也香。

尚有闲情觅闲趣，

斗居旋转乐洋洋。

这年3月仍然很冷，屋子没有暖气，叫我们自己生炉子。煤的质量不好，里面有许多烧不着的煤矸石，又要我们自己选煤。这对会烧炉子的人不是难事，但我不会生炉子，因我的家乡冬天是不烧煤火的，即使有煤炭我家也烧不起。所以我经常烧得满屋是烟，在乌烟瘴气中过日子。

4月仲春，看见窗外一株观赏桃树上开满了桃花，花红似火，灿若云霞，但不久即为狂风所袭，零落不堪。有感而作词一首：

桃花（调寄蝶恋花）

满树桃花红烂漫，

一阵狂飙，吹掉一大半。

落地残红何足羡，

且待来年看新瓣。

人间变化千千万，

升降起落，犹如急流泛。

天翻地覆大转换，

英雄转瞬成坏蛋。

1967年4、5月间，专案组找我谈话，要我写自传，要从小到老写出一份简要而全面的材料，而且限期两天写完。我说：不行，最少要给我四五天到一个星期，否则我写不出。他们放宽期限。结果我到6月份才写出了一万多字的简历。6月底、7月初召开了我们的斗争会，我和有关的同案人才得以见面。被斗的人中，彭德怀年纪最大，我很担心他吃不消，常常抬起头来看望他，这时造反派监视人员就狠狠地把我的头压下去。如此三番五次，他们就骂我不老实。

我一共被斗过20次左右，比起彭德怀来算是少的。三个总部、空军、海军、各兵种、各军事院校、国防科委等重要军事机关，都轮流斗过我们。开斗争会时都是以彭德怀为主，他站在中间，我和谭政站在他的两边，张爱萍、杨勇又站在我们的旁边；还有王尚荣、肖向荣、刘志坚、刘震、吴克华、雷英夫、李聚奎、饶正锡等十余人有时也在场陪斗，廖汉生、苏振华也可能在内，不过我记不清楚了，因为一则不准我们东张西望，二则除我们几个主要斗争对象外，其他陪斗人员常有变化。彭德怀名气大，除军队外，还被地方上拉去斗争。北航、北师大等大专院校以及地方上其他机关也来揪斗他。军队开的斗争会，从不动手打人。听说彭总挨过打，那大概是在外单位发生的事。

一连串斗争会开过了。9月，天已届秋，在押的人开始能够出来放风、见面。这时我才知道彭德怀、彭真、谭政、罗瑞卿、郑天翔、赵凡、林枫、徐冰、叶子龙、吴自立等人都和我关在一个地方，不过放风时大家不准说话，至多彼此看看，用眼色打个招呼而已。有一次我碰见彭总在散步，左右监视比较松懈，忍不住悄悄问他：天气已很冷了，你为何不穿棉鞋？彭总说：棉鞋带来了，是我没穿。又说：别说话了，免得麻烦。我知道彭总的处境比我们这些人都困难得多，他性格又那么刚烈，忍受这些侮辱折磨更加不易。我虽极想多知道一点他的情况，但怕给他添是非，也只好闭口不问了。

从 8 月起，又重新对我们进行审查。审查者先是在我的自传中找矛盾，让我一件件事写书面交代。有些问题卡住了就进行调查。我的专案组为了弄清情况，曾跑到我湖南老家两次。凡是我经过、到过的地方，认为能找、能查的都要处处跑到、一一调查。这样一直到 1968 年 3 月，一共审查了 8 个月。在 1968 年 1—3 月中常常有人来审问，3 月里追查得特别紧。他们着重查我的入党问题，逼我承认我是假党员。这真令人哭笑不得。我在党领导下参加武装斗争，出生入死，已经超过 40 年，怎么会是"假"党员呢？审查组的理由是：我入党时，能证明我是党员的同志，都在年代久远的残酷斗争中牺牲了，只有一个介绍人活着，而这个人却说：不记得他介绍我入党。此人确实是当时湖南第三师范学生运动的负责人之一。但因我入党情况较为特殊，是和另一位同志先与特委接头，得到同意后，再请第三师范的同志担任介绍人的。我入党时和我们谈话的同志是由特委派来的，入党后又由特委和我们直接联系，所以和第三师范的介绍人反而没有多少接触，也没有在学校过组织生活。他们忘记了，也不足为怪。但根据这一点判断我为假党员，可就真是不通事理了。专案组不管我说明的情况，在 3 月对我搞起"逼、供、信"，甚至采取车轮战法，通宵达旦，不许我休息，大有非逼我承认是假党员不罢休之势。有时甚至采取打、骂、侮辱等手段。

这一段通常总是十几个人围攻。有一天，忽然来了二十多个人，威风凛凛地摆出要打人的架式。先由两个人抓住我膀子，使我动不得，只能任他们摆布。我见情况不妙，不愿受辱，就使劲挣脱出一只手，抓住桌上的茶杯狠砸自己的头，砸得头上鲜血直喷，人马上休克了。他们没有料到会出现这种情况，只好偃旗息鼓而去。

管理人员请医生来给我包扎了伤口，又让我休息了一天。我醒来后，神志仍很清楚，于是给林彪写信反映情况。我说：我入党四十余年，历史长得很，要找碴，可找之处甚多。他们根本不懂历史，不懂旧社会，不能理解我们的路是如何走过来的，一味瞎纠缠地搞下去，搞到我八十岁也搞不完。这种逼供办法，势必逼得人乱说，牵累许多无辜者。这个教训，历史上已经有不少。因主席事忙，只好写信给你，请考虑一下。这封信我请傅崇碧转交。后来知道林彪收到此信。

大约 3 月 17 日晚上，他们见我伤势已无大碍，就重整旗鼓，又来围攻，整整逼了我 24 个小时，仍无所得。我已精疲力竭，不能保持冷静了。恰在此时一个装腔作势的家伙骂我：你这混进党内的反革命，这么顽固！我大怒，火了，破口而出地回骂他：你他妈的懂个屁！这一下，他们几十个人哄起来：好呵！你骂人，气焰那么嚣张，真是"现行反革命"。我想：他们可以换班，我可必须争取休息，留点精神来对付他们。就说：好吧，我骂了你，你是革命造反派，骂你就是骂革命造反派，就算是"反革命"吧。他们听了这句话，觉得取得了初步胜利，这才罢手回去。

第二天我休息了一整天。第三天他们又来搞逼问"假党员"问题，准备仍用上次的方法来达到目的。但我这时已想好了对策，不等他们开口，就不慌不忙地说：你们别急。我要发表声明。从你们开始对我逼供的那一天起，凡所有你们逼我写的检查材料、交代和讲话中被迫说的话，我现在宣布一律无效。今后，你们逼我再讲、再写的东西，也同样一概无效。特此当着你们大家，郑重声明。

他们又感到出乎意料，就改为追问我：为什么写信给林彪，不经过他们。我说：经过你们，这信就转不到了，我对你们有意见，写信给你们的上级领导，为什么一定要经过你们？这一次他们没有再搞逼供。

从此他们的态度有所改变，再搞"提审"、"批斗"时方式平和多了。那些彪形大汉的打手不再来了，对我改用说教、劝供方式。连续劝说了一个星期以后，他们问我：你听进去了没有？我说：有那么一两句我听进去了。你们王组长说：你是因为参加革命，才得到党和国家的任用，担任了重要职务。这句话说得对，我听进去了。其余的话，你们全白说了，我一句也没听进去。

我和彭德怀专案组都属"二办"领导。大约在3月24日左右，原主持"二办"工作的杨成武也出了问题。什么问题，怎么出的问题，我没法知道，只知道杨成武也垮了。这件事使那些起劲搞逼供的造反分子们大受影响。也许是看到了人事变化的无常吧，他们的劲头变小了，连诱供也不那么卖劲了。

以后就让我写详细的自传。我感到经过了这几个月以后，专案组的人头脑已经冷静了一些；可以听得一些道理，不至于一看到点什么问题，就大惊小怪，乱搞一气了。于是就在这次自传中，写了上次没写的一件事。这就是在大革命失败后因生活无着，迫不得已通过同乡介绍到康泽所管的一个单位中当图书管理员的一段经历。其实这段时间很短，我过去也早就和彭德怀、滕代远等谈过。

这一次专案组比较讲理，懂得要重调查、不重逼供。他们派了人出去找康泽、郑洞国进行调查。康泽那时是国民党陆军第二师政治训练处主任，郑洞国则是二师的一个旅长。我在那里的图书室，当过几个月管理员的事，他们不但说不知道，而且连名字也不记得。调查人员左调查、右调查，查了好久也查不出什么来，没有人还记得这件事。但我认为，虽然我过去向彭、滕正式交代过这件事，滕还作过调查；但已年代久远，战争时期也未必有档案留存，现在既写自传，就也应把这一段写明白。

　　1968 年 8 月，大约是 26 日左右，我们又被转移到公主坟南边、某个部队驻地的平房里。我只知道彭德怀、罗瑞卿、谭政、王尚荣和我在一起。这里把原有的厕所、洗澡间都封闭了，在室外偏僻处，挖了一个大坑当厕所。冬天夜晚零下十几度时，也得到外面去上厕所；下雨、下雪都无遮无庇。

　　此外，在搬家时我写的那首"桃花"词被人发现。看守人员说我讥讽时事，追查所指何人何事。于是我所有的笔、墨、纸张均被没收，我为此挨了斗，并且还要写交代。要写就写，我写道：我于 1967 年 5 月至 12 月间，填了一首《蝶恋花》词，题名是"桃花"。这首词表达了我在这个时期里对文化大革命的认识和心情。这样的检讨当然无法令人满意，但他们也没有再就此作出多少文章。这首词和所写的交代的原文却居然因此而保留了下来。

　　这一段时间里，我的家庭忽然完全断绝了音讯。1968 年秋冬之际，在北京唯一和我有联系的老伴唐棣华随所在单位下放到河南信阳农村的干校去了。她临走以前给我送了一包衣服、用品和食物，并附一封信请专案组转交给我，说明：孩子们有的去农场劳动，有的下乡插队，她自己马上要去干校，以后不能再给我写信送东西了，让我自己注意保重身体。不知为什么，这封信竟然没有交给我。长久得不到家人的音讯，使我莫名其妙，不知道发生了什么变故，不由得担起心来。

　　此外，我在押的时间已久，进行强烈对抗的阶段已经过去。我的情绪似乎也由当时的高度亢奋转为低沉。这时期又作了两首词，无纸笔记录，就记在脑子里。其中有"卧床时听蝉声鸣／彻夜不眠辗转到天明"、"分飞小雏今何在"、"老病手足（指我的哥哥）入梦来"等字句，表达了一种孤苦凄凉的心境和殷切的思亲之情。

　　1970 年还是照样坐班房。冬天冷得很，室内结冰，手臂疼痛。

我采取了自我疗法，用强力按摩痛处，倒也颇为有效。以后我就经常进行自我按摩。后来我解除监护后，见了一些老同志，就向他们推荐我这自我按摩法，可惜肯照办的人不多。但我一直保留这个自我治疗的习惯。

这个时期，我经常因为监管人员的蛮横态度和无理干涉而和他们争执。有一次我又和哨兵吵起来，吵得管理人员来了好几个。他们对我早就不满了。其中有一个人指着我说：你别这么猖狂！你知道你现在是什么身份吗？我说：我当然知道，我是马列主义者，是无产阶级革命家。他们气极了，有人动手打我，我也和他们对打。但他们到底不能真把我打伤、打死，也有些无奈，以后便不再和我为难。此后再也没有发生打架的事。

我一辈子处事、待人、做工作都比较温和谨慎，从来没有这样“泼辣”过。过去我在新四军任三师师长时，见过经济理论家孙冶方同志，他后来说当时对我的印象是有“儒将”风度。“儒”字我不敢当，我读书不多，对马列主义重在领会精神实质，并未系统地读；其他亦未学有专长。这话只是说明我给人的印象是比较温文、讲理的。但是，面对不讲理的人，我也绝不“温、良、恭、俭、让”。那时我是囚徒，又年老体弱，反抗的力量和方式都很有限，但我毕竟表达了我反抗的意志，有时也多少有点效果。

我在1970年接到家中讯息，恢复了和家属的联系，最难过的日子似乎已熬了过去。1971年9月13日，林彪叛国事件发生后，监管人员态度大大改变。厕所、洗澡间都开放给我们使用，暖气也好了一些，但我们当时却不知道原因。我因患感冒，咳得很厉害，发高烧不退，住进医院。在医院和哨兵谈话，才知道发生了林彪叛国大变。

1972年1月，我从广播中得知陈毅元帅去世的消息。陈毅和朱老总当年曾带动我们在湘南起义，起义失败、上井冈山改编后，陈毅是直接领导我的师长。抗日战争时期我从八路军调到新四军时，他又是直接领导我的军长。多年的老上级、老战友辞世，论公谊、论私交，我心中的难过是无可形容的。但我连去追悼他的资格也没有，只有心中默哀而已。后来又听说刘少奇、贺龙、陶铸等也都在"文革"期间去世，但详情一无所知。刘主席、贺元帅是我尊重的上级领导，陶铸和我还是谈得来的朋友。他们莫名其故地死去，令我悲伤不已。

1972年2月，我病稍好，出院回监。那时，我们同被监护的一批人已又迁移到政治干校。我出院后也搬了过去，陪我同去的连长态度较好。到干校后，管理制度未变，生活却有所改善。这里有一个天井，被监护的人可以分别时间到那里散步。住房有20平方米左右，有点余地可以走动。此外，这里是楼房，设有卫生间，厕所和洗澡设备齐全，日子好过多了。彭总、谭政就住在我隔壁，还不时听见李井泉向管理人员发脾气的声音。班禅后来告诉我，他住得也离我不远。其他同监者多半不在这里，听说彭真已和我们分开，万里则已经出狱，解除监护了。这是个好消息。

这以后不久就准许家属探视。一年可以见两次，特殊情况还可以提出申请，经批准见面。探视办法是：由专案组把时间通知家属，届时先把我送到部队驻地，在会议室等候。然后由他们用车把家属接来。大家围着一个长桌坐下，门口另设一套小桌椅，有监护人员坐在那里旁听。我记得第一次是我老伴带着我两个女儿和小儿子来的，但也记不太清楚了。大女儿已经结了婚，1973年生了一个小外孙女，有一次还带了小家伙来。小孩刚出生不久，包在小被里，就放在那长桌上睡觉。我们除谈谈家庭生活情况外，主要是谈社会经济情况，这是我最关心的一个问题。我每天看报特别留心这个方面，而且还认真地辨别真伪。可惜家里人对此知识甚少，而且接触面也小，了解情况不多。

一般探视时间约两小时。会见结束后由专案组先送家属回去，然后我再回监护所。尽管有些话不便畅谈，但这已是隔离监护后的优待。我从谈话中得知：1970 年我老伴唐棣华所在的干校盛传我已死亡，她无意中得知此事，半信半疑，乃写信给周总理，说我长女要结婚，想从山西取一点我的东西。总理批示将信转给我，并说东西可以给家属，令我写信给山西。这样我才在隔绝两年后得到家属的消息，而家属也得知我并未死亡。到此时能见面探视，我心里自是更为安定。

只是还得写检讨，实在没得写，也得东拉西扯地敷衍一下。好在专案组如今似乎也是在应付差使，对我这种做法并不苛求。审讯者曾逼我揭发刘少奇、彭真、杨尚昆等同志的问题，我都实实在在地说真心话，不作违心之言。他们知道我在新四军时曾受过少奇的严厉批评，想利用矛盾让我揭发他。我说：我和刘少奇因工作中意见不同有过争论，这在革命队伍中是常事。我不知道、也不认为刘有叛党的行为，不能瞎说。我和彭真只是有一次有过不同意见，更算不得个事；别的我都不知道。杨尚昆在三军团当政委，是我的上级领导。我这人意见多，愿找他反映我的想法。他一贯尊重党中央、毛主席，我不知道他有什么问题。林彪叛国后，他们也要我揭发、表态。我仍然实事求是地说：我过去对林彪印象不错，觉得他很能打仗，也能听取和采纳他认为正确的建议。这次，他叛党叛国出逃，自己否定了自己，用不着我说什么了。

到了 1973—1974 年间，对我们的管制更加放松，问也不大问了。1974 年我又因病住院，得知彭总也住在这个医院里。但因两人都在监护之中，仍是不通消息。我病房外设有一屏风，屏后坐一值班军人进行监管，想来彭总亦必如此。彭总因癌症逝世，我虽同在一个医院，竟完全不知情。后来才得知此事，又听说他死时，因癌症剧痛，把被头都咬烂了。一代英雄，如此萧然辞世！虽说死生是常事，苦乐也是常情，但彭德怀这样死，实在不能不令人为之痛惜。再见的希望成为泡影，长与故人生死别矣。

1974—1975 年，周总理病了，病情逐渐加重。"四人帮"制造混乱，总理不得不一一处理善后，忧心忡忡，到处奔忙，心力交瘁。"四人帮"幸灾乐祸，以为总理病重，他们可以取而代之，没想到毛主席选择了邓小平来接替总理，特别提出：小平同志"人才难得，政治思想强"九个字的评语，在干部中进行传达。除"四人帮"及其死党外，听传达者无不欢欣鼓舞。

1975 年 1 月，我前列腺炎又急性发作，尿道完全堵塞，疼得满地打滚。专案组急送我到 301 医院，不知何故医院这次竟不肯收。我只得写信给家属，家属又赶紧写信给小平同志，小平马上批示下来，我才得以住进 301 医院治疗。住院一个时期后，病情逐渐好转。唐棣华又给小平同志写报告，请求准许我解除监护；如果不行，也望能保外就医。

到这年夏天，专案组王组长来和我商量，说他们写了一个材料，我签字后，经向上报告就能解除监护。

因我仍有不同意见，反复争论，拖了很久。后来我的老伴极力劝我，说：这个材料其实与庐山会议的结论无大区别，你将来如能解除庐山的冤案，一些附加的罪名不辩自消。我勉强同意签了字。王组长如释重负，看来专案组也早就想丢掉我这个包袱了。他宣布：中央决定给我解除监护，仍让我回山西任副省长。我出了医院，在招待所住了几天，就又回山西去了。

1975 年秋，我刚到太原时，省委还有让我参加工作之意，说

1975 年秋，黄克诚解除监护后，在 301 医院阳台上留影

是先住几天宾馆，等安排好住房，即迁往省领导大院宿舍。但不几天就变了，说我身体不好，还需休养，市内不宜居住，要我搬到晋祠去。晋祠招待所像个公园，最适于疗养。这实际上是不让我参加工作，我知道他们必有难言的苦衷，当然服从决定。

原来此时情况又发生了变化。

自从邓小平代替总理执政以后，全国人民都对他寄予厚望。他大刀阔斧地抓工作，各条战线都开始出现了生机勃勃的气象。形势对"四人帮"一伙十分不利。于是他们极力攻击小平同志，利用主席在听人读《水浒传》时说过的一些话，把"投降派"的帽子扣到邓小平头上，说他向党内"走资派"投降，像宋江架空晁盖一样，架空了毛主席，等等。

主席批宋江的话曾在一定范围内传达。接着就开展了所谓"批邓"、"反击右倾翻案风"的运动。小平又一次被整下台。主席指定华国锋为代总理。这时，我虽在野，但已撤销监护，有不少人来看我，既有老同志，也有年轻人，使我能听到很多消息和情况。对时局比以前明白得多。

1976年1月8日，周总理病逝，举国痛悼。送葬之日广大群众表示了深切的悲痛。从3月下旬开始到4月清明节，各方群众自发地来到天安门广场，追悼周总理。人们登上纪念碑，朗诵诗歌，发表讲演。一面追悼周总理，一面揭露"四人帮"，也表现出对毛主席任用"四人帮"的不满，同时表达了对邓小平的拥护和期望。人心向背，极为分明。刚过清明节，"四人帮"便连夜遣人驱散守护在场的群众，并撤除了全部花圈、挽联、悼词、诗歌。我虽僻处晋祠，也能不断地听到消息。我既为群众的觉悟感到高兴，也为毛主席、为党的过失和今后可能遇到的问题而忧虑、而难过。毛主席一辈子讲联系实际、联系群众，现在在这事上却如此失了民心，实在不仅是他个人的悲剧。

1976年是一个不幸的年头，继总理逝世后，朱总司令于7月6日也去世了。朱总司令是我党建军的元勋。他虽然年事已高，但身体一向健康，我曾以为他必定能活过百岁。不想他甚至未能度过1976年。

接着，7月28日发生了唐山大地震。

1976年9月9日，毛主席逝世。一代伟人，从此与世长辞。他去世前决定：由华国锋做他的接班人。"四人帮"的野心又一次被主席所打破。主席晚年日子并不好过。他自己说：他一辈子干了两件大事。一件是推翻三座大山，建立新中国，这已经胜利地完成了。另一件就是发动文化大革命，这件事还没办完，结果如何，尚未可知。他的语气已经不那么信心十足了。

毛主席发动的这场"文化大革命"成了我党我国的大灾难。50

1977 年 12 月，黄克诚出任中共中央军委顾问（此照摄于 1978 年）

年代后期他虽然也犯了错误，但还能够在党中央及全党同志的努力下较快地匡救过来。但这一次毛主席却力不从心了。过去群众运动搞过了头，还能够调整方向、克服困难，主要依靠我们的强大的党组织。而"文化大革命"却恰恰破坏、摧毁了我们党的组织力量。"四人帮"一伙败事有余，成事不足，根本不能依靠。毛主席陷入了他自己制造的矛盾之中。

毛主席去世，我深深地感到难过。虽然我自庐山会议以来一直蒙冤，但我们这代人对他的感情是超越一切个人恩怨的。他是中国最早的马列主义者之一，他为创立中国共产党和人民的军队，为建立社会主义的新中国献出了自己的一切。他成功了，成了党和国家的领袖，全民爱戴的英雄。

不幸的是，主席晚年在急于建设社会主义和保卫社会主义的主

1980 年，黄克诚在南池子住所与孙女、外孙在一起

1982 年，黄克诚全家合影

观愿望驱使下，犯了一个又一个的错误。但不管他晚年的失误有多么严重，后人还可以用大力量和长时间来补救。而主席已建立的功绩，则是无人可代替的。何况毛泽东系统地总结了中国革命的经验，是创造性地把马列主义理论联系中国实际的典范。马列主义的经典著作我们理解起来比较困难，而毛主席的著作则在理论上深入浅出，对指导我们的革命实践有极其重大的意义。毛泽东的思想和著作，永远是我党、我国的宝贵财富。当然，毛主席的思想认识也有其时代的局限性。毛已发挥了他的巨大作用，完成了他的历史任务。对新的时代、新的实践和新的探索，我们不能要求他能预见和解决。我们对毛主席在历史上的地位、作用和他的思想、著作，应有公正的评价，这才符合历史的真实，有利于下一代人的成长。

毛主席去世以后，中央在叶帅等老同志的主持下，与华国锋等议定采取紧急措施，一举逮捕了"四人帮"，一时人心大快。"四人帮"为祸十年，终于走到了末路。

1978 年 12 月，党中央召开十一届三中全会，邓小平同志重新主持中央工作。我可算是十分幸运，居然历尽劫难，看到党和国家的历史揭开了新的篇章。

补　篇

在庐山会议第五小组
会上的发言①

　　我同意主席对形势分析的三句话，同意少奇同志讲的"成绩讲够，缺点讲透，鼓足干劲"的三句话。对主席的三句话，我认为现在会有争论的，可能是在中间，两头应该是一致的。我同意会议记录草稿对我讲的成绩要写具体、写足（例如工业农业增产，基建、

---

　　① 1959年7月2日，中共中央在庐山召开政治局扩大会议。7月14日，彭德怀向毛泽东写了一封信。7月16日，毛泽东把这封信加上《彭德怀同志意见书》的题目，印发给与会人员参考，并通知在北京的彭真、黄克诚、薄一波等上庐山参加讨论。黄克诚等于7月17日上庐山参加会议。7月19日黄克诚在第五小组会上发言两个小时，本文是他这次发言的小组会议简报。这份发言记录稿反映了黄克诚当时的观点和态度。他对形势总的看法与彭德怀的信基本是一致的，但没有使用"小资产阶级狂热性"、"政治性"等词语。7月23日，毛泽东在中央政治局扩大会议全体会议上，对彭德怀的信进行了严厉批评，由此，会议的主题也由纠"左"转变为批判以彭德怀为代表的"右倾机会主义"的斗争。8月2日，中共八届八中全会在庐山正式开幕，会上，对彭德怀、黄克诚、张闻天、周小舟等人进行批判，并追查所谓"军事俱乐部"问题，并于8月16日通过了《关于以彭德怀同志为首的反党集团的错误的决议》。同年9月，黄克诚被免去军委秘书长、总参谋长、国防部副部长的职务。

财政、商业、文化教育、科学跃进和成功经验等）。主席讲，问题不少，我理解即是讲缺点不少。从全局讲，成绩是九个指头，缺点是一个指头，甚至不到一个指头。从个别或某些局部看，缺点也可能是一个指头、一个半指头。检查缺点使我们前进，不会使我们后退，主席教育我们要天天扫地、洗脸。检讨了缺点我们就会更加健康，就会干劲更足、更扎实。

记录草稿中所提的三条缺点，我同意。再补充以下几条：第一，对农业生产成绩估计过高；第二，比例失调；第三，1959 年计划指标过大。我认为头一条是主要的，后两条与头一条有联系，头一条起了主导作用。今年的计划指标，现在事后来看，如果在去年12 月抓住及时调整，今年二三月情况就会更好些，跃进是要跃进，但步子不跨那么大。当然去年 12 月发现和解决这个问题很困难。

公社制度是优越的，是进入共产主义的好形式，但我在考虑这样一个问题，对不对请大家研究。去年搞好还是不搞好，我想搞也好，不搞也可以，从长远说搞了好，因为可以取得经验，逐步健全巩固；从暂时说，不搞更主动些。对公社化运动初期的具体做法，起领导作用的不是北戴河中央决议、毛主席思想，而是徐水、遂平、嵖岈山那一套。

另外，在作风问题上补充一点，某些地方只讲成绩，不讲缺点。例如，高扬同志反映河南炼铁工作中的一些缺点，材料转到省委后，省委很不高兴。讲好的高兴，讲缺点不愉快，这样，主席在《论联合政府》中讲的共产党员的作风三条中，有一条就刮掉了。有缺点不可怕，可怕的是有缺点不讲。连队支部书记汇报工作，从来讲几个优点几个缺点。批评与自我批评是使党有生命力的武器，这个缺少了就会减弱党的生命力。

还有一点，去年铺张浪费之风有增长，地方情况我不了解，就拿中央开会来说，也很铺张，我虽然也吃了玩了，但很不舒服。带戏班子的办法不好，对群众讲勤俭持家，下命令几个月不杀猪，我们吃那么好，影响不好。

这些缺点虽都是个别现象，有些已经纠正了，有些正在纠正中，现在讲只作为经验教训来提示自己认识。

缺点造成的影响：一、引起了一些紧张，今春粮食紧张，恐怕是解放以来没有的；基建原材料、市场副食品、日用品也有些紧张。二、党与群众的联系在局部地区暂时受些影响。三、党在国际上的威信也可能受点影响。当然，这些影响很快就会克服的，并且有些已经克服了，因为我们党员是为人民办好事的，人民是相信我们党为他们办好事的，在困难时，有些意见，经过解释就能消除的。

缺点产生的原因，同意会议记录中所说的主要是由于经验不足，部分的是由于主观片面性。讲成绩同时讲缺点，同鼓足干劲是一致的，在大运动中有缺点没有什么了不起，我们党，特别是毛主席，看问题看得透，看得深远，公社化运动初期的缺点发现纠正很快。总结经验，提高认识，讲了缺点，更可心情愉快，鼓足干劲。缺点是执行总路线过程中的缺点，具体工作中的缺点。主席讲过，开动脑筋，放下包袱，去年和今年落实的话，到适当时机要向人民讲清楚；不讲，我个人总觉得是个包袱。明年的步子我同意可以放慢一点，为61、62年的大跃进准备条件。我估计61、62年将有大的跃进。

（选自《黄克诚军事文选》，解放军出版社2002年9月第1版）

关于对毛主席评价和
对毛泽东思想的态度问题①

如何认识和评价毛主席，如何对待毛泽东思想，对我们党和国家来说，是一个根本的问题。邓小平同志曾经代表中央就这个问题表示过原则的意见。小平同志多次讲，在我们党和国家的历史上，毛主席的功绩是第一位的，他的错误是第二位的。小平同志还说过，毛主席"多次从危机中把党和国家挽救过来。没有毛主席，至

---

① 这是黄克诚 1980 年 11 月 27 日在中央纪委召开的第三次贯彻《关于党内政治生活的若干准则》座谈会上讲话的第一部分，1981 年 4 月 10 日在《解放军报》上发表，《人民日报》等全国各大报都予刊登或转载。"文化大革命"结束后，在如何评价毛泽东和毛泽东思想这个根本问题上，多数人能坚持实事求是的态度。但有些人坚持"两个凡是"，不能正视毛泽东晚年的错误；另一些人则贬低甚至诋毁毛泽东和毛泽东思想，否定他的伟大贡献，否定毛泽东思想的指导作用。黄克诚这篇讲话，全面地、如实地分析了毛泽东的功过，维护了毛泽东的历史地位，提出了对待毛泽东和毛泽东思想应有的态度。特别是黄克诚在政治生涯中挨过多次整，受过多次冤，却挺身而出，仗义执言，更增加了他讲话的说服力、感染力，在全党全军引起强烈反响。这篇讲话，对于深入理解邓小平对毛泽东和毛泽东思想的论述，统一全党全军的思想，团结一致向前看，起了很重要的作用。

少我们中国人民还要在黑暗中摸索更长的时间"。在谈到他晚年的错误时，小平同志说，不能把过去的错误都算成是毛主席一个人的，我们这些老一辈的人也是有责任的。我们今后还要继续坚持毛泽东思想。小平同志的这些原则意见是代表中央讲的，我完全赞成。我认为，所有的共产党员都应该本着这些精神去考虑对毛主席的评价和对待毛泽东思想的态度问题。

前一段时间，曾经有些同志对这两个问题的态度比较偏激，个别人甚至放肆地诋毁毛泽东思想，丑化毛泽东同志。这种态度使我很忧虑。作为一个老共产党员，对这个问题，我有责任讲讲自己的看法。为了有助于理解小平同志讲述的那些原则，我想先讲点历史。

在创建红军时期，毛主席为党和 人民建立了不朽功勋

在陈独秀右倾机会主义时期，湖南农民起来革命。当时党中央的多数领导人和中层以上社会的舆论都反对湖南农民运动，像去湖南解决农民问题的谭平山等人就讲农民运动过火了，陈独秀也这样讲。只有少数人能够坚持革命立场，支持农民运动，并且只有毛主席经过实地调查写了一篇《湖南农民运动考察报告》，热情地赞扬湖南农民运动，把对农民运动的态度问题提到原则的高度，驳斥了各种非议。这就使很多革命的共产党员对这个重大关键问题，在思想上武装起来了。这篇文章在当时的作用确是了不起的。

大革命失败以后，在"八·七"会议上，党中央提出武装反抗国民党反动派、实行土地革命的总方针，并决定在湘、鄂、粤、赣四省搞武装暴动。毛主席被派到湖南，在浏阳、平江一带发动秋收

暴动，原来准备进攻长沙。暴动时来了原武汉国民政府的一个警卫团，团长是我们党的一个很好的同志卢德铭，他带着队伍辗转到达修水一带，与毛主席取得联系。罗荣桓同志等在崇阳、通城等地领导农民暴动，也组织了小小的队伍。此外，还有平江、浏阳的农民义勇军，萍乡、安源的工人自卫队和醴陵的起义农民等。毛主席将这些队伍收集起来，组织了平江、浏阳、醴陵的秋收起义。但是进攻长沙的计划未能实现。毛主席看到平、浏地区离长沙太近，大的部队在这里难以长期立足，便决定放弃占领中心城市的方针，向井冈山进军。这是一个伟大的战略决策。

1981 年 6 月 28 日，黄克诚在中共十一届六中全会上投票

在著名的三湾改编中，毛主席在部队中建立了党的各级组织。到了井冈山以后，他就提出了纲领，着手建立罗霄山脉中段革命政权，将红旗在井冈山打起来。秋收暴动中，湖北黄麻、江西、湘鄂西以及其他很多地方都有暴动。但由于经验不足，多数被敌人镇压下去了。有些地方把武器埋了。公开打着红旗坚持下来没有垮的，主要的是毛主席领导的这一部分和方志敏同志在赣东北领导的一小部分武装力量。

井冈山的红旗不倒，代表了中国革命的方向和希望，关系重大。大家看到还有一支武装力量能够站住脚，这就使许多共产党员在大革命失败后极端险恶的情况下，受到了很大鼓舞，增强了革命的信心。那些把武器埋起来的地方又把武器取出来再干。

周恩来、贺龙、叶挺、朱德、刘伯承等同志领导的八一南昌起义，是我们党独立领导革命战争的开始，意义是非常重大的。参加南昌暴动的有三万多人，后来在汤坑、三河坝等地打了败仗，队伍几乎打光了。朱德同志和陈毅同志收集了余下的官兵八九百人，改编为一个团，以后又搞了湘南暴动，扩大了武装，比毛主席领导的兵力多。但是如果没有毛主席的这面红旗在井冈山，没有毛主席正确的政治路线、军事路线，朱德、陈毅同志所领导的队伍要坚持下来也是很困难的。彭德怀、滕代远、黄公略等同志英勇地领导了平江暴动，暴动以后奉命留下黄公略和几个同志带着少数武装坚持平江、浏阳斗争，彭德怀和滕代远同志带着主要的部队也上了井冈山。他们把毛主席建立革命政权、建立根据地、建党、建军等等一套东西学到后，又回到平江、浏阳一带，发展了湘鄂赣根据地。张太雷、苏兆征、叶挺、叶剑英等同志领导的广州暴动失败后，由袁国平、叶镛、陆更夫等同志把剩下的部队带到海陆丰去了。这是一支很硬的部队，保存了党的组织，有很多共产党员，大部分是有知识、有文化的学生，政治素质、军事技术都很好，比毛主席和朱德同志的那两支队伍基础都好。领导海陆丰斗争的彭湃同志，是一个很优秀的同志，海陆丰建立了苏维埃政权，是一个很好的根据地，群众基础非常之好。但是，由于没有一条正确的军事、政治路线，加上受到党内一些悲观情绪的影响，把外地人员从苏维埃根据地遣散回家，结果这样硬的部队，这样好的政权都失败了。为什么毛主席领导的队伍比南昌暴动、广州暴动的力量都小，也经历过曲折，受过损失，却首先在井冈山独立生存下来呢？这是因为，在大革命失败后的紧要关头，对于红军、红色政权能不能存在和发展，怎样才能存在和发展这些关键问题，只有毛主席在理论上和实践上正确地解决了。鄂豫皖、湘鄂西等地的红军后来有很大的发展，也是和井冈山红旗的影响分不开的。

毛主席当时在政治上、军事上创造了一套路线、方针和政策，现在看来似乎很简单，但那时大家都没有经验，能搞出这么一套正确的东西就非常困难呀！那时的党中央，包括六大以前和六大以后，就没能搞出这一套。毛主席当时比我们确是要高明好多倍。我再举个小例子。我到井冈山后，毛主席提出军队不能发饷了，要搞供给制。我当时想：这个办法行得通吗？对于有觉悟的共产党员来说，这样做不成问题，但很多战士不发饷怎么行呢？当兵的发饷、当官的发薪，是一切旧军队的惯例。北伐时的国民革命军也是这样，当个少校每月就有一百几十块大洋。现在一下子变过来，队伍能带下去吗？我有些怀疑。可是后来，这个办法居然行通了。只要干部带头，官兵一致，就行得通。井冈山开始时期，队伍比较小，打土豪打得比较多，每个人一个月还可以发三块钱。一两个月以后土豪打得差不多了，钱来得少了，就每人每月发一块钱，以后发五毛。后来连五毛也发不起了，每个人一天只发五分钱的伙食钱，包括油、盐、酱、醋在内，成为一支新型的人民军队。这样做是不容易的，别人是提不出来的。

总之，在大革命失败以后这个最危险的历史转折关头，毛主席为我们党和我国人民建立了不朽的功勋。很明显，没有他的艰苦卓绝和富有远见的奋斗，没有他所领导树立的井冈山这面红旗，很难设想中国革命将会是什么样子。毛主席在这个时期的历史功绩谁能比得了呢？哪个有这样大的贡献呢？如果有人硬要说任何别人比毛主席更高明、功劳更大，那就只能是对历史开玩笑！

红军能够粉碎敌人的第一、二、三次"围剿"，首先是由于毛主席的正确决策

1929年2月，在上海的党中央，曾经指示朱德、毛主席离开部队到上海去，要部队以连、排为单位全部分散，减少目标。这时正处在革命低潮。毛主席答复中央说：我们离开不得，离开了部队就会散掉；如果一定要我们离开，那就请派恽代英、刘伯承同志来代理我们的工作。后来，军阀战争很快爆发，形势就变了。毛主席的"风云突变，军阀重开战……"那首词，就是这时写的。在这关键时刻，如果不是毛主席坚持正确主张，部队会落到什么结局就很难说了。

1929年红军主力在闽西，这时党内发生过一次关于一些重大原则问题的争论。这次争论我没有参加，但罗荣桓同志、陈毅同志曾经同我详细谈过。那时争论很激烈，争论的结果，多数人不赞同毛主席的意见。他的前委书记当不成了，只好休息养病。后来红军的战斗活动很不顺利，于是又去请毛主席出来，召开了红四军党的第九次代表大会，通过了毛主席起草的古田会议决议，其中主要部

分就是《毛泽东选集》中的《关于纠正党内的错误思想》那篇文章。这个决议解决了党内思想上、路线上的许多关键问题。毛主席在我们党和军队生死攸关的问题上作出的正确决策，对我党我军的建设起了很大的作用。有的人现在说古田会议好像不是毛主席领导的，这不是历史事实。一说毛主席有错误就好像什么正确的事情都不是他干的，错误的事情就都归他，这怎么行呢？

1930年，立三路线来了，想集中红军的主力夺取武汉。那时，红军形势很好，在江西占领了十几个县，赣西整个地区都被红军控制了。许多同志主张先打开南昌，再打武汉。在这急需作出重大决策的时刻，毛主席敏锐地看出了形势变化的苗头。他判断军阀战争很快就要停了，蒋介石会集中兵力来对付红军。这个问题当时只有他看出来了。他就通过周以栗同志向红三军团做说服工作，不要冒险打南昌，部队要迅速东过赣江回到老根据地，当敌人进攻时再消灭他。经过一个多月的争论，才把红三军团的领导同志说服，将部队撤回老根据地。那时，我们的侦察工作很差，毛主席就是通过看报纸，分析出国民党要向我们大举进攻。这又是一个关键性的决策。红军能够粉碎敌人的第一、二、三次"围剿"，首先就因为有了这个正确决策，如果当时不回到苏区，而在敌占区同敌人作战，那么情况怎么样就很难说，很可能要受严重损失。

1931年，江西红军根据毛主席提出的"诱敌深入"的方针，粉碎蒋介石的第一次"围剿"以后，党中央派项英等同志来到苏区，组成中央局，下面建立了军事委员会。项英同志当了中央局的书记兼军事委员会主席，撤销了以毛主席为书记的一方面军总前委。紧接着敌人的第二次"围剿"就来了，蒋介石采取"步步为营"的方法，筑堡前进。项英等同志没有什么作战经验，他们主张跑，要离开苏区，把红军带走。开始，只有毛主席一个人反对项英等同志的逃跑主义，反对离开苏区，主张就地打仗。争论了大约一个多月，后来得到较多的人支持，但也没有做出什么结论。可是敌人已经进到了江西的富田和东固之间的大山上，修起了堡垒，情况非常紧急。毛主席就果断地下令出击，一下子把敌人的几个师消灭掉了。他的《渔家傲》词里面说："七百里驱十五日，赣水苍茫闽山碧，横扫千军如卷席"，就是写的当时的情况。如果实行项英等同志的办法，那就糟糕了，根据地就会丢掉，红军就会陷入困境。在这个关键时刻，毛主席的决策又比别人高明，这是明摆着的历史事实。这段历史他自己没有讲过，别的人也没有讲，所以，现在很多同志都不知道。到第三次反"围剿"时没有争论了，完全听毛主席的。因为经过前两次反"围剿"，他的威信大大提高了。

排斥了毛主席的领导，革命就要受到重大损失

1931年，粉碎第三次"围剿"后，"九·一八"事变发生了。中央的多数同志从上海到了中央苏区，组成了中央局，领导整个中央苏区的斗争。这时形势非常好。一方面，三次"围剿"被粉碎后，毛主席把红军的主要力量用来进行巩固根据地的斗争，在两三个月时间里打了许多土围子，把根据地中的白色据点绝大部分拔掉了，中央苏区形势非常好。另一方面，因为1932年"一·二八"上海战争爆发，蒋介石既要对付日本人，又要对付他自己内部的各派力量，处在内外交困的情况下。可惜当时我们党内又发生了争论，毛主席提出的战略方针是：红军除留一部分在苏区外，主力应同赣东北的红军打通联系，发展闽、浙、赣地区，口号是支持国民党十九路军抗战。但是上海临时中央和中央局的同志都不同意他的这个正确意见。由于王明的"左"倾路线在中央占统治地位，毛主

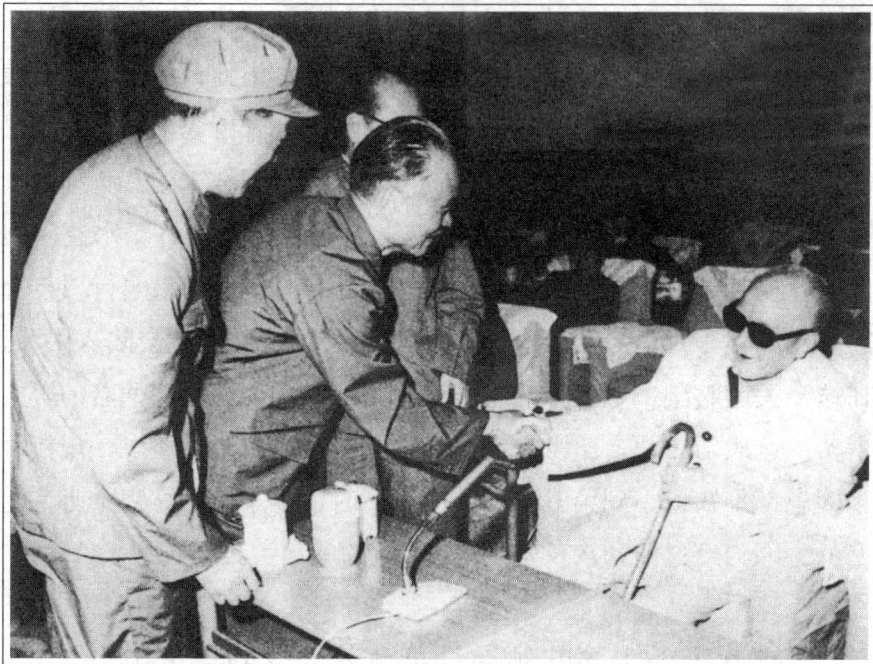

1982 年 6 月，黄克诚（坐者）参加座谈会

席又被排挤。但他的军事思想和战略方针在红军中已有深刻影响。在周恩来同志、朱德同志指挥下，红军取得了第四次反"围剿"的胜利。1933 年，以博古为书记的临时中央也来到中央苏区。此后，共产国际又派李德来到中央苏区指挥军队。这时王明的"左"倾机会主义路线在红军中取得了完全的统治。他们改变了毛主席的正确领导方针和正确的军事指挥原则，结果是把整个中央苏区都丢掉了。中央红军被迫长征，出发时有八万多人，过草地时就剩了两万人，到陕北时只剩下几千人。留在中央苏区的几万武装，最后只剩下陈毅、项英等同志带的很少一些人。同志们可以看到，在毛主席的领导下，我们创建了那样大的苏区，他一离开领导，革命就受到这样大的损失。毛主席在 1932 年受排挤以后，几年当中只能搞点

调查研究，看看书，写写字，填填词，名义上当个苏维埃主席。用他自己的话说，叫做"毫无发言权"。《大柏地》、《会昌》这些词就是这时候写的。

毛主席在危机中挽救了革命，领导中国革命从胜利走向胜利

长征开始了。在广西作战红军遭受重大损失后，大概是在贵州的黎平会议前后，毛主席开始向中央一些同志提出要考虑我们党的领导和军事方针问题。在遵义会议上，他的决策又是非常英明的。遵义会议的情况，我是在三军团听毛主席亲自来传达的，当时听了以后感到很不满足。因为遵义会议虽然对中央领导进行了改组，确立了毛主席在中央的领导地位，但是担任中央总负责人的是张闻天（洛甫）同志；会议只批判了军事路线的错误，没有批判政治路线的错误。那时我觉得这样做还不够，经过半年多实践，才放弃原来的看法，才懂得当时不谈政治路线，只谈军事上的指挥错误，受批判的同志就不多，有利于团结。当时只是解除了博古的中央负责人职务和李德的军事指挥权，中央政治局的其他同志仍保留在领导岗位上，博古同志也保留在政治局内。特别到了同张国焘做斗争的时候，我更加认识到毛主席这个决策的无比正确。假如在遵义会议上提出政治路线问题，受批判的领导同志就多了，会对革命事业不利。而军事斗争是当时决定革命生死存亡的关键问题，红军的处境又非常危险。毛主席这样决策，既可以集中精力考虑军事上的问题，又维护了党的团结。这样，后来同张国焘的军阀主义、逃跑主义、分裂主义斗争时，政治局基本上做到了团结一致。

同张国焘的斗争是又一个关系中国革命生死存亡的重大问题。

一、四方面军在川西北懋功汇合时，四方面军有八万多人。张国焘自以为人多枪多，想强迫中央按他的路线干，甚至要谋害毛主席和张闻天、周恩来等同志。如果不是毛主席坚决反对张国焘的逃跑主义，果断地带着一、三军团等部队北上，到达陕北，而是按张国焘那条路线，往西康地区去，那么红军就有全军覆没的危险。在张国焘的那条路线下，四方面军八万人加上一方面军的一部分，在西康地区苦战一年多，人员减到四万。由于朱德、任弼时、贺龙、徐向前等同志以及四方面军许多同志的共同斗争，张国焘被迫同意北上。北上途中，他又主张西征，结果又损失了两万多人。最后，四方面军仅剩万把人到陕北。

1936年底西安事变，成功地实现了和平解决的方针，为建立第二次国共合作的抗日民族统一战线奠定了基础。这是以毛主席为首的党中央的一个具有历史意义的英明决策。

抗战时期与国民党搞统一战线，共产国际和我们党中央的观点是不一样的，他们让我们"一切经过统一战线，一切服从统一战线"。毛主席反对这样做，但是没有批评共产国际，只批评了王明。这样既保持了同共产国际的团结，又坚持了我们独立自主的统一战线政策。这个时期中，他对如何开展独立自主的游击战，如何深入敌后，开辟抗日根据地等问题，都有一系列决策。在毛主席的正确路线领导下，我们党和军队大大发展起来。项英等同志不执行毛主席让他们挺进敌后的指示，1941年，在中央严厉督促下率部队北移时，又擅自改变中央规定的渡江北上的路线，招致了皖南事变的惨痛失败。相反，陈毅同志执行了毛主席的指示，于1938年四五月间就率领新四军一部东进江南敌后，随后又渡江北上，队伍迅速发展壮大起来。

抗日战争结束以后，斯大林曾让我们党交出武装力量，改编为国防军，和国民党搞联合政府，以换取我党的"合法"地位。但毛主席尽管去了重庆，仍然坚持"针锋相对"、"一条枪也不交"的方针。毛主席不但以正确的战略战术原则指导了解放战争，而且亲自指挥了所有的重大决战，仅用了不到四年的时间就消灭了国民党反动派的八百万军队，解放了祖国大陆，建立了中华人民共和国。

全国解放初期，搞土改、抗美援朝、实现三大改造，搞社会主义革命和建设等等，毛主席领导我们党所作出的决策，都是英明、正确的。这些情况同志们都清楚，我就不详细讲了。

毛主席对中国革命的贡献，远远不止我讲的这些。我讲这些历史，只是想比较具体地说明：小平同志讲的"没有毛主席，至少我们中国人民还要在黑暗中摸索更长的时间"，绝不是溢美之词，而是对历史公正的科学的论断。这样讲，并不是把毛主席捧为救世主，也不是抹杀其他革命者的功劳。毛主席作为我们党和国家的主要缔造者，多次在危机中挽救了革命，这是我们党内任何其他人都不能比拟的。

要从十亿人民的根本利益出发，
以正确的态度来评价毛主席

毛主席在晚年有缺点，有错误，甚至有某些严重错误。现在我们党纠正这些错误，总结我们建立全国政权以来的经验教训，当然是必要的。但我们应当有一个正确的态度。记得1956年苏共二十大以后，赫鲁晓夫那个秘密报告送到党中央。在中央讨论《论无产阶级专政的历史经验》那篇文章时，毛主席给我们念了一首杜甫的诗："王杨卢骆当时体，轻薄为文哂未休。尔曹身与名俱灭，不废江河万古流。"这首诗的意思是：王勃等人的文章是他们那个时代

1982 年在南池子寓所补拍的照片。1982 年初夏，王晓钟同志策划编
纂中国人民解放军将帅名录时，发现缺少黄克诚着大将礼服的正面肖
像照片，于是请他补照。因黄克诚自己的礼服在"文革"期间受损，
勋章全部丢失，这幅照片是借用谭政的礼服和勋章补拍的

的体裁，现在一些人轻薄地批判耻笑他们，将来你们这些人身死名灭之后，王、杨、卢、骆的文章，却会像万古不废的江河永远流传下去。我想，这首诗今天仍值得我们借鉴，使我们注意不要以轻薄的态度来评论毛主席。

我个人认为，毛主席后期的错误主要有两条。一条是在建立了社会主义政权、完成了社会主义的三大改造之后，没有及时地、明确地把工作的重点转到社会主义建设上来，并且在社会主义革命和建设的具体指导上犯了贪多图快的急性病错误。另一条是他混淆了两类不同性质的矛盾，把许多人民内部的矛盾当做敌我矛盾，把阶级斗争绝对化、扩大化，并且用对待敌人的办法来处理党内矛盾，以致被坏人钻了空子，导致了"文化大革命"的十年浩劫。这些后果是尽人皆知的，我就不多说了。当然，如果细算起来，可能还有许多别的错误，但那些错误基本上是从这两条错误派生出来的。

如果把建国以来我们党所曾犯的错误都算在毛主席身上，让他一个人承担责任，这样做不符合历史事实。小平同志讲得对，包括他自己在内，我们这些老同志对许多错误都是有责任的。有一个同志问我："不让毛主席一个人承担错误的责任，你承担不承担？"我说："我也要承担一些责任。但对搞'文化大革命'我不能承担责任，因为那时我已不参加中央的工作，没有发言权了。"我认为，凡是我有发言权的时候，我没有发表意见反对错误的决定，那么事后我就不能推卸对错误的责任。比如反右派斗争是必要的，但是扩大化了，错整了很多人，就不能只由毛主席一个人负责。我那时是书记处成员之一，把有些人划为右派，讨论时未加仔细考虑就仓促通过了。自己做错的事情怎么能都推到毛主席身上呢？大跃进中，许多同志作风浮夸，把事实歪曲到惊人的程度，使错误发展到严重的地步，也是有责任的。在中央来说，只要是开中央全会举手通过决议的事情，如果错了，中央都应该来承担责任。当然，毛主席作为中央主席要负领导的责任。过去解放全中国、建设新中国，我们这些老共产党员都尽了一份责任，功劳大家有份。现在如果把错误都算到一个人身上，好像我们没有份，这是不公平的。我们大家来分担应该分担的责任，那才符合历史事实，符合唯物主义。毛主席去世了，革命事业还要我们这些活着的人来干。我们多从自己方面总结经验教训，只会有利于我们更好地为人民工作。

照我的看法，毛主席晚年犯错误，原因很多，有深刻的历史原因和社会原因。在我们这样一个贫穷落后、人口众多的大国搞社会主义，又没有经验，实在是一件艰巨的事业。直到今天，在我们面前还有很多未被认识的问题，我们仍在不断摸索，也还会犯这样那样的错误。这个问题我不多讲。我只想简单地谈一下毛主席犯错误的个人方面的原因以及我们应该采取的态度。毛主席在晚年不谨慎了，接触实际、接触群众少了，民主作风差了等等，这些都是他犯错误的原因，也是我们全党所必须引以为戒的教训。还有一点同志们要知道，毛主席为人民事业是紧张操心了一辈子的。从大革命失败以后，他就苦心焦虑，经常昼夜不眠地考虑问题。1958年我同他接触时，就感到他脑子已经紧张过度了。脑子紧张过度了，就容易出差错。我现在就有这个体会，脑子一紧张，说话就缺少分寸了。毛主席晚年的雄心壮志仍然非常之大，想在自己这一生中把本来要几百年才能办到的事情，在几年、几十年之内办到，结果就出了一些乱子。尽管这些乱子给我们党和人民带来了不幸和创伤，但从他的本意来讲，还是想把人民的事情办好，把革命事业推向前进。他为了这个理想操劳了一辈子。毛主席所犯的错误是一个伟大革命家的错误。因此，我们在纠正他所犯的错误，总结经验时，还是应该抱着爱护、尊重的心情来谅解他老人家。

有些同志对毛主席说了许多极端的话，有的人甚至把他说得一无是处。我认为这是不对的，这样做不但根本违反事实，而且对我们的党和人民都非常不利。有些同志，特别是那些受过打击、迫害的同志有些愤激情绪是可以理解的。大家知道，在毛主席晚年，我也吃了些苦头。但我觉得，对于这样关系重大的问题，决不能感情用事，意气用事。我们只能从整个党和国家的根本利害、从十亿人民的根本利害出发，从怎样做才有利于我们的子孙后代、有利于社会主义革命事业出发来考虑问题。多少年来，举世公认毛主席是我们党和国家的领袖，是中国革命的象征，这是合乎实际的。丑化、歪曲毛主席，只能丑化、歪曲我们的党，丑化、歪曲我们的社会主义祖国。那样做，会危害党和国家的根本利益，危害十亿人民的根本利益。现在国内外的敌对力量都希望我们彻底否定毛主席，以便把我国人民的思想搞乱，把我们国家引向资本主义。我国人民内部也有些人受了西方个人主义、自由主义思想的影响，和那些人唱同样的调子，这是很值得警惕的。

近代中国的历史证明，只有马列主义、毛泽东思想才能救中国

毛主席逝世了，给我们留下了宝贵的财富，也留下了一些消极因素。他的消极因素是暂时起作用的东西，经过我们的工作是可以克服的，而且我们正在很有成效地加以克服。但是他留下的最宝贵的财富即毛泽东思想，却长期指导我们的行动。现在有些人要丢掉毛泽东思想这面旗帜，甚至把毛主席的正确思想、言论也拿来批判。我认为这样做是要把中国引上危险的道路，是要吃亏的，是会碰得头破血流的。

　　比方说，现在有人在批判毛主席的《在延安文艺座谈会上的讲话》。这篇讲话的根本思想是提出文艺要为工农兵服务，要起到团结人民、教育人民的作用，这与我们现在讲的文艺为人民服务、为社会主义服务在实质上是一个意思。怎么能把这两个提法对立起来呢？离开了工农兵还谈得上什么人民呢？文艺不起团结人民、教育人民的作用，又怎么为社会主义服务呢？文艺界这几年出现了一大批好作品，对革命事业起了很好的作用。但也确有少数人打着思想解放的幌子，否定毛主席提出的文艺方针。这些人不愿为占我国人口百分之八十的农民服务，不愿为广大的工人服务，也不为勤勉工作的广大知识分子服务，不为四化服务，而对香港、日本、美国的一些不大高明甚至趣味低级的货色倾心向往。我国正处于艰难地开创新路、建设四化的阶段，国家对外开放，向人民介绍外国，学人家的长处，应多介绍这些国家创业时期人民艰苦斗争的情况，多介绍世界上科学家献身事业、造福人类的事迹和精神。要注意现在有些青年人有一种只追求西方的生活方式和物质享受，甚至迷恋一些连资本主义国家人民也认为腐朽无聊的东西的倾向。文艺创作和外国文艺作品的介绍拿什么样的精神食粮给中国人民？拿什么来培养我们的青年和少年？这是我们必须认真考虑的。

　　我们要设想一下，如果丢掉毛泽东思想，拿什么东西来代替呢？毛泽东思想不是偶然发生的，它是几亿人民在几十年革命斗争中的产物。在我们中国的历史上，占统治地位长达二千年之久的是孔夫子的思想。这个思想经过我国民主革命后六十多年时间，现在已经起不了多少作用了。另一种思想就是孙中山先生的思想，孙中山是一个伟大的民主革命先行者，他提出的三民主义，对中国民主革命起过积极的作用。很多老一代的人包括我本人在内，在青年时代都信仰过三民主义。但是，同马列主义、毛泽东思想相比，那是不能同日而语的。近代中国的历史证明，只有马列主义、毛泽东思想才能救中国。我们中国共产党人，从建党起就是用马列主义的旗帜来号召、团结、组织中国人民起来斗争的。毛主席根据马列主义的基本原理领导并总结了中国革命的实践，写了一系列的著作，在中国革命的斗争中形成了毛泽东思想，成为我们中国共产党人和全国人民的精神武器。毛泽东思想是我们千百万共产党员和亿万革命群众用血汗凝成的宝贵财富，我们都感到她对于我们更亲切，更行之有效。我们这样大的一个党，这样一个十亿人口的大国，总要有个思想武器作指导。有些人要丢掉我们自己的宝贵财富，难道要请孔夫子，请三民主义回来？那是过去的历史已经证明过了时和行不通的！如果既不请孔夫子，又不请三民主义，那是不是要把西方资本主义的那一套搞来呢？我看是绝对不行的！我完全不是一个闭关主义者，我们要学习外国先进的东西，比如科学技术、企业管理的科学方法等等。但是在社会科学方面，我们就绝不能搬资本主义的那一套。资产阶级的意识形态是为资本主义私有制服务的，不可能为我们社会主义公有制服务。现在有些人就是崇拜资本主义那一套。西方国家的生活水平是比我们高，但资本主义已经搞了几百年了，而我们才搞了三十年的社会主义。如果我们少犯些错误，情况还会好得多。不要把西方都讲得那么漂亮，那里黑暗的东西多得很！据美国报刊报道，美国黑手党的"生产"，1979年收入为一千五百亿美元，纯利润就有五百亿，仅次于石油企业的产值。那是些什么玩艺呢？就是搞各种毒品，搞赌博、卖淫那些乌七八糟的东西。如果我们的国家也搞成这个样子，怎么得了呢？难道这就叫文明，就叫幸福？丢掉毛泽东思想，造成党和人民的思想混乱，我们的社会主义国家就可能变质，子孙后代就会受罪。不能不看到这个危险！

1982 年 9 月 13 日，黄克诚（右一）出席中央纪律检查委员会第一次全体会议。右二为陈云，右三为王鹤寿

有的同志说，只提马列主义就行了。持这种意见的同志忽略了这样一个事实，即毛泽东思想是马列主义的基本原理同中国革命的具体实践相结合的产物，是在中国革命实践中发展了的马列主义，有中国的特点，有自己独特的内容。我们中国共产党人曾经在马列主义、毛泽东思想的旗帜下为人民做出过伟大的贡献，锻炼出我们党自己的风格。今天，我们要团结人民、战胜困难、聚精会神、同心同德地搞四化，还要靠毛泽东思想。比如，要纠正党内不正之风，就要靠毛主席长期倡导的理论联系实际、密切联系群众、批评自我批评以及艰苦奋斗等一系列优良传统作风。不能因为我们今天执政，当了"官"，就丢掉这个宝贵的传统，贪图享受，吃喝玩乐，看一些乌七八糟的电影。这不是生活小事。这样的歪风邪气不制止，我们就会脱离群众，就会腐败下去！

毛泽东思想的基本原理，是我们党和国家的指导思想，这是写在我们党章和《关于党内政治生活的若干准则》上的，是中央一再申明的重大原则。否定和诋毁毛泽东思想的行为，是违反党章党纪的行为。我们这些老共产党员，一切真正为人民的事业而奋斗的共产党员，要同诋毁毛泽东思想、丑化毛主席形象的现象做斗争，以维护党和人民的根本利益。

现在全世界很多国家存在着"信仰危机"，很多青年人都感到思想没有出路，没有精神依托。我们中国共产党人在长期的斗争中树立了自己崇高的理想和信仰，并以此团结教育了广大人民群众，我们不能毁掉自己的信仰。当然，我不是说毛主席的每一句话都正确，他的某些话是讲错了或是过时了，但毛泽东思想的精髓和基本原则却将永远是我们中国共产党人和革命人民的精神武器，指导我们不断将革命推向前进。毛泽东思想作为一个科学体系，有一个不断丰富和发展的过程。我们不应苛求前人，只能通过我们后人的斗争实践弥补前人的不足，不断丰富和发展毛泽东思想，在这面光辉的旗帜上写下新的篇章。

（选自《黄克诚军事文选》，解放军出版社 2002 年 9 月第 1 版）

对《中国大百科全书》
"林彪"条释文的意见^①

　　今天主要谈一谈"林彪"这条释文。你们送来征求我的意见，我认为把林彪列上，这是应该的。现在写历史比过去实事求是多了，不过有些问题还需要你们考虑一下。我知道写这个条目有很多难处，轻了不行，重了也不行，是很费力的事。关于对林彪的历史如何评价，从前没有人讲过，最近陈云同志在谈如何编写辽沈战役回忆录时讲到这个问题。这个材料你们大概看到了。

　　你们写人物志，要学习司马迁，他在史记中写了一群历史人物。你们现在要用历史唯物主义的观点，用历史学者的态度，去评

---

　　① 在《中国大百科全书》的编辑过程中，黄克诚应解放军总政治部干部部百科全书编辑室的要求，对送来向他征求意见的几位元帅和大将们的条目释文作了认真审阅，并提出了意见。他在看了"林彪"条释文后，于1984年2月11日，接见了负责编辑释文的人员，谈了对该条的意见。本文是他这次谈话的记录。编辑人员认为，他的讲话对编辑中所感到的困扰问题提供了解决的依据。中共中央党史资料征集委员会在征得黄克诚同意后，将这次谈话记录刊载于《党史资料征集通讯》1985年第4期。中共中央党史研究室编辑出版的《党史通讯》也于1985年第6期转载。

价历史人物。不要用过去党内斗争中开斗争会的那种过火的语言，揪出一个人就把他的历史功绩一笔勾销了。不能只看一面，要看两面，要全面地观察，作出全面的评价，写出历史的真面貌。不要受"文化大革命"和"文化大革命"以前的一些传统说法的束缚，要打破这个束缚。

林彪死了十几年了，对他也要用历史唯物主义的观点去写他的历史。这是我的想法，我也没有把握，你们征求我的意见，我就把我的意见告诉你们，请你们考虑。林彪在我军历史上是有名的指挥员之一，他后来犯了严重的罪行，受到党纪国法的制裁，这是罪有应得。但是在评价他的整个历史时，应当分两节，一节是他在历史上对党和军队的发展，战斗力的提高，起过积极的作用。另一方面是后来他对党、国家和军队的严重破坏，造成了极为严重的后果。这样，两方面都写明确，不含糊，才符合历史事实。

在这条释文中，你们写了林彪在历史上担任了什么职务，这是必要的。但是在担任这些职务时，他指挥了很多战斗。据我了解，毛主席和朱总司令在中央根据地指挥中央红军作战时，他们手下有几个著名的战将，一个是彭德怀，一个是林彪，一个是黄公略。伍中豪同志牺牲得早，1930年就牺牲了。黄公略也在1931年牺牲了。红四军是毛主席、朱总司令创建的，成立红一军团后，红四军就是林彪指挥，他是红四军军长。开始时一军团三个军，红三军军长是黄公略，红十二军军长是伍中豪，后来是罗炳辉。在这三个军中，战斗力最强的是红四军，战功最大的是红四军。据我了解，林彪的确有指挥作战的能力。他生前我是这么说，他死了以后我还是这么说。有人说林彪不会打仗，这不是历史唯物主义的态度，不符合历史事实。

在土地革命战争时期，他先当连长、营长、纵队司令，以后当

1982 年 9 月，黄克诚（左）会见中央党史资料征集委员会的同志

红四军军长。在毛主席、朱总司令领导下，他指挥了不少战斗，在我们军队中，他可以说是一个战将。要承认这个事实。一军团在我国革命历史上，起的作用是很大的，打过很多仗，在一军团基础上发展起来的部队也很多。当然主要是毛主席、朱总司令领导的，后来林彪是军团长。在写这一段时，我想可以写他指挥过红四军、红一军团，在一至五次反"围剿"和长征中，他指挥了渡乌江、腊子口等战斗。在广西全州战役中，他在前线指挥一军团和三军团一部分作战。那时我是四师政治委员。我带部队到全州地区时，他指挥我们。我亲自找了他，他告诉我部队怎么摆法。土城战斗是他指挥的。不过那次战斗没有打好，没有消灭敌人。总之他是有战绩的。

在抗日战争初期，林彪指挥了平型关战斗。平型关战斗的胜利，对鼓舞全国人民的抗日信心，树立八路军在全国人民中的声威有重大作用。这个战斗是林彪和其他同志一起指挥的。他是一一五师师长，聂荣臻同志是副师长，罗荣桓同志是政治部主任。不过主要指挥还是他。毛主席、朱总司令当时都不在前线。后来有人说，平型关战斗打错了，这不是历史唯物主义的观点。当然，平型关战斗一方面是胜利，另一方面也有教训吸取，就是同日本人作战，当时按照毛主席的方针，是不能硬拼的，盲目地拼会把我们的老部队拼掉，当时我们没有多大的本钱。但是这个战斗的胜利，大大鼓舞了全国人民，有很大的影响和意义，这是不能否定的。

解放战争时期，1945年冬我们进军东北的部队是十万多点，经过三年，到1948年12月部队进关时是一百多万人。带十万人进去，带一百多万人回来，建立了东北那么大的解放区。当然这不是林彪一个人的功劳，这是整个东北局和东北部队指战员和东北人民的功劳，但是林彪是主要领导人，也不能抹煞这一点。不然外国人会说我们写历史不顾历史事实。在"林彪"这条释文中，对他的成绩也需要稍具体一些，概括地写几句话。譬如他与陈云、罗荣桓、李富春等同志，共同领导了东北的解放战争，解放了整个东北。后来进关指挥平津战役，解放华北，以后又进军中南，直到中南地区全部解放，他才回来休息。总之，对他历史上的成绩也要概括地点出来。

关于林彪在过去历史上的错误，不知道你们写其他人的时候，像这类的问题是不是都写上。譬如，林彪写信给毛主席，提出"红旗能打得多久"的问题。在党内来说，一个下面的干部，向党的领导反映自己的观点，提出自己的意见，现在看来这是个好的事情；如果把自己的观点隐瞒起来，上面说什么就跟着说什么，这不是正确的态度。林彪不隐瞒自己的观点，尽管观点错误，但敢于向上级反映，就这一点说，是表现了一个共产党员的态度。在党内有什么意见就应该提出来，现在应该提倡这种精神。有些同志不敢提意见，生怕自己吃亏，这不好。提的意见不一定都正确，还可能是错误的，这不要紧，错了也可以批评。由于林彪提了这个问题，毛主席写了《星星之火，可以燎原》，如果林彪不提那个问题，毛主席那篇文章也写不出来。在党内不隐瞒自己的观点，按照组织系统提出自己的意见，我们应当提倡这种事情，不是批判这种事情。特别现在应当提倡这种作风。在"文化大革命"中，谁说了一句错话就记账，弄得谁也不敢说话，怕说错了挨斗，这是很不好的。据我了解，像这类的事情，林彪不止这一回，他向毛主席提意见还有提得更厉害的。我考虑，如果其他人的条目释文中像这类的问题都写，"林彪"这一条也可以写；如果在其他人的条目中这类问题不写，对林彪也不要那么苛刻。在我们党几十年革命斗争中，没有错误的人是没有的，没有讲过错话，没有做过错事的，恐怕一个也找不出来。毛主席也犯过错误嘛！像这类历史上的问题，如果其他人的条目中不写，"林彪"这一条目也可以不写。如果要写，也要在肯定他在历史上的成绩之后，再提到他在历史上也提过错误的意见。至于他后期的问题，属于另外一种性质，那不是错误，而是严重的罪行。他坐飞机外逃，机毁人亡，身败名裂，自己给自己作了结论，这要严肃批判，当然也是按照历史事实表述出来。总起来说，我的意见就是要按历史唯物主义的观点，用历史学者的态度，来写林彪的历史，好的、坏的两方面都写。不要只写一面。我这个意见提供你们参考，最后还是请总政干部部、总政领导和编委会考虑决定。

（选自《黄克诚军事文选》，解放军出版社 2002 年 9 月第 1 版）

后　记

　　黄克诚在逝世前几年中对他自己的一生经历作了详细回忆，当时他双目已近失明，因此由克诚讲述，我和孩子们忠实地记录整理。文内所述之事，都是黄克诚自己说的，因此人民出版社选用《黄克诚自述》作为书名，很是得体。我作为和克诚风雨同舟半个世纪的伴侣，对人民出版社出版此书并定此书名，我和孩子们深表感谢。

唐棣华

1994 年 5 月

责任编辑：李春林　张　立

装帧设计：汪　阳

责任校对：杜凤侠

图书在版编目（CIP）数据

黄克诚自述／黄克诚 著 . —北京：人民出版社，1994.10（2023.3 重印）

ISBN 978 - 7 - 01 - 002042 - 6

I.①黄⋯　II.①黄⋯　III.①黄克诚 – 传记　IV.① K825.2

中国版本图书馆 CIP 数据核字（94）第 07923 号

黄克诚自述

HUANG KECHENG ZISHU

黄克诚　著

人民出版社 出版发行

（100706　北京市东城区隆福寺街 99 号）

北京新华印刷有限公司印刷　新华书店经销

1994 年 10 月第 1 版　2004 年 12 月第 2 版　2019 年 7 月第 3 版

2023 年 3 月北京第 9 次印刷

开本：710 毫米 ×1000 毫米 1/16　印张：23.5

字数：278 千字　印数：48,001—51,000 册

ISBN 978 - 7 - 01 - 002042 - 6　定价：69.00 元

邮购地址 100706　北京市东城区隆福寺街 99 号

人民东方图书销售中心　电话（010）65250042　65289539